Learning to Teach Design and Technology
in the Secondary School

中学设计和技术
教学实践指南

【英】格温内思·欧文-杰克逊 主编

陈向东 高丹丹 张 蕾 等译

上海科技教育出版社

图书在版编目(CIP)数据

中学设计和技术教学实践指南/(英)格温内思·欧文-杰克逊主编;陈向东译. —上海:上海科技教育出版社,2019.3
ISBN 978-7-5428-6854-1

Ⅰ.①中… Ⅱ.①格… ②陈… Ⅲ.①通用技术—教学研究—中学 Ⅳ.①G633.932

中国版本图书馆CIP数据核字(2018)第211327号

责任编辑　杜文彪
装帧设计　符　劼

中学设计和技术教学实践指南
格温内思·欧文-杰克逊　主编
陈向东　高丹丹　张蕾等　译

出版发行	上海科技教育出版社有限公司 (上海市柳州路218号　邮政编码200235)
网　址	www.sste.com　www.ewen.co
经　销	各地新华书店
印　刷	启东市人民印刷有限公司
开　本	720×1000　1/16
印　张	21.5
版　次	2019年3月第1版
印　次	2019年3月第1次印刷
书　号	ISBN 978-7-5428-6854-1/G·3958
定　价	68.00元

前言

"好的老师是天生的,而不是后天培养出来的。"这一说法靠谱吗?也许有一些道理,但所有专业人士都需要通过训练和实践来提高他们的知识、技能和表现。对于教学而言,当然需要良好的学科知识,但这是远远不够的——为了教好书,你需要知道如何把知识以他人理解的方式传递给他人。为了吸引年轻人,你需要能够激励他们。

教学需要不同类型的知识。首先需要陈述性知识——知道是什么——包括你的学科知识、关于人们如何学习的知识、你正在教学的课程内容,你需要为课程计划什么,你可以使用的各种活动有哪些、可用的资源有哪些、何时评估学习等。本书将讨论所有这些方面。其次,你还需要程序性知识——知道如何做——设计和技术学科中将包括了解如何使用设备和机械,工作中如何保障安全和卫生,如何展示,如何组织学生小组,如何使用数字技术,如何管理课堂,如何评估学生的学习等。同样,这些内容也将在本书中讨论,并将通过你在学校中的实践得以发展。

但是,还存在另外一种类型的知识——默会知识(Polanyi 1966)或专业智慧,它指的是个人拥有的,通过经验、观察、洞察以及直觉来发展的知识。这种知识通过构建自己的陈述性知识、参与体验以及反思所观察到的内容来获得。默会知识可以让你在课堂上根据自己所知,在适当的时间和场所使用它。所谓的有效教学,是指能够在纷繁复杂的课堂上动态地决定选择和使用哪些知识或技能。所有的老师和班级都是不同的,所以你需要随时做出不同的判断,继续发展各种类型的知识,特别是默会知识。

要体现这个过程,没有比设计和技术这个学科更合适了。学科伴随着其他领域的不断变化——新材料、新设备、新工艺、新知识的发展。它也伴随着大教育环境的变化,包括课程、评价和理论的不断发展而变化。其中一些显然是教育发展的必然,有些则是政治选择,但都会影响到教室里发生的事情。

设计和技术吸引了许多学生,如果教得好,它很有意思,具有挑战性和乐趣。它使得学生发展知识、技能和价值观,为成为公民、接受高等教育和就业做好准备。本书将帮助你提升你的教学,让所有的学生都能从学习经历中得到乐趣和收获。不管他们具有什么样的背景或文化,设计和技术能够连接学生的生活,与他们的社会、文化和工艺/技术兴趣相联系。它提供了探索社会、道德和伦理问题的机会,帮助学生了解他们所作决定的重要性和影响。设计和技术学科使学生参与他们的教育,使他们有发言权。

设计和技术学科面临的持续性变化的挑战也使得它更为有趣。你将不断发展你的实践,使之与学科相关,让所教学生完成目标,使他们感到兴奋,这就是这门学科的教学之所以有趣的原因。我们希望你喜欢它。

关于你

本书主要针对的是职前教师,但可能对学校的新任教师和一般教师指导学生也有帮助。通向教学有许多不同的路径,所以我们意识到读者会有不同的背景、不同的经历、不同的需求和不同的期望。因此,使用本书有很多不同的方法。它可以作为教师教育课程的指导书,也可以作为其他书籍和体验的补充读物。如果你不能按照本书的顺序来阅读也没关系。

我们希望你能够从本书中获得作为设计和技术学科教师的身份认同感。你所带入培训的——你的专业知识、经验、价值观和信念——会影响你培训的收获。因此,重要的是考虑你的先入之见,你的期望是什么——准备接受挑战。长期以来,人们认识到,学习如何教学涉及身份转换过程(Battey & Franke 2008),Stenberg(2010:343)认为"我们教我们这样的人"。所以如果你明白你是一个什么样的设计和技术老师,这将对你有帮助。

我们同样希望这本书将可以告诉你设计和技术学科现在是什么,可以是什么。该学科令人兴奋,具有挑战性、创新性和趣味性,但我们知道事实并非总是如此。必须承认我们在学校做的许多事会受到限制,但是我们会鼓励你在规划和教学方面深入思考,以激发学生,让他们为设计和技术学科所带给他们的而感到兴奋。

我们列出尽可能多的潜在需求,但有时你需要考量课程和学习环境的特定要求,无论是学校还是更广泛的背景,例如国家或者环境。

关于本书

根据英格兰国家课程的变化,第三版进行了修订,并尽可能地提出考试规范的修改。本书也提到了教育制度和结构,但这些可能也会有所变化。因此,建议你紧跟课程、考试和其他要求的发展。

本书旨在帮助你发展以下方面:

- 意识到学科知识的重要性,以及如何发展你的学科知识
- 课堂实践的知识和自信
- 理解反思和发展实践的重要性

本书是系列教材之一,建议你把本书与核心教材《学习如何在中学教学》(Capel et al。2013)一起阅读。核心教材对各类问题给出了更广泛的论述,而本书则将它们与设计和技术学科相关联。此外,核心教材还涉及了作为教师的其他方面,如助教工作,这将有助于你的专业发展。

与核心教材一样,本书每一章的组织结构如下:

- 介绍本章的内容
- 目标概述在阅读本章并完成任务之后你应该知道或者能够做什么
- 内容,包括任务,帮助发展你的知识、理解和技能
- 本章要点总结
- 进一步的阅读和网站,以帮助你了解更多与章节有关的内容

本书有四个部分。

- 学校中的设计和技术——第1—2章审视中小学的这门学科,着眼于它的发展、特征以及在学校课程中的作用。这些章节将有助于你了解学校课程中的设计和技术以及发展职业认同。
- 准备教授设计和技术——第3—10章聚焦学科知识。第3章讨论健康和安全,其内容适用于设计和技术的所有领域。第4章讨论设计和创意,同样适用于设计和技术的所有领域。第5—8章分别详细讨论其中一个领域:电子与控制技术、食品技术、材料技术和纺织品技术。你应该阅读一二个自己的专业领域,但建议你同时阅读其他

内容以了解整个学科的概况。第9章讨论绘图，它有时并不被认为是一门学科，但往往出现在高中课程中。第10章介绍了可供使用的数字技术以及如何在你的教学中使用这些技术。如果可能的话，这些章节应该在课堂实习之前阅读，因为他们会帮助你做好准备。

- 设计和技术的教学——第11—14章与课堂实践有关：学生学习行为观察，教学策略，评估和计划你的教学。这些章节将有助于你为教学做好准备，也可以作为你课堂实践的提醒、案例和考虑事项。

- 提升你的教学——第15—17章关注更广泛的问题，如将设计和技术与其他学科建立联系，通过设计和技术进行价值观教育，以及有关颠覆性技术的教学。这些章节可以在课程后期阅读，因为作者认为你具备了教授设计和技术课程的基本知识、认识和经验。作者探索了这个主题的一些更广泛的方面。

理论与实践在书中交替呈现，课堂练习的例子用来说明要点或提供示例。任务包括阅读活动、在学校开展的活动和反思活动（思考你自己的实践）。如果要求你观察其他教师，你必须得到他们的许可才能执行这个任务。事后与当事人讨论你的观察也是很好的做法，并且要留心任何敏感或机密的议题。

本书使用的术语

现在通常把学校的学生（pupil）称为学生（student），但我们仍然保留"学生"（pupil）的使用以避免与教师教育课程上的学生相混淆。在课堂上负责你的专业培训的人被称为你的"实践导师"（mentor），在大学、学院或学校里负责你的培训的人被称为你的"指导教师"（tutor）。

他/她和他/她的术语被平等地使用，并且被认为包括两个性别。

尽管第一章介绍不同地方的课程时使用了不同的名称，但本学科（subject）这里就被称作"设计和技术"。

目 录

第一部分　学校中的设计和技术   1

第1章　中学的设计和技术   2
介绍   2
一、什么是设计和技术   3
二、设计和技术的发展历史   6
三、设计和技术的发展展望   8
四、为什么要学习设计和技术课程   10
总结   12

第2章　小学的设计和技术   13
介绍   13
一、小学设计和技术的性质   14
二、小学设计和技术的开设   15
三、小学设计和技术的知识和技能   19
四、小学设计和技术教学   21
五、课堂管理   23
六、小学设计和技术评价   23
七、小学设计和技术的学科带头人   26
八、小学到中学的过渡   27
总结   29

第二部分　准备教授设计和技术　31

第3章　设计和技术中的健康与安全　32
介绍　32
一、法律要求　33
二、学校和部门的政策　36
三、课堂规程　36
四、风险评估　45
五、有独特需要的学生　47
六、事故报告　48
七、急救　48
八、保护学生　49
九、保护自己　50
总结　51

第4章　准备教授设计　52
介绍　52
一、什么是设计　53
二、通过设计进行教学　57
三、教设计　58
四、创造力教学　62
五、考试级别的设计　64
六、你的知识、技能和理解　65
七、教学方法　65
总结　72

第5章　准备教授电子、驱动和控制技术　73
介绍　73
一、电子、驱动和控制技术是什么　74
二、初中阶段的电子和控制　77
三、会考阶段的电子和控制　84
四、教学理念和方法　89
总结　93

第6章　准备教授食品技术　　　　　　　　　95
　　介绍　　　　　　　　　　　　　　　　　95
　　一、食品技术是什么　　　　　　　　　96
　　二、用食品进行设计和制作　　　　　　98
　　三、初中的食品技术　　　　　　　　　103
　　四、会考阶段的食品技术　　　　　　　107
　　五、学校里的食品学习　　　　　　　　110
　　六、审核你在食品技术上的学科知识　　110
　　七、教学理念及方法　　　　　　　　　115
　　总结　　　　　　　　　　　　　　　　117

第7章　准备教授材料技术　　　　　　　　119
　　介绍　　　　　　　　　　　　　　　　119
　　一、什么是材料技术　　　　　　　　　120
　　二、初中阶段的材料技术　　　　　　　121
　　三、会考阶段的材料技术　　　　　　　128
　　四、材料技术课程中的设计和制作　　　129
　　五、自我审视材料技术方面的知识　　　131
　　六、教学理念和方法　　　　　　　　　134
　　总结　　　　　　　　　　　　　　　　136

第8章　准备教授纺织技术　　　　　　　　137
　　介绍　　　　　　　　　　　　　　　　137
　　一、什么是纺织技术　　　　　　　　　138
　　二、初中纺织技术　　　　　　　　　　139
　　三、会考阶段的纺织技术　　　　　　　144
　　四、检查你在纺织技术方面的专业知识　148
　　五、教学理念和方法　　　　　　　　　149
　　总结　　　　　　　　　　　　　　　　150

第9章　准备教授绘图　　　　　　　　　　152
　　介绍　　　　　　　　　　　　　　　　152
　　一、什么是绘图　　　　　　　　　　　153

二、初中阶段的绘图教学　　153
　　三、会考阶段的绘图教学　　157
　　四、考试评估　　159
　　五、检视你在绘图方面的专业知识　　160
　　总结　　161

第10章　准备使用数字技术进行教学　　163
　　介绍　　163
　　一、数字技术和数字素养的定义　　164
　　二、为什么使用数字技术　　167
　　三、计划使用数字技术进行教学　　168
　　四、使用数字技术进行设计　　170
　　五、使用数字技术进行计划和制作　　174
　　六、使用数字技术进行评估和展示　　175
　　七、课堂管理问题　　176
　　八、评估学生使用数字技术的学习　　178
　　九、评估你的课程　　180
　　十、在你的专业工作中使用数字技术　　181
　　总结　　181

第三部分　设计和技术的教学　　183

第11章　设计和技术中的学生学习　　184
　　介绍　　184
　　一、学习理论　　185
　　二、学习风格　　186
　　三、学生应怎样学习设计和技术　　186
　　四、设计与技术能力　　193
　　五、对学生学习的影响　　194
　　六、学生个性化的学习需求　　195
　　七、教师的角色　　200
　　总结　　201

第12章　教授设计和技术　　203

介绍　　203
一、设计和技术学科的教学策略　　204
二、面向设计和技术能力的教学　　212
三、与其他成人一起工作　　217
四、管理学生　　219
总结　　224

第13章　设计和技术的评价　　226

介绍　　226
一、与评价相关的术语　　227
二、评价政策　　230
三、为什么要进行评价　　230
四、评价什么　　232
五、评价方法　　234
六、谁来评价　　236
七、考试评价　　239
八、记录和沟通评估　　240
总结　　245

第14章　设计和技术的教学计划　　247

介绍　　247
一、长期计划　　248
二、中期计划　　250
三、短期计划　　255
四、规划设计和制作课程　　267
五、规划课堂管理　　267
六、管理学生行为　　270
七、提前规划　　271
八、备课　　271
九、上课　　273
十、课程评估　　273
总结　　274

第四部分　提升你的教学　275

第 15 章　建立与其他学科的联系　276
介绍　276
一、与其他学科的联系　277
二、发展跨课程技能　281
三、规划以促进更丰富的学习　291
四、注意事项　292
总结　293

第 16 章　形成价值观　294
介绍　294
一、设计和技术方面的价值观意味着什么　295
二、价值观的内在联系　297
三、让学生关注价值观　298
四、以问题为中心的环境　307
五、管理活动　308
总结　309

第 17 章　针对颠覆性技术的教学工作　310
介绍　310
一、颠覆性技术是什么　311
二、设计和技术课程中的颠覆性技术　314
三、颠覆性技术——过去的一些案例　316
四、颠覆性技术——最近的三个案例　318
五、颠覆性技术的教学方法　325
总结　328

第一部分
学校中的设计和技术

第1章 中学的设计和技术

格温内思·欧文-杰克逊（Gwyneth Owen-Jackson）

介绍

设计和技术1989年首次引入英格兰和威尔士的学校课程，该学科针对5—16岁的学生，现在已经成为许多国家课程体系的重要组成部分。但是，该学科在不同的国家和地区有不同的名称：设计和技术（英格兰和威尔士）、设计和科技[①]（澳大利亚）、技术（南非、新西兰等）、科技（苏格兰）、技术和设计（北爱尔兰）。这种术语上的多样性体现出人们对该学科的定义有不同的认识。因此，研究设计和技术以及成为该学科的教师的一个重要任务，是明确设计和技术在课程体系上的意义、目的和价值。

本章将探讨设计和技术的定义，并简要介绍该学科在英格兰中学的发展历史。同时，本章还研究了设计和技术课程的目的以及它对学生学习的贡献。

> **学习目标**
>
> 学完本章的内容，你应该：
>
> ★ 能够给出设计和技术的定义
> ★ 了解设计和技术在英格兰的发展
> ★ 能够提供设计和技术作为学校课程的依据

[①] 译者注：原文为design and technologies，故译作"设计和科技"，以表示与"设计和技术"（design and technology）的差异。

一、什么是设计和技术

针对设计和技术的定义,一些人认为"为了让教师有效地传授技术,需要让他们对技术有一个很好的理解"(Forret et al. 2013:166)。

任务1.1　设计和技术的定义

用自己的话写下你对设计和技术的定义或理解。

这是一门有趣的学科。设计和技术是一门具有复杂历史、源于传统工艺、联系制造业和工业实践,结合设计工作,并融合新兴科技的学科。与数学、英语、历史等传统学科相比,设计和技术在学校课程方面仍然是一个相对较新的学科,并且在不断发展和演变。

任务1.2　比较设计和技术内容

如果可能的话,与另一所学校的设计和技术老师或新任教师交谈。比较你所在学校和其他学校的设计和技术学科的教学内容:
- 主题内容是否有相似之处?
- 是否使用相同的材料、工具和过程?
- 内容是如何组织和教授的?
- 有什么不同之处?为什么不同?

设计和技术首次引入到英格兰和威尔士的课程时,该学科被描述为一门让学生学习"在人工世界中有效地、创造性地工作的学科。其目标是在那些具有不确定性的实践领域提高能力"(DES / WO 1988:3)。但仅仅根据其学习效果来定义该学科,会引发许多有关"设计和技术"含义的讨论。随着时间的推移,出现了许多定义,包括:

设计和技术本质上是一项实践活动,它关注培养学生解决各种问题的信心,利用来自各方面的知识和技能。它根据察觉到的需求和机会而发展,在特定的约束条件下进行,几乎在每个阶段都要依靠价值判断。此外,个人能够通过干预来改善他或她的环境。

(Somerset County Council 1990: 113)

这是一个积极的研究,它涉及有目的地提供某种形式的解决方案来完成任务,进而(为某些人)改善人工世界。它把知识和技能作为行动的资源,而不是目标。

(Assessment of Performance Unit 1991: 17)

技术是创造性活动的一种独特形式,在该活动中,人们根据需求、愿望、机会与环境相互作用,以实现某种改变。

(Scottish Consultative Council on the Curriculum 1996: 3)

它能够使年轻人参与这个瞬息万变的科技世界,使学生将知识和他们对美学和职责的理解相结合,理解如何创造性思考和干预以推进世界的进步。它能够加强学生对于产品的鉴别能力和知情权,进一步理解工业生产和商业实践。

(Qualifications and Curriculum Authority 1999: 122)

学生将实践和技术技能与创造性思维相结合,设计和制作满足人类需求的产品和系统……解决个人和团队成员的问题……学生发现需求和机会。他们将想法转化为产品和装置……他们将实践和智力技能与对美学、技术、文化、健康、社会、情感、经济、工业和环境问题的理解结合起来。

(Qualifications and Curriculum Authority 2007)

技术——应用知识和技能来扩展人的能力,并帮助满足人的需求。

(Scotland Curriculum for Excellence 2011)

学生运用设计思维和技术,为了真实的需求和机会而制作和生产出设计的产品。

(Australian curriculum 2014)

学生运用创造力和想象力,设计和制作能够在各种情况下解决实际问题和相关问题的作品,并考虑到自己和他人的需求、愿望和价值观。该学科涉及广泛的学科知识,例如数学、科学、工程、计算机和艺术等。学生需要学习冒险,进而成为机智、创新、进取和有能力的公民。同时结合对过去和现在的设计和技术学科的认识,学生能够批判性地认识该学科对日常生活和世界的影响。

(Department for Education 2013)

技术是通过设计干预:利用实践和智力资源开发产品和系统(技术成果),这些成果通过满足需求、把握机遇,进而拓展人类的潜能。适应和创新是技术实践的核心。优质的成果来自于博学的、批判的和创造性的思考和实践。

技术积极利用本身的特定知识和技能,并且与其他学科相结合。图形和其他形式的视觉表达为探索和交流提供了重要的工具。

(New Zealand Curriculum Online 2014)

任务1.3　寻找设计和技术的共同元素

再次阅读上述定义,并列出概念中你认为贯穿其中的常见元素。

这些定义来自不同的国家,并随着时间而变化。他们反映了这个学科是如何发展的——这也反映了在不同时期的不同政治需要!然而,在所有定义中,你应该能够确定一些共同的元素。请你将任务1.3中绘制的列表与以下的要点进行比较:

- 智力活动和实践活动
- 结合(广泛的)知识和技能
- 满足人类的需求和机会
- 考虑价值观
- 改善人工世界

回顾一下任务1.1,看看上述定义中有哪些元素同样存在于你自己的定义中。你想改变你的定义吗?你认为设计和技术的定义中包含了哪些元素?这个定义是否与你所要教授的课程一致?

任务1.1—1.3可能已经使你产生了对设计和技术的不同理解。这些不同理解导致了学科的一些问题,因为教师、学生、家长和社区对该学科不清楚、不理解,影响了教师对学生的学习期望和该学科在课程体系中的地位。这种现象在其他国家中也存在,古梅柳斯(Gumaelius)等人(2013:196)指出,在瑞典"关于这个学科的内容和实践还没有达成共识"。同时,随着设计和技术学科的发展,有关该学科的定义也在不断延伸:学生需要表现或发展创造力和广泛的技能,如团队合作及冒险,同时还需要依据情境使用相关的技术。这可能有助于你了解设计和技术的定义。

书中的其他章节探讨了设计和技术特有的知识和技能(参见第4—9章),以及它与其他学科的联系(见第15章)。

该定义表明设计和技术在不断变化。为了进一步了解该学科,你还需了解它是如何发展的。

二、设计和技术的发展历史

自从建立了国家教育制度，许多国家的课程中都包含手工课，这些课程往往面向部分学生。在手工课中教授的"手艺"通常是金属制品制作、木工手艺和家务劳动，这些技能主要训练学生进行手工或家务劳动，例如对于女孩而言，这些技能可以让她们更好地胜任未来家庭主妇和母亲的角色。在这种目的驱使下课程只注重传授学生传统知识和技能。学生只需要简单地记忆知识，重复练习制作技巧，而不是理解知识。

从20世纪中叶开始，诸如女权主义和机会均等思潮的兴起，就业、工业化和计算机化方面的变革，使得人们需要发展不同的知识和技能。此外，教育哲学也发生了变化，转向更多地注重以儿童为中心的学习。这些变化都对手工课程产生了一定的影响。在英国，金属制品和木工手艺发展成"手工、设计、技术"（CDT），而烹饪和针线技巧发展为家庭科学，后来成为家政学。

在20世纪后半叶，社会和经济变化更加迅速，因此"手工、设计、技术"（CDT）和家庭经济不再相关。学生需要知道如何搜索和使用信息，灵活适应社会变化，不断学习新的知识和技能，并进行创新。因此，这一时期的课程需要不断调整内容和教学方法，进而满足这些需求。

1988年，英格兰和威尔士首次在国家课程中将"技术"引入学校，将其设定为5—16岁学生的必修课程。课程的最初形式集艺术、商业研究、"手工、设计和技术"（CDT）、家政学和信息技术于一体，反映了这个学科的创造性、实用性、技术性和工业性等不同的方面。然而，正如维克菲尔德（Wakefield）和欧文-杰克逊（2013）所说，这类课程在实践中难以管理。教师熟悉传统手工课程，对新创建的学科缺乏理解，同时因缺乏相关支持，而对教师的工作量和学生的学习质量产生了不利的影响。

在技术课程开设的前五年中，国家对课程有四个修订版本，这些修改反映了人们对该学科的一些困惑。表1.1列出了作为国家课程的学科发展情况。

英国其他地区的发展路线不尽相同。在北爱尔兰，技术和设计课程重点通过设计工作、沟通、制作和学习控制系统来发展学生的创造性思维和问题解决能力。苏格兰的技术课程包括社会、信息和通信技术（ICT）、商业、计算机科学、食品和纺织、手工艺、设计、工程和图形技术等领域的信息技术发展,并侧重实际的问题解决能力和协作能力。在威尔士,课程要求学生基于可持续发展和环境问题,发展他们在食品、耐用材料、纺织品、系统和控制方面的设计和制作技能。

任务1.4　设计和技术课程要求

通过学校或相关网页搜索,获取你需要遵循的所有课程的指导文件。仔细阅读这些内容,确保你熟悉要求。

表1.1　英格兰国家课程中设计和技术的发展

1990年	首次将技术引入国家课程,结合艺术与设计、商业研究、"手工、设计和技术"、家政学和信息技术等内容,针对所有5—16岁的学生。
1995年	该学科更名为"设计和技术",并纳入耐用材料、系统与控制、食品与纺织等内容,同时整合了其他的课程领域。此外,学生需要把"设计和制作技能与知识和理解相结合,以设计和制造产品"(DfE / WO 1995:6)。
1999年	修改学科内容,引入智能材料和现代材料,并要求学生通过完成特定任务、进行产品分析以及设计和开展学习活动进行学习。
2007年	修改学科内容,介绍要讲授的关键概念和关键流程,并详述在不同领域教授的内容。同时,还要强调价值观和环境/可持续问题。
2013年	发表改变学科内容的提案,重点关注使用"通用"材料和"常用"技术制作"精心构思"产品的实践活动。这些提案受到了强烈的批评,因此随后修订提案。修订提案得到了广泛的支持,但在对食品技术的立场上有些争议(见第6章)。
2014年	实施新的5—14岁学生的国家课程,本学科获得了很多的支持,被认为是严格的、具有挑战性的、"现代的、与21世纪相称"的课程(www.data.org.uk)。

由于教育、经济和文化背景的差异,其他一些设有设计和技术课程的国家,情况有所不同。这里没有讨论这些差异,但可以参阅这些国家的设计和技术学科的相关信息。

三、设计和技术的发展展望

设计和技术学科一定会不断发展,因为本学科的基本性质与技术、经济和社会发展紧密相关。那么学科的未来会怎样呢?

2013年英格兰的课程提案导致了许多对该学科性质的讨论。其中一个建议来自E4E(2013),提出了设计和技术课程的核心概念,这些概念可以通过任意或所有任何领域进行教学。这些核心概念及其支持原则见表1.2。

同时,他们建议设计和技术学科应该与科学、数学以及其他学科相结合(见第15章)。

戴维·巴莱克斯(David Barlex)也提出了一个类似的建议。他在与同事凯·斯特布

表1.2 设计和技术的新原则

核心概念	核心概念中的工具	学生需要理解并做到
设计	设计对象:客户和使用者	维护客户—设计师关系 探索市场机遇 了解需求
	产生和发展设计概念	产生设计概念
		发展设计概念
技术	制作产品	
	使产品运行	提供电力,储存能量 理解结构和机制 控制设备和系统
批评	管理	使用生命周期分析 考虑线性和循环经济
	影响分析	识别赢家和输家 考虑到当地、区域和全球的影响
数据	收集数据	从自己的调查 从别人的调查
	分析数据	使用几何和代数 使用统计方法

尔斯(Kay Stables)和比尔·尼科尔(Bill Nichol)谈话中,建议设计和技术课程需要基于如表1.3概述的"持久创意"。

表1.3 持久创意

持久创意	体现
材料	属性 来源 对环境的影响 寿命
制造	减少 增加 成型 组装 完成
功能	社会 审美 技术
设计	了解知识 审美 技术
批评	公平 管理
学科性质	确认人工世界中的干预,考虑它的意义和可能的结果

任务1.5 设计和技术的发展

与学校部门的同事讨论他们在设计和技术教学方面所经历的变化。当你已经了解该学科的发展脉络之后,试图想象在未来的十年中,作为设计和技术老师,可能会经历怎样的变化。

英国是第一个将设计和技术学科引入学校课程的国家,许多国家在制定设计和技术课程时都借鉴英国的做法。同时,英格兰现在也应该借鉴其他国家的设计和技术课程。例如,新西兰明确指出,学生应该了解技术的性质、技术知识和技术实践(Compton et al. 2013)。

教育所处的政治和社会背景会持续影响设计和技术课程。2010年推出的作为学校成绩评估的英语毕业会考,不包括设计和技术,这导致一些学校不再提供面向会考阶段的这类课程。"进度8"是2016年新的评价指标,该指标包含了设计和技术学科,但是该学科对学生来说是一门选修课程。如果这些措施在未来发生变化,那么设计和技术在课程中的地位也会发生变化。

然而,重要的是,在设计和技术学科不断发展的同时,其性质也不断被理解和传达。正如马丁(Martin 1998:41)所说,如果不是这样,它将会"继续用相同的陈言旧语和陈词滥调来理解和描述"。

四、为什么要学习设计和技术课程

设计和技术课程的教学目的会影响应该教学生什么以及应该期望学生学到什么。设计和技术为什么要纳入学校课程有许多原因,这些原因往往与政治、经济和社会环境相关,这对设计和技术课程的理解至关重要,因为这会影响到你如何教授它。

任务1.6 为什么要教设计和技术?

在阅读本节的后续部分之前,请你对学校里设计和技术课程的教学目的提出自己的看法。学生目前学什么?他们应该学什么?设计和技术对他们有什么帮助?你认为它为学生提供了不同于其他课程的体验吗?

为什么你认为该课程应该列在学校课程中?

有关教学目的,不同人有不同的哲学观点。"自由主义"的教育观以儿童为中心,认为设计和技术有助于儿童整体的发展。并且,这种知识和技能是学生通识教育的一部分。

经济/职业教育观认为技术是一种"能力",这种能力伴随着学生技术知识的增长和对事物、工作原理的理解而提高。进行设计和技术课程教学是合理的,因为它给学生和雇主带来了就业利益。戴克斯(Dakers 2006)认为,设计和技术课程不能为学生提供特定的就业培训,就不能将其视为职业训练。但奥沙利文(O'Sullivan 2013:84)认为,这个学科可以将"自由主义教育价值观与新职业主义的实践结合起来"。

另一种观点,即社会/文化理论把技术看作是一个值得研究的社会现象,因为它对社会发展产生一定的影响。学生应该学习设计和技术课程,了解自己国家或其他国家的社会和文化,同时发展社会、文化和道德价值观。

任务1.7　你对设计和技术的看法

思考上面讨论的各种理由,看看哪一个与你的看法最接近。你的看法是如何形成的,是源于你自己的教育经验,还是由你遇到的人或你的阅读塑造的?

想想你的设计和技术的教学理论如何影响你教授这门课的方式。

本章前面讨论的定义指出了有关设计和技术课程的教学目的以及希望对学生教育的贡献。当这门学科教授效果好时,不仅有可能帮助学生发展他们的技术知识和技能,还有助于学生提高分析、评估和创造力的认知技能。同时,它使得学生能够认识到他们能够为世界做出贡献,并感受到他们和其他人做出的决定对世界的影响。金贝尔(Kimbell)等人(1996:29)认为设计和技术的价值在于它给学生提供了"对世界进行独特思考和建设性干预"的机会以及"学生通过参与挑战性的、丰富的、赋权的活动来进行创造变化"的过程。

我们需要牢记设计和技术课程帮助学生获得这些宝贵学习成果的潜力,避免让该学科只专注于实践活动。作为设计和技术的老师,我们需要仔细考虑为什么要教授这个科目,因为这会影响我们选择教授的内容以及教授的方法,同时我们需要确保课程的完整性,尽可能地满足学生的学习需要。随着社会越来越"科技化",学生越来越需要了解技术及其影响和后果。

总结

本章介绍了设计和技术学科在学校课程中的形成及对学生教育的贡献。通过这些内容,你现在应该已经形成了自己对设计和技术的理解、该学科的重要性和你希望学生从中学到什么。

同时也需要注意,你的想法可能会受到挑战,并且你在备课和教学过程中,也需要不断重新审视你的想法。虽然设计和技术课程有其基本原则,但是随着材料、设备和工艺以及社会的发展,向学生呈现的方式将会不断发展。正如过去一样,设计和技术将继续发展,你需要保持开放的态度。你需要不断培养你的批判能力,以便感知学科的发展,同时还需要具备适应性和创造性,进而不断发展自己的实践。尽管如此,对于教什么和为什么教的基本原则是不能忽略的。

第2章 小学的设计和技术

克莱尔·本森(Clare Benson)

介绍

作为中学的设计和技术教师,你需要了解这个学科在小学阶段的情况,以便知道学生在进入中学时的知识储备。

设计和技术课程广泛存在于英国和其他地方的小学课程中,并且目前有许多优秀的设计和技术课程实践案例(Ofsted undated)。然而,当这门学科在1990年引入到英国的小学课程时,面临着几个挑战:学科是新设立的;参与课程编写的人员缺少了解课程实践的小学教师;教师对学科缺少知识和理解的同时,还缺少专业发展的经费支持;教学的重心是英语、数学和科学学科。虽然小学的设计和技术课程仍然存在着挑战,但是它在学生的学习方面发挥着很大作用,因此所有学校都应该致力于提供高质量的设计和技术教学。

本章主要介绍小学设计和技术课程的性质、教学和管理方法以及在小学阶段进行高质量设计和技术教学时面临的关键问题。

学习目标

学完本章的内容,你应该:

★ 理解小学设计和技术课程的性质和地位
★ 知道小学教师如何准备和教授设计和技术
★ 知道小学设计和技术的管理
★ 理解中小学课程衔接存在的问题

一、小学设计和技术的性质

学前(3—5岁)和小学(5—11岁)课程都包含设计和技术,而人们对小学设计和技术课程的性质存在误解。本节将有助于澄清小学设计和技术学科的性质。

任务2.1　小学设计和技术的性质

说出你对小学设计和技术课程性质的想法。你认为小学设计和技术课程的基本要素是什么?

当设计和技术作为小学的新学科引入时,由于许多教师没有该学科的相关经验,所以教师需要一些支持来帮助他们进一步了解设计和技术。这个问题在所有国家(包括英国)普遍存在。比约克霍尔姆和胡尔滕(Björkholm and Hultén 2013)也报道了瑞典存在的类似问题。目前针对设计和技术存在两个误区:一个有关计算机和技术,另一个有关科学知识的应用。

多年来,人们使用各种方法传播该学科的主要思想。其中,设计和技术协会(www.data.org.uk)确定了应该包含在任何设计和技术学科中的六个基本要素。这些是:

- 是否确定并符合使用者的需求?
- 是否具有清晰的符合实际的目标?
- 由学生作设计决策吗?
- 作品具有实用性,还是纯粹装饰性?
- 在设计作品的学生眼中,作品是否具有创新性?不是单纯的复制或发明而是包含了学生的新想法。
- 这是一个真正的产品?或者只是原型,即实际产品的缩小版(但能完成基本功能),而不仅仅是一个模型,例如,用箱子制成的都铎王朝的房子,其中有黏在屋顶上用麦秆做的烟囱。

举一个类似的项目案例,这个案例和当地历史课程相关,学生需要编写一本在当地图书馆展示的书籍,在书籍中需要记录本地的重要事件和重要人物。为了使这本书引人入胜,学生可以利用一些绘画来做插图,并且使用一些信息技术。在这个项目中:

- 有一个明确的目的(展示当地的历史)。
- 确定的使用者(使用图书馆的当地居民)。
- 学生自主进行设计,包括绘画和信息技术手段。
- 这些绘图选择恰当,并符合预期目标——实用性或功能性。
- 这本书具有创新性,具有不同于其他历史书的新想法。
- 这是一个真实的要求,该任务由图书管理员提出,并且会展示给当地居民。

任务2.2　小学设计和技术的关键要素

　　回顾上述六个基本要素。这些要素是否与你在任务2.1中确定的要素相对应?你会在此基础上做出怎样的添加和改变?当你观察你所在的小学或其他小学的设计和技术课时,自主思考你观察到的三项活动,或与其他教师展开讨论。思考这些要素是否都包含在活动里面?这三项活动有没有平衡?你会如何调整活动来保证这些活动包含这些关键要素?

　　这些关键要素对教师理解并开展设计和技术课程都有积极的作用,但是关于小学设计和技术性质还有待进一步说明。

二、小学设计和技术的开设

　　虽然本章侧重于小学的设计和技术,但有一点非常重要,设计和技术的经验从婴儿出生就已经存在了,因为婴儿自出生起就开始探索他们生活的世界,他们会通过眼睛盯着东西,或用手抓着东西,并且他们能够找到自己喜欢或讨厌的食物,选择舒服的纺织品等。这是我们在设计和技术中需要促进的自然本能。

　　英国的第一个设计和技术小学国家课程于1990年3月提交议会,并在英格兰和威尔士成为必修课程。在北爱尔兰的小学课程中,技术和设计与科学合并为一个学习领域,在苏格兰,它是技术学习领域的一部分。第一章详细介绍了英国国家课程的发展情况。

任务2.3　小学设计和技术课程

在线搜索你所在地区和英国其他地区或其他国家的小学课程。找出课程之间有哪些区别,你想借鉴哪些地区的小学设计和技术课程内容,说出你会借鉴什么,为什么？如果不想借鉴,请说出原因。

如果可以的话,从课程中找出每个国家的小学设计和技术(技术)课程的性质。

目前在大多数国家,小学课程的重点是主修课程：与英语(或国家语言)相关的读写能力和计算能力课程、数学课程、科学和信息通信技术课程。此外,还有一系列其他科目,这些学科能够为所有学生提供相对广泛的课程,促进学生均衡发展。这些课程包括设计和技术、艺术和设计、计算、地理、历史、语言、音乐、体育、公民、宗教教育以及个人、社会和健康教育。

当然,重点是主修课程,并且这些主修课程课时很多。因此,补充课程相对主修课程而言只有有限的课时,这导致这些补充课程只能浅尝辄止,更有甚者,学校只开设部分补充课程,这往往取决于教师个人的热情和特长。教师的设计和技术课程的经验有限,再加上对课程还有其他一些要求,所以小学很难重视设计和技术学科。所有小学都可以自由组织课程,但在很多情况下,许多学校通常上午安排主修课程,下午安排其他科目。设计和技术课程可能在半个学期中,每周教授1—2个小时,每个学期一二个整天；或在一个完整学年中一周半天。小学课程有三种主要的组织形式：基于课题或主题的方法、综合学科方法、基于技能的方法。

基于课题或主题的方法——创意课程　尽管不清楚"创意课程"这个词语的出处,但是在英格兰,随着罗斯(Rose 2009)发布了关于小学课程的评论报告,这种方法开始实施。首先,需要利用这种方法确定课题/主题,然后从每个学科中选择与主题衔接的内容。设计和技术可以为这种方法提供有价值的聚焦点；通过设计、制作和评估项目,与英语、科学、数学和艺术等其他学科建立紧密的联系。然而,这种联系的建立存在一定挑战。例如,在设计和技术课程中,往往将制作文物(如维京船、埃及珠宝或都铎王朝的房子)与历史联系起来,但在课程中除了教授一些有限的制作技巧,这些活动与设计和技术几乎没有关系,与学生的历史知识和技能也无关。同时,尽管小学生可以设计制作完成一些作品,但是从使用者角度没有对作品功能的相关评估。将历史与设计和技术联系起来的一个更好的方法是,要求学生参与设计、制作和评价一个作品,该作品将在历史景点的纪念品商店出售。在这种情况下,用户和目标是明确的,学生可以对作品进行调查,例如历史上那里出产的珠宝或纺织品,学生可以结合过去的设计元素和现代的材料对作品进行设计、制作和评估,进而在商店出售。

综合学科的方法 这种方法支持所有学科的教学,为深入研究和建立学科之间深度联系提供足够的时间。例如,可以将设计和技术与艺术和设计、计算机和科学联系起来。但这需要合理的计划和组织以确保可以涵盖所有的补充课程,并且学科之间需要有真正的联系。然后,可以从需要教授的学科中选择一个恰当的课题/主题。

基于技能的课程 少数学校采用这种方法,这种方法确定每个学科所要学习的技能,之后将这些技能依据年级分步教授,以支持教学进展。教师利用多种方式教授技能,并在教授过程中确定适合这些技能的课题/主题。

在小学阶段,设计和技术可以为几乎所有的学习提供支撑环境,但是很少有学校这样做。通过设计、参与、评估项目,学生几乎可以学习所有学科的知识,甚至是主修课程的知识。同时,设计和技术可以通过创建真实的任务,为学生提供相关的学习场景。目前有许多研究都认为学生不是进行单一学科或领域的学习,而是需要跨课程的教学(Kerry 2011)。这种课程之间的联系对学生来说非常有意义,因为学生接触到了真实的情景和任务,这些情景和任务可以由通过设计和技术学科来提供。相关的联系包括:

- 英语:口语、词汇增长(包括专业词汇)以及不同类型的写作
- 数学:不同类型的测量,任何设计和技术任务都需要
- 科学:理解不同的材料、各种力和电
- 艺术和设计:创造性地使用各种材料,培养一系列艺术和设计技巧,包括颜色、纹理、图案、线条、形状、形式和空间
- 信息技术:有目的地使用技术,合理地使用互联网,选择各种软件
- 地理:自然资源的分配,包括能源、食物、矿物和水
- 历史:过去的关键事件和推动历史发展的关键人物

任务2.4 组织小学课程

在你所在的小学或其他学校,调查设计和技术课程的组织方式,总结其优缺点。这种组织方式是否有利于该学校的设计和技术的教学质量?

在对设计和技术课程进行设计时,需要进行周密的长期规划,以确保学生在小学阶段学习到全面均衡的课程,同时这些课程需要符合国家课程标准或指导要求。参照英格兰国家课程(2013),表2.1列出了一个可能的长期计划。

表2.1所示的A、B分组适用于年龄混合的学校,例如在一个班级中,有年龄为5—6岁和6—7岁的学生,他们在班级中轮换项目,不会连续两年做相同的任务。

表2.1 一个小学设计和技术课程的例子

	学期一	学期二	学期三
第一年A (5—6岁学生)	结构:独立的结构	机械:滑块和杠杆	食品:水果和蔬菜,包括烹饪和营养
第二年B	纺织品:模板与连接技术	机械:轮和车轴	与学生/老师兴趣相关的额外项目
第三年A (7—8岁学生)	纺织品:二维形状到三维产品	食品:保鲜和加工原料	结构:壳体结构
第四年B	机械系统:杠杆和连杆	电学系统:简单的电路和开关,包括规划和控制	与学生/老师兴趣相关的额外项目
第五年A (9—10岁学生)	食物:调整食谱	结构:框架结构	电学系统:使用一系列开关和元件
第六年B	纺织品:使用图样,包括计算机辅助设计(CAD)	与学生/老师兴趣相关的额外项目	机械系统:滑轮或齿轮

像这样的计划可以确保在两年的时间里,学生能学习到设计和技术学科的所有领域。这样的计划每两年一个周期,可以按照学校情况进行安排,保证学校可以自主指定课程。

中期计划要依据这个长期计划为每个学期的活动提供更多细节。这些细节包括设计和技术的适用主题、场景以及不同学科之间的联系。另外,需要确定具体的教学内容。例如,对于机械领域中的"轮和车轴",需要教授软木切割和打孔技术,并配备所需资源。

最后需要确定短期计划,每个开设设计和技术的学期需要有详尽的计划,包括学生学习的关键目标、要学习的具体知识和技能、与其他学科的具体联系、关键问题和具体资源。

三、小学设计和技术的知识和技能

无论国家课程标准或指导纲要是否恰当,小学都可以确定认为对学生来说比较重要的补充课程的内容和技能。本节概述了小学生在设计和技术学科中需要学习的知识和技能。实际上,因为教师能力的不足,例如缺乏电子学方面的知识,有时候很多设计和技术课程的教学内容就会缺失。但是学生需要全面地学习设计和技术,并且循序渐进地不断掌握该学科的相关知识和技能。表2.2列出了主要的设计和技术课程的知识和技能。

表2.2 小学课程的知识和技能

知识和理解	机械/机械控制: 滑块和杠杆——学生在学习这些内容之后,需要根据特定使用者或使用目的(生日、庆祝、早日康复)设计、制作、评估贺卡。卡片中可以加入类似于滑块的移动部分。 车轮和车轴——学生可以制作所有车轮固定、车轴移动或车轮移动、车轴固定的产品。例如根据一个应用场景,制作一个有特殊用途的需要车轮和车轴的交通工具。 机械系统,如杠杆和连杆、凸轮、滑轮或齿轮、输入和输出。
电子系统	这通常与科学中的电学有关,学生会为木偶剧院设计灯光或为卧室制作原型灯。 规划、监控产品——与计算机学科有关。 学生可以为展览会设计新的露天游乐设施,利用电子系统控制、使用开关或传感器监测。
结构	结构的硬度、强度和稳定性——可以通过研究调查来解决该问题,例如设计一个适合矮胖子坐的围墙。 诸如帐篷或攀爬架之类的框架结构,以及诸如包装或礼品盒的外壳结构。这与科学中的力学相关。

(续表)

纺织	不同的面料： 缝接面料的方法——学生需要设计和制作适合于泰迪熊(Teddy)的安全外套、适合旅行的安全钱包等。他们需要调查不同面料的性能和适用性，然后学习不同面料的缝接方式。 样板和3D产品——学生首先看到一个样板，然后需要为某个产品自己设计一个样板。 面料加工——学生首先要进行一些实验工作，例如找出哪些产品是绝缘的、哪些产品是防水的。
食品	由于小学通常无法使用烹饪或冷藏设备，因此在食品技术方面可能会受到现有资源的限制，但仍然需要进行食品教学。同时，食品教学工作需要在清洁的地方开展，并向学生传授食品卫生学的相关内容。此外，食品来源研究与地理、文化等学科相联系。 多样化和健康饮食的基本原则——学生需要学习相关原则，之后为特定用户或出于特定目的烹饪均衡的饮食，例如为泰迪熊的野餐制作三明治。 食物准备——例如，切碎、切片、磨碎、糖化、混合、烘烤。 食物烹饪——在条件允许的情况下，教授学生简单的菜肴，如三明治、沙拉、一体式蛋糕。同时，应该鼓励学生准备和烹调可口的菜肴，并限制甜食。此外，在选择食材时，学生可以选择学校中种植的当季蔬菜。
设计技能	设计工作一直是小学设计和技术的薄弱环节，学生在设计过程中的参与度比较低。为了培养学生的设计技能，需要考虑如下问题： ● 考虑作品的适用对象和目的。 ● 功能性，即作品的用途。 ● 在老师和同学的帮助下，确定设计标准。 ● 研究和调查——适用于高年级学生，他们可以调查合适的材料、学习设计或制作作品的不同方法、调查使用群体。 ● 草图，绘画和建模。条件允许时，学生可以适当使用计算机软件，同时还可以在完成作品时，画出相应产品并作出阐述该产品主要特征的注释，或者他们只画出产品的一部分，例如手柄、紧固件或连接方式。此外，学生既可以使用剖面图和分解图，也可以利用计算机辅助设计(CAD)创建样板，还可以利用网络和图形程序来创建产品的设计图、产品图或相关文字。 在整个设计过程中，学生需要明白他们可以改变自己的想法和决定，还可以征求他人的意见，进而制作出一个优秀的作品。
评估技能	评估通常是项目结束时进行的活动，学生需要指出作品的优缺点以及改进意见。然而，评估远比这复杂，并且在实践中有更多的发展。 年龄较小的学生需要利用各种感官来评估产品，甚至需要通过询问来不断提高思维能力。 年龄较大的学生在整个项目中需要考虑他人的意见，并在必要时修改自己的想法。他们学会理解不同的想法并提供针对性建议，而不是仅仅把这些想法看作个人批评。

(续表)

评估技能	整个项目的评估,教师需要向学生提问而不是简单地告诉学生这些项目的问题,教师需要让学生去思考他们在做什么,为什么会这样做。 在一个项目结束时,学生应该再度审视他们最初的设计标准,确定他们如何实现这些标准,在过程中有什么样的变化以及他们学到了什么。
跨课程知识和技能	可持续性——这在许多项目中都存在,学生需要考虑减少、再利用和回收利用他们使用的材料。 文化意识——在许多项目中,学生需要考虑不同的文化如何影响产品的发展,以及产品与不同的文化之间的联系。 创业技能——在这些项目中学生可以调查产品需求,因为市场研究可以帮助他们在制作和销售产品之前完善他们的想法。 创造力——小学教师有一种误解,认为学生应该自己去"创造",而老师的干预可能会扼杀创造力。然而,这种做法可能会导致学生受挫并缺乏动力。研究(Benson and Lunt 2009)表明,支持学生创造力蓬勃发展的关键因素是关联和动机、所有权和控制权、空间和时间以及与他人的互动。

任务2.5　小学设计和技术教学的知识和技能

　　小学教师需要教授设计和技术学科的所有知识。如果你需要在小学任教,你对这些知识的掌握情况如何?你在设计和技术领域的知识水平如何?你需要在哪些方面进行改进?

四、小学设计和技术教学

　　许多在中学适用的设计和技术教学策略、技巧和管理手段,在小学同样适用。设计和技术可以通过以下方法进行教学:
- 全班教学
- 小组合作
- 同伴协作
- 个人工作

这些内容在第12章具体展开讨论。

无论使用何种教学策略,学生从一开始就要参与到任务当中。同时,教师还需要明确任务目标、确立真实的活动,并且基于学生学习情况和学习经验组织学习内容。一些比较成功的任务包括:

● 收集作品——作品以不同方式组合在一起,例如,依据年代、国家、材质、设计方式对同一类产品进行收集。这些作品既可以在课堂讨论之前展示,也可以在一周内逐个展示,并每天讨论一个作品;学生们可以利用小组合作的形式,用各种感官调查产品,然后把调查结果反馈到班上。通过这些调查,学生可以研究作品的材质、使用者、使用目的以及作品制作和完成工序,这些都可以为学生自己设计和制作提供灵感。

● 任何一件作品的起源或背景,例如一个故事、一次拜访、一位访客,都可以明确任务的真实情境,确立需要解决的问题。比如从"三只公山羊[①]"的故事,学生可以确定山羊需要一座桥。如果学校组织旅行,学生需要设计用于旅行的便携包;如果学校与当地公司有良好的联系,公司的代表人员可以访问学校,让学生帮助其开发新产品。这些故事情境都能够让学生完成真实的任务。

● 实践技能培养或任务的知识和理解——学生有时候会缺乏一些关键的知识或技能,因此,在设计和制作任务开展之前,学生需要学习一些他们将会后续使用到的知识和技能。

一旦开展相关任务,设计和技术的主要活动包括:

● 调查任务,帮助学生研究和分析作品。

● 设计任务,培养学生实用技能和知识。

● 从设计和技术角度,全方位设计、制作、评估任务。

有关这些活动的具体内容,请翻阅第11章。

每一学期的设计和技术课程都需要精心策划,明确学习成果、概述课堂活动、组织资源、确定所有的课堂管理问题,例如学生不会全部都在同一时间、同一地点使用同一资源。因此,教师需要灵活地适应课程,并随着课程的开展不断进行后续工作。

[①] 译者注:源于挪威民间故事,该故事讲述了住在山上的三只公山羊,有一次到对面山坡上吃草,途中过桥的故事。

五、课堂管理

和中学不同,大部分小学没有针对设计和技术学科的特定教室,因此有关设计和技术的所有教学都是在普通教室开展的。此外,有些学校可能没有足够并且合适的空间来存放工具、设备、学生作品、自来水、足够的电源插座以及未必有专用设备。因此,在进行设计和技术教学时,需要考虑课堂的管理。

教室的布局和设计、设计和技术课堂活动的性质都会影响到课堂管理。例如,如果教室有地毯,学生就可以围坐在一起,介绍项目、展开讨论。所有学生都能够使用材料和工具,并且在某些情况下,学生可以使用某些特定的桌子,例如用于切割、缝接和整理的桌子。同时,应该设置一些成年人可以随时监督的安全区,在该区域内,学生可以使用胶枪、美工刀等工具。此外,每个学校都应该配备相应的健康和安全责任人员,他们可以保证学生的健康和安全(详见第3章关于健康和安全的内容)。

许多教师在教室开展教学工作,特别是开展一些比较特殊的活动时,会得到其他人的支持,这些支持来自助教(TAs)、学生父母、祖父母等。在这个过程中,这些人既知道如何安全地使用相关工具和设备,还可以辅助学生使用这些工具,而不是简单地代替学生完成这些活动。

> **任务2.6 小学设计和技术教学**
>
> 你认为小学开展设计和技术教学的优点和缺点是什么?你会如何创造一个促进学生创造的课堂环境?
>
> 你在小学曾经使用或观察过的三种比较有效的教学策略是什么?
>
> 观察自己所任职的小学或其他小学,说出你可以从中借鉴的三种教学策略。

六、小学设计和技术评价

自设计和技术引入小学课程以来,许多人(ofsted 2002, 2007)都指出了该学科的评价质量问题。虽然需要遵守所有的国家课程评价要求,但仅有这些是不够的。指出为什么要评价学生作品也是非常重要的,这应该包括根据主要的学习目标和学习成果来评估学生的作品,以及通过项目评价学习以调整未来的学习。好的评价指出教与学的优点以及需要进一步提升的方面。同时,评价必须是可以管理的;在某些情况下,可能需要在没有课堂支持的情况下,评价30名学生。

形成性评价(参见第13章关键评价术语讨论)可以发生在设计和技术课堂的每个环节,例如观察、提问、完成等阶段。在进行形成性评价时,最好只关注一二个关键学习目标,以便更好地管理过程,并保留评价记录。评价时,可以使用日记或记录、快速笔记、便条纸或照片来记录学生的工作。收集到的形成性评价信息应该用于确定学生需要的特定支持或下一阶段的计划。

学生对自己学到的东西的看法等进行的自我评价、同伴评价、有助于形成形成性评价。学生可以用不同的方式记录他们的评价观点,包括:

- 回答"我学到了什么"或"你对别人做这个项目有什么建议"。
- 进行对所学知识的评估。
- 完成由老师提供的评价,包括用图表或打勾方式确定所学的知识,例如确定所学的关键思想和技能。
- 记录获得的相关知识或技能,这对于掌握和理解特定的知识和技能非常重要,表2.3右栏列出了学生在掌握技能知识时需要填写的栏目。学生可以明确了解自己所学的东西,并与老师合作开展下一步的学习计划。同时,依据学生的年龄和学生能力水平,教师需要在学生完成任务过程中提供相关帮助。

表2.3 自评表

第一年(5—6岁) 设计、制作、评价用于泰迪熊(Teddy)出游的交通工具	
我可以……	自评
判断泰迪熊(Teddy)需要什么	
我需要什么样的材料和连接件	
制作可以使车轮转动的车轴	
把轮子安装到底盘上	

(续表)

第一年(5—6岁) 设计、制作、评价用于泰迪熊(Teddy)出游的交通工具	
我可以……	自评
用剪刀仔细裁剪卡片	
用胶水粘贴卡片	
完成一个漂亮的交通工具	
让完成的交通工具运转起来	
让泰迪熊(Teddy)在假期使用制作好的交通工具	

学生进行的评价不需要采用书面方式,他们可以用电子方式记录信息、用录音设备记录或者在与成年人交流过程中由对方完成记录。

中学经常会使用档案袋的方式进行评价,但是这一方式在小学并不适用。因为小学并不强调文字记录或电子记录,而是重视确认想法、做出设计选择、评价作品过程中的讨论过程。

总结性评价往往在项目结束时进行,通常根据任务计划中的学习目标或结果来评价学生所学的知识。如果在任务开始时学生就明确任务结果,在过程中可以不断了解任务进展,那么他们会不断努力地完成任务,进而发挥潜能。虽然学生水平参差不齐,但所有小学生都可以参与到这个过程中。

分享项目的成果以及不同的评价方式可以提高设计和技术在学校的地位。学校可以向全校学生展示学生的作品,并允许其他学生在作品旁边的笔记本上添加评论。学校也可以将作品带出社区,在图书馆、超市或商店橱窗等地方进行展示,一方面宣传了学校,另一方面也提升了设计和技术的地位。

任务2.7　评价设计和技术

小学的设计和技术评价与中学的设计和技术评价之间的主要区别是什么?

七、小学设计和技术的学科带头人

在许多小学,有些教师会负责学校的不同学科。在你未来的任教生涯当中,也可能会负责整个学校的设计和技术科目。不同的学校对这个岗位的核心要求并不一致。以下是学科带头人可能实施的各类活动:

- 指定有关设计和技术的政策——主要包括如下几个方面:
  ☆ 学校教授该学科的原则
  ☆ 设计和技术的主要目标
  ☆ 如何开展设计和技术教学
  ☆ 如何与信息和通信技术(ICT)联系
  ☆ 基础内容和扩展内容
  ☆ 评价、记录和报告
  ☆ 管理资源
  ☆ 针对设计和技术的健康和安全问题
  ☆ 学科带头人和其他教师如何了解设计和技术的最新问题,并不断扩展自己的知识和技能
- 在需要的情况下,借鉴其他学科的政策或模板。
- 审核学校设计和技术的各个方面,并基于研究发现制定计划,从而不断发展该学科。
- 以学科发展为导向,制定长期和中期计划,确保课程覆盖面广泛而均衡。
- 管理资源——荐购相关设施和工具,进行师资培训,配置资源,组织存储并为后续方案订购资源。
- 内部联系——包括学校管理团队、学校董事、负责课程的主管、健康和安全负责人、家长或监护人、教师以及学校里支持设计和技术的其他人员。
- 外部联系——包括中学或集团学校的同事、当地工商业界和地方当局人员(如果需要)。

学校中可能有不同的人对学生的健康和安全负责,他们会确保有关设计和技术课程的健康和安全问题。其中可能包括食品和食品卫生工作,正确和安全地使用工具和设备,决定谁可以使用不同的设备,如美工刀和低熔点胶枪。

其他成年人,例如助教或家长,也可能会提供支持,并在设计和技术课程中帮助教师和学生。在这种情况下,他们需要了解该学科的性质以及他们所承担的任务。我们会发现,成人在协助学生的时候,常常会越位完成本应由学生完成的任务,而学生则坐在一边旁观。这样做的结果可能会很"完美",但是学生学到的东西微乎其微。学科带头人需要编制一本有关帮助这些成年人理解任务的小册子,强调有目的的学习,关注学生的学习方法,并指出他们的任务是帮助和协助学生。

八、小学到中学的过渡

任务2.8　管理小学的设计和技术

思考你的学校是如何管理设计和技术的。这些管理方法的好处和挑战有哪些?在小学和中学管理该学科的主要区别是什么?

小学生升入中学时,他们在所有学科(包括设计和技术)的学习过程中都会感到有一些倒退(Benson 2009)。在设计和技术课程中,他们会感到失望,因为他们要做一些自己已经做过的事情,这些事没有足够的挑战性或者看起来缺少目标性。

其实让所有的小学生都掌握以前的知识和技能是比较困难的,他们今后会到不同的中学上学,这些中学中有许多来自不同学校的学生,他们有着不同的设计和技术学习经验。同时,学生的先验知识不仅仅来自于小学的设计和技术课,还来自家庭、当地社区等许多环境,这些知识都为学生今后的学习奠定了基础。

帮助学生成功过渡的一个方法是在小学和中学之间建立联系。如果有一位指定的中学设计和技术老师能在中学和小学之间建立联系,并与某位小学老师(可能是小学设计和技术学科带头人)保持联络,了解小学课程以及学生在该阶段的学习情况,那么情况会好很多。

建立关系可能是联络工作的最重要的一个方面。最初的关系建立可能只是一个简单的聊天、资源的提供、简单的访问或者是为高年级的学生设计一个有挑战性的任务、为食品技术课程提供场地等。同时,小学和中学教师必须相互了解,才能高效地工作(Benson 2009)。尽管不同的教师有不同的或者互补的专业知识,但是非常重要的一点是,所有教师都明白自己的专长,并且保持平等的伙伴关系。

起初小学和中学教师可能需要对设计和技术展开一些讨论,之后才制定行动计划,但小学和中学教师必须确保他们对设计和技术有共同的理解。该计划涉及各所学校帮助学生顺利过渡的方法,同时这种方法也需要从现实角度考虑时间和资源的因素。

以下是一些证实有效的支持联系的活动:

• 对小学设计和技术进行检查,包括计划、活动和资源检查。基于检查结果,从中学教师角度考虑哪里需要帮助,哪里需要提供实用技能课程,然后,中学教师提供相关帮助,以提高小学教师的技能和知识。这些检查可以是短时间的会议,具有直接的影响,使用小学随时可用的资源。

• 在中学举办小学生的课程,提供小学不能使用的设施,例如食品技术或计算机控制方面的装备。

• 为小学生设计、制作和评估一个项目。然后组织中小学的教师举行不同的会议并相互学习。

• 在中学开展分享教学——小学教师在中学上课,并在这个过程中深化理解中学的知识。

另一方面,这种联络工作并不容易,在实际开展过程中会遇到如下问题:

• 很难对设计和技术的性质达成共识。

• 时间问题——许多中小学教师面临时间压力。除非联络工作受到足够重视,否则中小学教师很难有时间开展这项工作。

• 友好关系——中小学教师之间良好的关系是他们建立有意义联络的一个重要因素,但这种关系的建立会受到多种因素的影响。

• 沟通——在许多方面,中小学教师之间的沟通比较困难。中学教师很难与小学教师保持联络,同时电话和电子邮件沟通也比较困难,甚至会造成误解。

• 共同工作——如果这是联络战略的一部分,需要教师之间认真规划、协商一致,例如教师需要在笔记或电子邮件中列出信息以确认角色、资源、时间安排和责任。

任务2.9 小学到中学的过渡

在你的学校里,寻找与小学进行的联络工作有哪些好处?有哪些挑战?这些问题如何克服?这种中小学的联络有什么价值?

总结

尽管小学的设计和技术已经引入到世界多个国家的课程中,但它仍然是一门相对较新的学科。这门学科的性质在不同国家并不相同,例如德国更加侧重该学科的科学方面,而其他国家,例如美国,更侧重制作,还有一些国家包括新西兰、英格兰和威尔士等从整体角度关注设计、制作和评价。

这门学科目前面临着一些困难,在国家层面实施的支持力度不够,同时教师很难寻求本地的帮助,例如向资深教师、指导教授、独立顾问等人寻求帮助。这些年来,由于对社会需求和学科的不同理解,导致了对于该学科有不同的声音。本章主要概述小学(5—11岁)的设计和技术课程,这对于小学教师来说非常重要,因为本章澄清了学科的性质,规划和组织了课程的方法以及进行教学和评价的手段。对于中学任教的教师来说,这也很重要,因为教师需要了解学生之前的设计和技术经验,并考虑如何进一步促进学生的学习。

第二部分
准备教授设计和技术

第3章 设计和技术中的健康与安全

戴夫·利斯克(Dave Leask)

介绍

无论在设计和技术学科的哪个领域工作，你的首要任务是确保教室里的每个人都安全无恙。在学校里没有其他房间存在这么多潜在的危险：在设计和技术工作间，有工具、机械、热焊料、化学物质、材料和灰尘；在食品加工室，有刀具、烹饪设备、高温、开水；在纺织工作间，则有刀、机器、热蜡。学生们处在这样的房间里，发生事故的可能性很大。因此，至关重要的是，了解自己的房间并知道其中潜在的危险，在准备和教学时把危险降到最低。

在英国，班主任根据《劳动健康与安全法(1974)》享有法定职责。在英格兰和威尔士，《儿童法(1989, 2004校正)》赋予所有教师一项法定职责，即尽其所能地保障或提升看护儿童的福利。《学校教师薪资和条件文件》(2014，每年由教育部颁发)亦赋予教师保障学生健康和幸福的法定责任。类似的法规可以适用于其他地方，同时你应确保自己熟悉任何国家的健康和安全法规要求。

作为实习教师，你不会有这些法定职责，而班主任则必须在教室或附近，承担这些职责。但是，所有支持教师实践的专业标准都要求创建和维护安全的学习环境。这意味着你要对学生的健康和安全负责。否则，学生不可能有效地学习。

在英格兰和威尔士，设计和技术协会公布了设计和技术部门的健康和安全建议标准，如果你进行了认证培训，可以申请健康和安全认证(DATA 2013)。如果你不能获得这个认证，看看这些标准(可从网站www.data.org.uk获得)仍然有用，因为他们建议你如何安全地工作、教学以及培养学生的安全工作习惯。在北爱尔兰，技术和设计教师被要求持有"城市行业协会6131-02资格证书"，这个证书由一些北爱尔兰"教育研究生证书(PGCE)"颁发机构以及教育和图书馆委员会提供。

本章涵盖了健康和安全、风险分析和管理的法律要求,并提出了安全地教授设计和技术的方法。

> **学习目标**
>
> 学完本章的内容,你应该:
>
> ★ 熟悉与设计和技术工作间有关的一般健康和安全法规
> ★ 熟悉影响各领域的专题法规
> ★ 能够对你计划的课程进行风险评估

一、法律要求

从法律角度来看,学校工作人员因儿童事故而被刑事起诉是非常罕见的(DfE 2014:4),因为这是雇主的责任。然而,在学校工作期间,你有责任去了解健康和安全的法律框架,并且最好了解你的"雇主"是谁,多数情况下是你的培训机构,即是你的大学或学校。如果你不确定,可以去检查你归属的单位。

以下信息适用于英格兰和威尔士。其他地区可能会有类似的法规,因此你需要核实具体的要求。除了法规,英国标准协会还公布了一套有关学校设计和技术的标准,这是重要的材料(BSI 2014)。

英国的《劳动健康与安全法(1974)》已生效40年,但它仍然是涵盖设计和技术教学各个领域的主要法规。该法主要要求雇主:

- 确保雇员的健康、安全和福利。
- 保护健康和安全。
- 控制危险物品的储存和使用。
- 控制有毒或有害物质的排放。

该法案规定雇主(在这种情况下,指学校或地方当局)承担保障其雇员的健康和安全的责任。

作为一名雇员,你也有义务遵守该法。该法案第7节要求你:

- 合理地照顾自己和他人(会受到你的行为或疏漏的影响)的健康和安全。
- 与雇主合作,使他们遵守该法案的要求。
- 将任何可能危害健康或安全的设备或行为告知雇主。

第8条规定不得故意或肆意地擅用或滥用为健康、安全或福利而提供的任何物品。

该法的一个含义是,如果你在任职的学校看到了一个潜在的危险,你应该向你的实践导师或部门负责人报告。你可能会发现潜在的、不安全的工作做法,例如,房间布局问题,设备或资源的存储问题,或者是有缺陷或不安全的机器。由于你的地位相对较低,提出这些问题可能会比较困难,但请记住,你是在一个专业的环境中工作,你有专门的职责报告这些问题。这不仅是一种好的做法,也可能会为学生和你的同事提供安全的工作环境。

《劳动健康与安全法》包含了一系列条例,其中详细规定了法律的要求。(有关该法和条例的进一步信息可从健康安全执行局获得。在英格兰、北爱尔兰、苏格兰和威尔士都有健康和安全执行机构,请参阅本章末尾的联系方式。)其中有些条例普遍应用在设计和技术中,有些则适用于特定的重点领域。其中一项重要的、普及的条例与控制危害健康的物品有关,一般称为《COSHH条例(2002)》。这些条例适用于所有有毒、有腐蚀性或刺激性的物品以及有害微生物,也包括大量生产时可能对健康有害的粉尘或其他任何物质。

条例规定了这些物品应如何储存和使用。还要求雇主(学校)对所用物质的健康风险进行系统评估,以确定所需的预防措施,然后采取措施以预防或控制风险。雇主有责任确保雇员遵守这些措施,并对雇员进行风险和预防措施的通报、指导和培训。在大多数学校里,部门技术人员将负责安全储存《COSHH条例》所涵盖的物品,因此请确保与他/她沟通。应该有一个保存记录:

- 使用的危险物品清单。
- 在哪里以及如何使用它们。
- 谁使用它们。
- 危险的可能性。
- 可能有害的影响。
- 预防措施,包括安全储存。

要使用的危险物品应该被贴上适当的标签,例如有毒,有腐蚀性,有刺激性,有害的。同时,你应该了解危险物品的标签变化。此外,一些物品应该存放在锁着的橱柜中。同时,你需要了解物品的处置规则,如果处理不当,某些物品会对环境造成危害。

《设备供应和使用条例(1998)》规定雇主(学校)有责任保障设备的安全使用和妥善维护。应向操作设备的人员提供信息和培训。你的培训可能由你的培训机构、大学或中学提供,但为了健康和安全认证,培训需要来自具有适当资质的人员,你可能需要花最少的时间学习专业设备和机器,以证明自己的能力。

《工作用电条例(1989)》涉及电气设备及其安全安装、使用和维护。要求对各种类型的电气设备提供指导,如真空成型机或柱形钻床的选择、定位和安装、检查和维护。同样,《气体安全(安装和使用)条例(1992)》涵盖了燃气器具(如燃气灶具)的安装和维护。

还有关于防护服的提供、维护和使用的条例。《工作场所个人防护装备条例(1992,2002修订)》要求雇主提供合适的防护服,并维护、清洁和更换以及正确使用防护服。在设计和技术课中,学校可能会提供诸如围裙和工作服等防护服,在这种情况下,你有责任确保库存充足并完好无损,而且方便学生穿着。如果学生需要穿防护服,那么你应该确保衣服合适并能在课程中穿着。学校通常会提供其他防护衣物,例如食品工作中的发网和车间里的护目镜,因此你需要确保这些衣物数量充足,便于取用,并确保学生在适当的时候佩戴。

其他适用于设计和技术的一般条例是《健康和安全(显示屏幕设备)条例(1992,2002修订)》。这些条例适用于持续使用计算机和屏幕的人,随着学校计算机使用的增加,你需要注意使用安全。例如,有关适宜的桌子和椅子高度的指导方针,以使姿势良好,并且有良好的视野、照明和正确的屏幕位置。《工作健康与安全法》的其他条例将在下文提及,这些条例适用于个别重点领域。

任务3.1 阅读法定文件

从本书或你工作的地方获取或申请一般法规和条例的副本。这些文件也可以从政府网站、英国的卫生安全局获得或在公共图书馆借阅。通常可以生成简单的摘要文档,并突出重点。仔细阅读这些文件或摘要,记录可以适用于你所在学校的哪些方面。

二、学校和部门的政策

当你刚开始在学校工作时,向你的实践导师或领导索取一份有关健康和安全的学校政策复印件。该复印件包含你作为员工和教师的重要信息。同时,也包含有关设备和机械、急救、事故报告和程序、信息和培训政策的相关章节。在政策或其他地方也会有关于火灾发生时的程序信息。熟悉这些信息非常重要。

同时应该还有一个部门健康和安全政策,包括所有学校政策的各个方面,以及与不同主题相关的更多的要点。额外的要点涉及设备和机械的维护和安全检查、设备的存储和使用、机械和有害物质、防护服、课堂程序、具体信息和培训。

任务3.2　阅读学校和部门的健康和安全政策

要求查看学校的健康和安全政策声明。你应该仔细阅读,并与你需要达到的任何教学标准交叉参照。记下学校的政策与你的教学有何关系,尤其是与你的职责部分的联系。

阅读完适用于整个学校的一般政策后,请阅读部门的健康和安全政策。在你学校实习刚开始时,与学科实践导师交流这方面内容并做好记录。

三、课堂规程

根据法规要求和学校及部门的政策,你应该知道一些基本的课堂规程,这将有助于降低事故的风险。这些课堂规程可能由你、部门主管或技术人员执行。你应该检查每个规程由谁负责。包括以下措施:

- 定期检查所有的机器和设备安全性。
- 检查机器设备的位置,以便安全使用。
- 必要时安装和使用安全防护装置和除尘器。
- 适当地检查照明和通风。
- 没有成人的监管,学生不得进入教室。
- 向学生演示设备使用时,要确保所有人都能看到,而且没有人站在危险的位置。
- 示范期间要记得强调安全要点。

- 学生只能使用教过的机器设备,并且在监管下使用。
- 防护服是可供使用的。
- 清楚标示安全停止点。
- 知道被隔离的停止开关的位置,以便必要时可以关闭所有机器。
- 课程结束时,关闭并检查所有的机械和设备。

你可能无法控制房间的布局和设计,但是需要花时间检查房间的安全性和便利性。你可以控制的是保持房间干净整洁,确保工作区域没有障碍物或废物。这些简单的措施可以大大降低事故的风险。

可以在房间里张贴大量的安全注意事项和强调安全工作实践的提示,并确保学生参考和使用这些安全注意事项和提示。年轻的学生经常被鼓励制作室内健康和安全介绍的提示,因为他们自己做这些事情更有意义。此外,危险的机器和设备也应贴上标签,显示额外的具体通知。请记得检查是否所有的学生都可以看到并阅读提示,尤其是那些阅读困难或使用第二语言的人,他们也许会从图片公告中受益。

在考虑教学环境时,请记住,当一大群学生在小环境中工作时,特别是夏季或者食品技术课程中所有的烤箱都在使用,热量会迅速增加。打开窗户,提供足够的通风,避免学生头晕或昏厥,这非常重要。学生应该把夹克衫或外衣脱下来,但是仍要注意监管,特别是在可能发生热量积聚的地方。

在课堂的开始和结束时设定一个例行程序,该例行程序有助于在开始和结束过程中嵌入安全实践。这不仅有助于课堂的顺利开展,还能够给学生建立一个良好的实践模式。有很多方法可以做到这一点,你应该与导师讨论这些问题,以便在课程的早期形成一些想法,并实现你对每节课的预期。学生会很快适应你的例行程序,并且你越强化该例行程序,预期效果越好,直至达到一个仅需要你温和提醒的地步。

"教育和技能部(DfES)"编写了《81号建筑公告》,这是在设计和技术学科中创造安全环境的良好起点。你可以从CLEAPPSS(www.cleapss.org.uk)网站上获得这个副本。

为了确保你和学生的安全,建议你只使用你熟悉的材料和设备。如果你需要使用不熟悉的材料或机器,请确保你在课前得到了足够的信息或指导,你不仅需要知道自己如何使用它,还要知道如何指导学生,以及了解有什么危险。同时,为了熟悉这个设备,你也需要练习使用它。

任务3.3　制定你自己的课堂规程

没有学生的时候,站在教学房间里。慢慢环视房间,记下潜在的危险区域:这些区域可能是离工作台很近的地方,或者是库存所在地。记下你可以对房间进行的所有改动,例如移动家具、库存或学生的作品,这样可以使环境更安全。

现在再次环顾四周,是否有恰当的、相关的安全提示? 记下你可以做的任何改进,记下你可以对展示和提示进行的任何改进,以使学生更了解健康和安全问题。

如果你一直调查的是你负责的教室,你可能可以进行改动。如果不是你负责的教室,你可以与该教室老师慎重地讨论你的建议。

你在课堂上工作的方式也有助于建立和维护安全。你需要时刻注意学生们在工作中所发生的事情,你可以这样做:

- 自我定位——在演示过程中,当你与学生一起工作时或监督全班时,你将自己与学生的关系置于什么位置,是总览全班学生,还是脱离课堂。考虑你的定位,以便可以看到所有或者大部分的班级情况。不时停下来,让学生们看到你在房间里的什么地方。
- 看——眼睛不断地扫视房间,并四处走动,观看学生的行为。
- 听——机器和设备使用的声音。调查任何不寻常或不熟悉的声音,这可能是潜在危险的征兆。

除了这些一般规程之外,还有适用于不同主题领域的条例、惯例和程序。除了上述的一般法规和规程之外,还有下列要点适用。

1. 电子和控制技术

电子和控制技术领域主要由一般法规涵盖,特别是与《工作场所设备和电力供应和使用的规定》有关的法规。如果学校使用气动系统,那么《压力系统和可运输气体容器法规(1989,2000校正)》也可能适用。这些条例要求安全检查员定期检查、维修和维护高压设备。

学生所设计和制造的系统与控制项目往往属于电子技术领域。《电气和电子设备中限制使用某些有害物质的条例(RoHS)(2012)》覆盖了这一领域。例如,条例规定用来制造电路的焊料必须是低铅含量并且被明确标注。如果学生需要蚀刻印刷电路板(PCB),所使用的化学物质可能是腐蚀性或刺激性的,应特别注意《COSHH条例》。有些学校会把这个角色分配给技术人员,从而完全消除与蚀刻相关的风险,因此,你必须确保自己了解所在学校在这种情况下的要求。

应仔细监控烙铁的位置和使用情况,以减少灼伤的危险。

此外,《废弃电气与电子设备条例(WEEE 2013)》适用于这些物品的安全处置,你和你的学生应该了解这些条例以及电子产品可能带来的健康和安全风险。

通过良好的课堂管理,你可以降低学生在这个领域工作的风险。尽量确保:

- 没有成人的监管时,学生不进入室内。
- 外套和书包远离工作区域存放。
- 学生只使用学习过的设备。
- 设备只有在使用时打开,使用后应立即关闭。

2. 食品技术

《食品安全法1990》和《食品安全法1990(修订版)条例2004》规定,销售不符合食品安全要求或不符合购买者要求的特征、材料或质量的食品,或贴错标签、登错广告的食品是非法的。该法主要涵盖了食品制备和销售中进行"商业运作"的业务,因此食品技术工作间通常不包括在内。然而,如果这些食品被用于筹款活动、董事会议、父母之夜、学校社交活动、小型企业活动或在学校小商店出售,或者学校储存和出售学生使用的食品配料,该法可以适用。然而,无论该法是否适用,它都概述了正确的做法,因此应尽可能遵循其指导原则。

此外,《食物安全及卫生条例(英格兰)(修订版)(2013)》规定了食物储存、处理、准备和供应的最低要求。在食品技术工作间,可以应用如下条例:

- 确保在远离食物制备区的地方放置外套和书包。
- 确保学生有干净的防护服。
- 提供肥皂和毛巾,并确保在处理食物之前使用。
- 确保工作台面被妥善清理。
- 提供适当的贮存条件,即足够的冷藏空间,贮存学校提供和学生带来的食材以及需要保存的熟食。

- 确保食物制备设备清洁。
- 确保提供充足的废物处理设施并经常清理该设施。

很多要点都要求你培养学生的良好习惯,并且为学生树立好榜样,比如穿干净的防护衣,不涂指甲油,取下首饰,在处理食物前洗手。

当学生进行有关食品的准备工作时,如果你为他们设计一系列步骤,他们会很快学会,准备工作会变得更容易执行。首先要鼓励学生在抵达学校时把必要的食材存储在冰箱里。课程开始前的步骤可能包括:

- 进入房间前,收好外套和书包。
- 将长发绑好(准备好绑发带),取下首饰,除去指甲油(准备好洗甲水和化妆棉)。
- 准备好围裙或工作服,帽子/发网(如果使用的话)。
- 用热水和干净的布或消毒布擦拭台面,以保证食物的安全。
- 洗手。

在课程中:

- 提醒学生不要交叉污染生熟食品,特别是肉类。
- 确保食物垃圾及时从台面上清除。
- 确保学生知道如何安全地使用所有设备,例如食物搅拌器或电动搅拌器,并且电线不能拖拽到台面上。
- 提醒学生严禁湿手插拔电源。
- 如果可能的话,确保不超过两名学生同时使用灶具——如果不可能,则尽量避免学生拥挤在灶台周围。
- 需要强调的是,在灶具上,使平底锅的手柄转向一侧,不要伸到炉灶外面;
- 提醒学生在处理热菜时使用烤箱手套。
- 确保学生知道如何安全地从烤箱中取出热的食物,在打开烤箱门时退后,并确保烤箱门及时关闭。
- 确保学生立即把热菜放在在灶台旁边的台面上,并且不要拿着它们在房间里走动。

在课程结束时:

- 确保归还所有设备物品,并重新清点锋利的刀具等物品。
- 确保食物存放得当——记住食物在充分冷却之前不应放入冰箱,这可能意味着需要学生,或者是你,或技术人员回来将食物放好。

- 检查设备、操作台、水槽区域和地板是否干净。
- 把脏布和衣服放在一边洗。在食品技术领域,清洗脏布和衣服的地方应远离食品制备区。

食品技术课程可能涉及试验性工作,例如使用化学制品测试营养素。应遵守《COSHH条例》,小心存放化学制品,使其远离食品仓库,并应在远离食品制备区的地方使用。如果没有这样的地方,可以与科学部门协商,看看是否有实验室可用。

作为一名食品技术专家,你应该获得二级食品安全证书。该课程由环境卫生工作人员协会开设,并由你当地的授权机构或其他认可机构提供。有网上课程可用,但如果学习在线课程请检查其有效性。

3. 材料技术

学校的工作间里有机器、设备、化学制品,这对学生来说是一个特别危险的地方。它的危险程度取决于房间的大小和形状、设备位置、使用材料以及班上的学生大小或人数。下面给出了一般指导,你将从学校的安全政策和部门负责人那里得到更具体的指导。

适用于该领域的法规主要是前面已经介绍的一般法规,特别是《COSHH条例》、《工作场所设备和电力供应和使用的规定》中的有关条例。

这个领域使用的每种材料都有一定的危险。在使用电热丝式加热器或热胶枪时,以及在砂磨机或锯条(特别是弓锯)上塑造材料产生摩擦时,都会产生热量,这会导致轻微的灼伤。来自木材或塑料的灰尘可能会引起过敏、致癌或燃烧,因此请确保使用抽吸系统,并有足够的通风。同时,请确保在每节课结束时清洁设备和工作区域,尽量减少灰尘堆积。焊接和铸造过程可能会有危险,伴随热量,金属屑会造成严重的伤害。发泡聚苯乙烯在被锉削或打磨时会产生粉尘,被加热时(例如使用热线切割机)会产生沙尘和刺激性烟雾。某些粘合剂、清漆和塑料产生的气体可能是有毒、刺激性和(或)易燃的。这些都是学生除使用工具和设备外,可能遇到的危险!

《个人防护装备工作条例(1998)》规定要为从事特定活动的人员提供适当的护目镜。这意味着,学生在学校进行诸如削或切割金属,去除油漆、结垢或锈蚀,使用高速锯、砂轮,使用压缩空气或在炉子边工作等活动时,可以使用和佩戴护目镜。对于学生来说,更常见的流程包括使用研磨机(如盘式或带式打磨机)、钻床(特别是立式钻床)。这些机器应该装有防护装置,并且只能在佩戴护目镜时使用(注意:学生的眼镜不被视为安全眼镜)。此外,这些机器的使用存在潜在安全风险,松散的衣服或长头发可能被纺织机夹住并对学生造成严重的伤害,因此需要确保穿着合适的衣服,并且把长头发扎起来。

作为学习任务的一部分,学生可能会为儿童制作玩具,在这种情况下,这些学生应该了解《玩具(安全)条例(2011)》。虽然这些条例适用于商业中的玩具制造,但学生需要了解这些条例并在可能的情况下使用这些条例,了解这些条例对学生是有益的。这些条例列出了为避免儿童受到伤害,玩具必须符合的许多标准。简而言之,这些条例说明,玩具必须:

- 设计和制造应尽量降低人身伤害的风险;
- 不易燃;
- 不含有有害物质;
- 电气安全;
- 卫生安全。

在课程开始时,教授材料技术的注意事项包括:

- 学生不得在没有监管的情况下进入工作室;
- 外套和包应存放在远离工作区的地方。

在课程中:

- 应穿防护服;
- 应将长发扎起来,领带塞好,取下危险的首饰;
- 学生只能在教过的机器上工作;
- 一次只能有一个学生在机器上工作;
- 在机器上工作的学生应佩戴安全护目镜;
- 机器只能在使用时才开启,之后立即关闭;
- 学生应该知道机器上紧急停止按钮的位置;
- 学生使用设备时,应给予关心和注意。

当学生使用电锯或钻床时,确保他们使用适当的固定装置。边角料应存放在机器旁边的容器中,而不是随意放在旁边,所有的废料都应该进行定期安全处理。

在课程结束时确保：
- 归还并检查所有设备,对于美工刀等危险设备要计数统计；
- 所有机器都关机了；
- 如有必要,切断对机器的供电。

学生在切割、锉削或打磨时,有时可能会把凳子或椅子带到车间区域。在这种情况下,需要提醒他们,坐着的时候成功地完成这些工序很困难,而且,椅子的存在会给在繁忙的车间环境中工作的学生带来额外的危险,因此这种做法不被允许。

当学生获得信任或承担责任时,他们的表现会很好。对于小组,可以为小组成员分配角色,例如让指定的学生负责清理或清点特定的工具。如前所述,起初这样做可能是耗时的,并且需要不断加强,但值得投入时间和精力。

尽管这一切似乎令人望而生畏,但工作通常是安全进行的,并且可以遵循一些课堂规程,以最大限度地减少对学生的危险。与所有新的学习一样,有很多东西需要注意,但是随着你实践的增加,安全考虑成为你的习惯,你会无意识地同时观察所有这些事情。

4. 纺织技术

除一般法规外,还有适用于纺织品的条例和英国标准。《家具和陈设(消防)(安全)法规(1998,2010修订)》适用于私人住宅使用的软垫家具(包括儿童家具和懒人沙发)以及幼儿园家具(包括室内装饰品、靠垫、座垫和枕头)。其中有许多是学生可以在学校制作的物品。条例规定：
- 任何填充材料必须是耐火的；
- 面料必须通过耐火测试；
- 填充和覆盖物必须一起通过耐香烟测试。

在不能安全进行这些测试的学校,需要检查面料供应商是否符合这些标准。
一些英国标准涉及织物的安全使用。它们是：
- BS 5438 – 织物可燃性的测试方法；
- BS 5665 – 玩具安全；
- BS 5722 – 涉及睡衣用织物的易燃性；
- BS 5867 – 涉及窗帘用织物的易燃性。

有关所有英国标准的信息可从英国标准协会（地址：英国标准大楼，伦敦西四区4AL，奇西克大道389号）或从他们的网站www.bsi.org.uk获得。

在纺织领域制造玩具的地方，《玩具（安全）条例》所述的材料技术部分也将适用。

在纺织品工作间，主要危险点是缝纫和刺绣机、包缝机、熨斗和剪刀的使用。需要向学生逐步灌输安全的工作习惯并亲自进行示范。其中包括：

- 学生只能在有成人监护的房间里工作；
- 学生只能使用学习过的机器；
- 一次只有一名学生使用设备；不要排队等候熨斗或烫衣板；
- 使用后把熨斗放回原位，并且如果在一段时间内不使用，请关掉它；
- 缝纫机在准备使用时才能打开；
- 使用设备时要小心和注意付费事项。

如果你正在用热蜡进行蜡染作业，会存在其他危险，你应该确保：

- 锅的位置是安全的；
- 任何时候只有一二个学生在锅边工作；
- 锅周围的区域是防火的；
- 附近有冷水供应。

纺织品的工作还可能涉及染色、测试和试验，如果涉及化学品的使用，那么《COSHH条例》将适用。使用化学品时，请确保附近有足够的照明、通风和供水。

涉及可穿戴电子设备的项目越来越受欢迎，所以，如果在这个领域工作，你必须了解《RoHS条例》以及涉及电子设备的其他预防措施。

在本课程结束时，清点剪刀等器材，并进行简单的例行检查，检查所有设备是否关闭，以及设备是否安全地放置在正确的位置。

任务3.4　在课程中观察健康和安全

在你的学校里观察一位正在上课的专业教师，最好是一堂实践课。注意教师在备课过程中对健康和安全要点的处理，教师和学生在课程开始和结束时遵循的步骤，以及教师是如何确保学生在课堂上安全工作的。

根据你的观察和笔记，在规划和教授课程时，为自己制定一个注意事项列表。

四、风险评估

为了尽可能减少设计和技术工作室中的危险,作为课程规划的一部分,你应进行风险评估。现在很多学校都有风险评估的模式,其中包括:

- 这个教案中有哪些可能的危险点?
- 发生危险可能的原因是什么?
- 发生危险的可能性是多少?
- 我怎样才能降低风险?

日期:		房间号:				
班级号:		年龄组:				
有待评估的方面			风险程度			
			零	低	中	高
环境——检查地板是否滑,照明是否充足,通风/排风系统是否有效,灭火器是否可用,是否有可用水,急救用品是否充足						
工作区——检查可用空间、移动便利性、设备位置						
设备——检查设备是否安全(安全防护),是否有足够的设备可用,是否适合存储和使用						
防护服——检查是否有足够的合适装备可用						
学生——考虑小组的大小、学生的年龄、学生的类型、他们的专业知识						
主题——考虑使用的材料和设备、任务/活动的性质						
人员配备——考虑你的材料/设备/主题的专业水平;提供助教/技术员吗?						
任何已确定的风险的详细信息:			要采取的行动:			

图3.1 风险评估表

风险评估表如图3.1所示。

涉及以下任何方面的课程都可能带来风险：

- 高风险食品，如肉类
- 微生物
- 化学制品
- 非常热的物品或设备
- 非常尖锐的物品或装备
- 高压设备
- 研磨物品或设备
- 重物

任何特定课程所固有的风险水平也将取决于若干因素：

- 你工作的房间——大小、形状和布局
- 学生的年龄和班上的人数
- 正在进行的活动
    - ☆是个人、团体还是全班活动
    - ☆相对学生的自主选择，教师在活动中有多少投入和控制
    - ☆是否涉及机械、化学制品或热能的使用
- 学生的专业技能
    - ☆他们对房间、材料、工具和设备的熟悉程度
- 教师的专业技能
    - ☆相对于学生，你对材料、工具和设备，对危险的潜在原因有多少程度的了解和认识

如果不能将风险降至可接受的水平，则必须考虑风险发生的可能性。如果风险仍然很高，那么你应该寻求实现相同学习效果的其他方法的建议。与健康和安全问题相关的说明应始终在教案和学生工作表中突出显示。

任务3.5　课程规划中的风险评估

检查你的一次实践课程的教案。对课程进行风险评估,考虑潜在的危险,采取行动将风险降低到可接受的水平,修订你的教案和对学生的指导。

记下你需要做的任何改变,并在教案中注明你自己或学生的健康和安全要点。

与你的实践导师讨论这个教案,确保你已经涵盖了所有的相关要点。

五、有独特需要的学生

你可能会发现你正在教授一些有独特生理需求的学生,这些学生需要你的额外帮助或与助教一起工作。你的学校应该已经知道这些学生是谁,并为他们做好准备,例如提供专门的设备给那些轮椅使用者或残障学生,以方便他们可以到达较低的工作台。课程规划和准备工作的一部分包括知道在课程开始之前你需要知道应该采取哪些额外措施,从而使所有的学生都被有效地包括在内并取得进步,同时不会给自己或班上的其他人带来危险。你可能需要移动家具,确保专业设备(可能已在其他教室使用过)已准备就绪或者预先准备好部件,总之请做好准备。

如果在你的班级中有需要额外帮助的学生,你应征求实践导师和学校特殊教育或额外学习需求协调员(SENCo/ALNCo)的意见,他们将为每个学生制定详细而具体的策略。

任务3.6　为有独特需要的学生做计划

当你开始教学的时候,看看是否有学生有独特需求。如果是,请列出你可能需要做的额外准备,包括额外的风险评估。

六、事故报告

尽管有风险评估和安全的课堂规程,但在教学过程中还是有可能会发生事故。当事故发生时,学校和部门的政策会注明如何应对,所以你需要熟悉这些政策。一般情况下,需要报告所有事故,同时你还可能需要填写一份表格,详细说明事件。你需要第一时间行动,以防有不可预见的后果。

任务3.7　事故报告

向学校办公室索取事故报告表。熟悉完成报告所需的信息。

七、急救

《健康和安全(急救)条例(1981)》要求雇主提供充足和适当的急救设施,包括受过急救培训的人员。大多数学校都有学校护士或便利急救区——核实你是否知道要找谁,他们在哪里以及给他们打电话求助的程序是什么。如果一个学生去看学校护士,最好是由另一名可靠的学生陪同。

部门的政策声明里还应该包括经过培训的急救人员的姓名,如果需要可以去找他们。再次核实你是否知道这些人以及在哪里找到他们。同时,还应该说明教学区急救箱的位置。每个设计和技术教室都应该有一个设备齐全并定期检查的急救箱,并且该急救箱放在显眼的位置。检查一下你是否知道它在房间的哪个位置,以及是否容易获得并有适当的库存。

学校对急救管理的政策各不相同,不过,你要通晓学校的政策。在一些学校不建议你进行急救,而是建议你打电话给公认的急救人员,或者把学生送到学校的护士那里,即便是膏药的使用(因为有些学生可能有过敏反应)。但是,如果学生有小面积灼伤,应该尽快使用冷水或冰,因此请确保这样做,也可用布包裹冰,将布浸湿并敷在灼伤区域,或者将灼伤区域置于冷的水龙头下,随后将学生送到学校护士那里。

你不妨考虑成为一名训练有素的急救人员。红十字会和圣约翰救护机构(详情请联系当地办事处)或当地政府机构会提供相关课程。你的学校也可能提供培训,例如使用肾上腺素笔(epi-pens)治疗过敏或过敏反应,或如何处理哮喘发作,直到急救到来。

八、保护学生

作为一名教师,你处于受信任的位置,培训机构或学校将会进行检查,以确保你是一个适合与孩子一起工作的人。无论你在哪里工作,无论用什么词来描述,所有的教师都有法律和道德义务来保护在校的孩子。这意味着不仅要保护他们免受伤害,还要考虑到他们的福祉。

任务3.8　保护学生

在学校,查明谁负责儿童保护或安全。如果你有任何顾虑,此人将是你的初始联系人。要求查看学校有关儿童保护或安全的政策,并确保你了解对于学科教师、班主任和普通教师的任何要求。

我们可能会发现学生被虐待的迹象——也许是身体、性、精神或情感上的虐待——或者是疏忽。有时候,在设计和技术的工作环境中,学生说的话会引起你的关注和怀疑。学生也许会向你吐露心声——如果他们这样做,你必须告诉他们,你不能对任何伤害保持沉默;不要破坏学生的信任,因为这会加重伤害。如果你关心一个学生,你应该向学校负责儿童保护的人报告,并确保学生知道你正在这样做。

无论是在学校还是在家,作为作业任务的一部分,学生越来越多地将数字技术用于他们的设计和技术工作。电子安全与学生使用互联网和社交媒体的安全有关,是学生安全的一个非常重要的领域。学校将有一个电子安全政策,包括(学生和工作人员)可以接受的使用方式,因此你自己在学校使用数字技术或把其作为教学的一部分之前,有必要获得一份政策副本并遵循它。

如果你在教学中使用数字通信工具(见第10章),那么需要仔细考虑如何保护学生。遵循学校和部门的政策是必要的,但也要考虑如何确保没有网络欺凌。网络欺凌是指通过电子媒体,如即时通信网站(Twitter[①],Facebook)、移动通信(短信或类似的智能手机应用程序)或诸如 Instagram[②]或 SnapChat(学生可以在这些网站上张贴图片,其他人也可以对其发表评论)进行的任何欺凌活动。如果你使用班级博客,请确保没有人被直接识别,该访问仅限于会员,并且评论由你审核。

在学生的设计和技术工作中,我们经常要求他们研究一个主题,而他们的第一反应就是"用 Google 搜索"。大多数学校会设置过滤器以防止学生访问不适当的互联网内容,很多学校还限制访问社交网络。从更广泛的范围看,互联网连接由当地教育机构提供,该机构有额外的过滤器。在规划你的教学时,确保你知道哪些网站是不允许浏览的。一些学校网络已经有系统可将互联网访问权限限制在你想让学生访问的网站上,该系统被称为远程管理系统,它们允许你直接控制网络上的个人计算机,因此建议你了解如何执行这些操作,因为不同学校之间会有所差别。

然而,学生们是很会钻空子的,他们会通过其他网站找到访问不合适网站的方法。你需要立即向你的实践导师或向网络管理员报告任何此类站点,以确保学生无法这样做,这也是你职业角色的一部分。

九、保护自己

除了确保学生的安全,你还需要保护自己。

任务 3.9　保护自己

无论你以何种方式使用社交媒体,请将你自己的名字放入搜索引擎中,并查看搜索结果。这是你和学生、家长或同事看到后感到舒服的信息吗? 如果不是,请采取行动改变你的在线状态。

---

① Twitter,非官方汉语称为"推特",是美国的一家社交网络及微博客服务的网站。Facebook,中国大陆通称为"脸书",中国香港称为"面书",是美国的一个社交网络服务网站。
② Instagram,是 Facebook 公司旗下的一款运行在移动端上的社交应用,以一种简单、有趣和富有创意的方式将你随时抓拍下的图片和视频在平台上分享。SnapChat,是一款由斯坦福大学两位学生开发的一款"阅后即焚"照片分享应用。利用该应用程序,用户可以拍照、录制视频、添加文字和图画,并将他们发送到自己在该应用上的好友列表。这些照片及视频被称为"快照(Snaps)",而该软件的用户自称为"快照族(snubs)"。

与数字通信相关的要点是：

- 与学生或家长沟通时只使用你的学校电子邮件地址。
- 不要泄露任何个人信息，如密码或Facebook身份。
- 确保你的在线隐私受到保护。
- 注意地理位置的设置，保持个人行动的私密性。
- 不接受学生或家长的好友请求。
- 确保你的朋友尊重你的职业身份，不要发布任何与你有关的不当材料。
- 不要在网上张贴任何儿童图片。
- 不要张贴任何可能被直接或间接地认出或定位的学生资料。
- 不要在网上或通过社交媒体讨论任何孩子。
- 随行时只使用学校配备的手机。

总结

以上信息有很多需要领会，但作为一名学校教师，你有特定的职责去照顾你的学生和同事，并确保你在学校的健康和安全。你对健康和安全工作的例行程序和期望应该尽早纳入课堂教学，并定期加强，以便成为课堂习惯的一部分。事实上，课堂一般都是安全的，学生可以并且能够在学习上取得进步，但是你不能骄傲自满。没有真正的方法让你的课堂零风险，但良好的意识将显著降低风险。

本章可能会使人觉得所有的设计和技术课程都充满了风险和危险，当看到这些危险时，几乎没有人会考虑教授这门课程。但请记住，并非所有课程都包含此处概述的所有风险。而随着3D打印机等新技术的出现，有些课程可能包含尚未考虑的风险。你是在教室里安全工作的榜样，所以你的行为将有助于他人的安全。和所有的教学一样，预先考虑学生所不知道的东西，将有助于你充分考虑他们每节课面临的风险，帮助你享受教学，帮助学生享受这个科目的学习。

第4章 准备教授设计

约翰·罗布森(John Robson)

介绍

设计为设计和技术方面的大部分工作奠定基础,为个体的教育做出重要贡献。但在过去30年里,它在通识方面的价值一直受到争议,最突出的是布鲁斯·阿彻(Bruce Archer)、肯·贝恩斯(Ken Baynes)和菲尔·罗伯茨(Phil Roberts)的工作和想法。其中一个最重要的思想是,设计可以被理解为第三种文化:"一种与科学和人文学科同等重要的文化,它有自己的认识论和语言"(Baynes and Norman 2013:16)。另一个重要思想是,设计涉及第四个"R",即设计思维,这与读写能力和计算能力同等重要。第三个重要思想则认识到课程中所有科目的学习都涉及一个"设计维度"。英格兰的设计委员会一直认为设计是整个学校的问题。

本章将通过设计和技术,帮助你了解设计和具体的设计教学。成功的设计和制作涉及对技能、知识和理解的共同作用,最终形成一个有形的产品。该过程必然涉及不同种类的技术。技术是不断变化的,但相比之下,对于设计和设计活动来说,有一些可定义的概念和原则是基本上不变的。这些将是本章的重点,也是你在专业领域中进行设计教学的指导。

当你教授设计时,需要记住只有部分学生可能会成为设计工程师或时装设计师。对这部分学生来说,他们需要学习设计,并获得特定学科的知识、技能和理解。他们会在某一特定的领域达到熟练的程度以及培养某种能力。另一方面,所有的学生都能从设计学习中受益,获得通用知识、技能和理解。这些是可以迁移的,并支持其他课程科目和经验领域的工作。作为一名教育工作者,这是你需要首先关注的问题。

在设计和技术领域中,设计的范围很广,你可能需要进一步发展自己知识和技能的具体方面。特别是,你需要提高对设计的理解,以便增强对教学大纲的信心。"更多的阅读"中的参考资料将帮助你完成这项任务,并有助于你围绕设计和设计教育的诸多复杂问题展开进一步研究。

学习目标

学完本章的内容,你应该:

★ 能够定义与你专业领域有关的设计原则

★ 知道设计教学是帮助学生通过设计进行学习,就像学生学习设计一样

★ 对设计方面的教学获得一些想法

★ 知道设计教学需要具备哪些具体的技能、知识和理解

★ 对自己的学科知识、技能和理解进行审核,并了解个人发展领域

一、什么是设计

设计能够是艺术,设计能够是美学,这就是简单的设计如此复杂的原因。

(Paul Rand 1996)

在学校里,设计在"艺术和设计"学科与"设计和技术"学科中的体现最为明显。尽管有时这两门学科十分不同,目的也不尽相同,但它们都做出了重要的贡献。在设计和技术课程中,学生参与设计和制作活动,这些活动涉及解决设计上的问题或对设计的可能做出应对。在设计一个最终产品时,往往使用规定范围内的材料/原料、设备、技巧或技术,这个最终产品便是以某种方式解决或改进设计大纲限定的一些情况。相比之下,"艺术和设计"学科更强调试验性,规定较少,方法更开放。在这里,解决的"问题"是另一种类型,更多情况下与过程及教师为了调动学生个人回应而使用媒体有关。通过这种方式,"艺术和设计"学科更多关注个人的创意和审美的发展。

在设计教学中,重要的是理解和认识"艺术和设计"学科与"设计和技术"学科之间的关系和差异。事实上,在开展有价值且有教育意义的教学工作中,各学科的内容和

活动是可以互相促进的。在开展面向学生的教学工作中,通过两门学科之间的协作,可以获得很多"好的设计"。第一个必要条件是教师必须具有对设计和设计教育的一定理解,所有设计和技术教师都应该关注这种理解。

在设计和技术中,设计是所有创造和实践活动的核心。它的重要性和贡献不仅体现在设计和技术学科的教与学中,也体现在普通教育中,这一点毋庸置疑。这是因为它需要学生使用和发展其他领域课程的知识和技能(特别是艺术和科学领域),以及诸如问题解决、思考、制作、交流和社会技能等可迁移的技能。人们对究竟应该教什么,以及如何教,理解得并不清楚和透彻。这种现象一部分是由于设计的难以理解的复杂性。同时,设计和技术的广泛性特征导致了进一步的复杂情况。另外,设计和技术教师的背景也很多样化。这可能被视为一种优势,但这也使得人们对设计的理解可能完全不同甚至几乎没有共识,进而导致额外的混乱。因此设计教学中缺少清晰性和产生混乱的原因显而易见。本章的目的是在承认专业领域之间存在本质差异,并保持这种差异的基础上,更好地理解设计及其教学。这似乎是一项不可能完成的任务,但一个有效的出发点是首先关注与设计相关的概念和原则。这里提供了可以指导设计教学的基本理念。请考虑以下有关设计的陈述:

- 设计意识和设计能力是人人都有的基本能力,可以通过教育得到发展。
- 首要问题是培养学生的设计意识,以便他们能够:
  ☆理解并欣赏由环境、产品、系统和图像塑造的世界。
  ☆参与影响他们现在和未来生活的个人和公共设计决策,以及类似的社区决策。
  ☆将对设计的理解融入到自己的工作中,无论是什么类型的工作(包括其他学科课程的工作)。
- 第二个目标是为未来的专业设计师提供发展条件——规划师、建筑师、食品技术专家、工业设计师、平面设计师和时装设计师等。
- 设计中的教与学是关于理解为什么以及如何塑造这个世界,以及如何在人类未来的发展中塑造或重塑这个世界。
- 设计关乎价值和评价。它关心的问题是"你想如何生活",因此,设计中的教育必须强调价值的重要性,尊重这些价值的文化多样性和个人的多样性。
- 设计关乎选择和决策。

- 设计关乎为了改进而作出改变。
- 经济、材料、技术影响设计,历史、文化和时尚也同样很有影响力。
- 设计关乎妥协与和解。人们的居住环境受经济、社会、技术、审美、道德、政治等多种因素的影响,在所有这些影响因素之间找到平衡本身就是一种价值活动。有时设计决策被归结为道德决策。给学生创造类似的经历是很重要的。
- 典型的设计取决于不同技能之间的连贯性和有目的的互动,包括知觉、分析、命题、陈述、技术和动手的技能,这些技能需要协调发展。
- 制作对于所有设计活动都很重要。这不仅仅是制作东西,也是创造观念、意义和事件。
- 设计思想通过一种交流和发展的迭代过程而产生,在这个过程中,脑和手一起工作。它涉及不同类型的"建模":草图、绘图、图解、计划、方法、测试和试验、数学和3D模型、实物模型、布样、虚拟和快速原型模型。在这个过程中,学生需要运用模型进行思维和行动。该过程不一定是线性的,也不仅仅涉及实践活动。
- 设计包括追求品质和卓越。学生需要认识到这些,并在工作中实现。这可以迁移到其他工作。
- 设计思维和活动培养了有抱负、有挑战精神的学生,他们常问刁钻的问题,经常冒险和处理不确定的事物。
- 设计的核心是参与最终产品或概念的创造过程,以满足人类的需求。这些创造过程有所不同,但通常是综合了以下特征:

　　☆分析

　　☆提问

　　☆定义和识别

　　☆调查研究

　　☆试验

　　☆理解和运用知识(包括来自其他课程科目)

　　☆产生和发展想法

　　☆创造性思维和行动

　　☆创新

　　☆视觉和空间素养

☆ 美感

☆ 测试

☆ 评估和审查

☆ 判断和决定

☆ 组织

☆ 规划

☆ 建模和制作

- 设计活动包括通过使用书面和口头语言、图像、绘画、系统、技术以及对材料、媒体或要素的操作，将脑中构思的想法外化。总的来说，我们可以把所有这些都称为建模。通过这种方式将想法实体化，它们就能够以更加具体的形式呈现出来，从而可以进一步加以研究和发展。

(改编自"基本假设"观点，《设计维度的教育信托①》，1990)

任务4.1 设计原则

能够在你的专业背景下教授设计是很重要的。重温上述关于设计陈述，并考虑：

- 你是否同意所有的陈述？
- 每一个是什么意思？
- 这些陈述对你有什么影响？

想一想，并记下自己经历中的例子，这些例子可以帮助你理清陈述里的观点。

- 它们如何适用于你专业领域里的活动？
- 它们是否都适用？你是否觉得缺少一些元素？

写下一系列陈述，阐述你在自己的专业背景下对设计的理解。这些原则将指导你的设计教学。

在执行这项任务时，你可能会发现与相关同事讨论这些问题是有帮助的。

---

① 译者注：教育信托是指委托人基于对受托人的信任，将其财产权委托给受托人，由受托人以促进教育事业发展为目的而以自己的名义进行管理或处分，由此产生的利益归不特定的受教育者共同享有的行为。

二、通过设计进行教学

不管教授哪个级别的设计课程,学生都会参与到设计中去学习。但是,如前所述,并不是所有的人都必须精通设计。所以在基础阶段,学生通过设计进行学习变得尤为重要。那么,学生通过设计可以学习到什么呢?

在设计和技术课程中,很多时间花费在创造性和实用性的活动上,目的是通过这些活动,让学生学到进行设计和制作(学习如何去设计)所需的知识、技能和理解。正是在这种参与过程中,通过设计进行学习(几乎作为一个副产品)也出现了。当然,这种学习可以是有意的,事实上也应该是有计划的。然而,正如艾琳·亚当斯(Eileen Adams)所做的那样,需要承认,"与学生一起完成的最有价值的项目成果并不是设计出来的成果。而是在这个过程中我们所学到的东西"。(引自 Baynes and Norman 2013:110)

通过设计进行学习不仅仅是学习设计什么或如何设计,它涉及支持其他领域的更广泛的学习,如读写能力、计算能力或科学素养,以及可迁移的技能,如团队工作中涉及的社交技能、组织沟通能力、独立性、问题解决能力和不同思维方式的发展。通过设计进行学习,学生学习到较少的事实内容和知识,更多的是进行理解、思考和实践。亚当斯清楚地表达了通过设计进行学习的价值和范围:

总而言之,设计教育项目通过在适当情况下有目的地应用和实践,培养可迁移的、智力的和实践的技能。使年轻人发展的能力很广泛,包括:分析,注释,体会,争辩,表达,同化,建立,分类,改变,选定,归类,编纂,比较,构思,对比,控制,合作,论证,辨别,描述,形容,区别,发现,起草,梦想,参加,享受,检查,感受,试验,解释,查问,探索,表示,推断,幻想,感觉,专注,形式化,规划,产生想法,把握想法,假设,识别,说明,想象,诠释,发明,调查,评判,认识,标记,定位,看,制作,测量,操纵,匹配,修改,叙述,观察,整理,组织,参与,感知,坚持,说服,扮演,提问,推理,回忆,确认,反思,关联,记忆,回应,领会,选择,排序,塑造,表明,挑选,安排,符号化,综合,变换,考验,理解,证实,设想,注视,希望和怀疑。

(引自 Baynes and Norman 2013:116-117)

> **任务4.2　通过设计进行教学**
>
> 选择一个设计,并开展你熟悉的活动,最好是你在基础阶段教过的活动。这项活动的预期学习成果是什么?实际上开展了什么样的学习?确定并列出与活动相关的学习的不同方面。从学习如何去设计或通过设计进行学习的角度,对学习的每一方面进行分类。在设计和规划未来的设计和活动时,请记住这两类学习,并根据学生的特殊学习需要确定最重要的内容。在基础层面上,重要的是你如何在计划的活动中通过设计活动来强调并促进学习?要获得帮助,再看看上面列出的那些能力。哪些可能与你计划的活动相关,哪些能力需要通过活动来帮助学生学习?你还想包括其他能力吗?

三、教设计

大多数设计和技术的学习涉及让学生参与到与设计活动有关的过程,包括那些已经被定义为通过设计进行学习的活动。这也是设计和技术对课程的贡献如此独特、不同于大多数其他课程的原因。众所周知,这门学科的学习主要是通过实践来完成的。诚然,我们可以在理论意义上研究"设计"(名词),但我们也需要去"设计"(动词)。这种实用的学习很有价值,而且效果可能更持久。教学生进行设计并参与设计活动的价值和重要性显而易见。

那么,需要使用什么方法来教学生设计呢?自20世纪80年代以来,"问题解决"一直是设计和技术中的一种既定方法。通常,教师首先需要提供设计纲要,例如让学生设计和制作:

- 为一个运动鞋制造商设计标志和品牌,以传达力量、速度和能量的概念。
- 为一个地方市政服务机构设计垃圾箱,期望能促进年轻人懂得循环利用及无垃圾环境的维护。
- 为一个社区会堂设计壁挂,用来庆祝一个重要的全国性活动。

该方法试图模拟出一个真正的设计师为已经确定需求的客户设计设计纲要的情形,这为学生的活动和学习提供了一个框架。学生以适当的方式积极地工作,来完成满足这些需求的设计方案。

你可能已经看到有些学校已经使用这种方法,而且你也可能已经用过该方法。学生从头脑风暴或概念图开始,单独、成对或分组产生最初的想法。铭记合适材料和工艺的可能性和局限性以及其他因素,例如工效学、社会、经济和环境问题。想法将通过草图、图纸和模型以及其他适当的方式形象地记录下来。师生之间进行大量讨论,将促进想法的进一步发展。经过大量的研究、访谈、调查、讨论、绘图和模型制作之后,学生反思并最终提出可能的解决方案。然后,这些方案可能会在小组内呈现给彼此,帮助他们决定设计材料、过程和其他设计细节。只有到那时,学生才能继续制作他们设计的原型,然后进行最终评估。这种解决问题的过程通常用线性模型进行说明,模型从设计纲要开始,到解决方案的产生和随后的评估结束。该过程最简单的形式如图4.1所示。

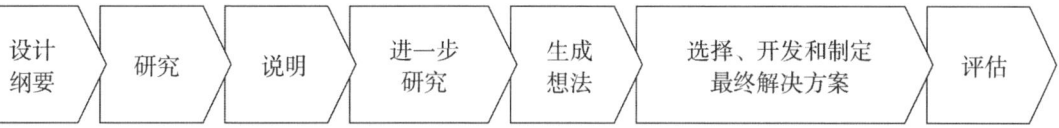

图4.1 线性设计过程

虽然该模型可能是对这个过程的简单描述,但它足以说明该过程涉及的思想、行动和决策,并且在它们的共同作用下,学生逐渐形成最终的解决方案。行动与反思的结合对整个过程至关重要。可能的解决方案的约束和对其他问题的发现会变得更加明确,因此,学生会进一步研究、合并、舍弃或者再考虑一个全新的想法。这与我们在解决日常问题时所经历的做决定和思索的过程没有什么不同:思考、尝试、失败、再尝试等,直到我们通过反复试验找到解决问题的方案。金贝尔等人(1996:30)认识到了这种相似性,并提出问题的引入会打破常规流程,从而使学习者"停止漫无目的地听任自流,并思考他们要做什么……这会产生认知冲突,这对于后续重构一个新的、更成熟的计划是必要的。"这很好地描述了迭代而非线性的设计过程。尽管我们可以采用与上述相同或类似的过程,但这个过程并没有特定的顺序。思考、建立模型和尝试,可能是唯一适用的顺序!重复这个过程,直到产生最佳解决方案。它涉及在反馈和评估的基础上,想法的逐步发展和完善,这可以应用于产品、系统、图像和环境的创建。进化论和自然选择理论为迭代过程提供了一个有用的类比。在这两个过程中,通过"反复试验",最合适的"设计"向下一代推进,而不太成功的"设计"则无法生存(灭绝!)。后来的版本也应该越来越完善,因为它越来越清楚什么起作用,什么不起作用。图4.2显示了迭代设计可能涉及的内容。

如何理解设计过程……

或者,有时候像这样……

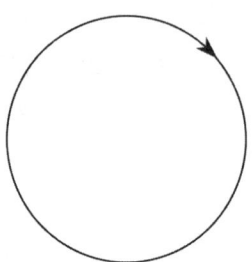

但是更像是这样……

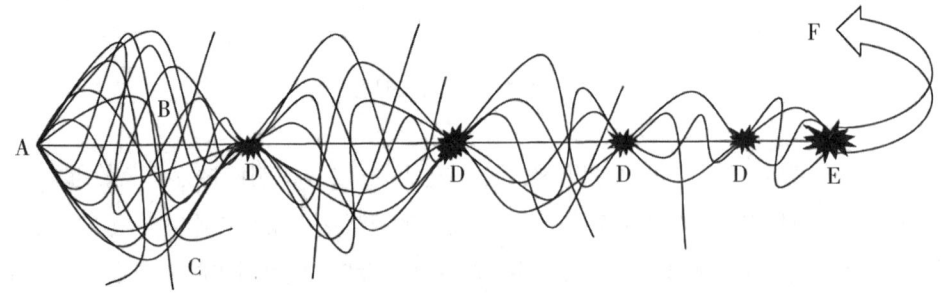

A:设计的时机(设计纲要/问题/刺激因素/起点)。

B:研究路线,灵感的收集,试验,赋予意义,所有这些导致了最初想法的产生和发展。这条路线可能起伏且很多。这是一个复杂的阶段,但请注意,随着最终产品(E)的进展,路线的数量开始减少,"漏斗"开始减小。事情开始变得不那么复杂了。

C:"尚未得到解释的事",失败的想法,无处不在的思路或错误的方向! 在获得成功的解决方案之前,可能有许多这样的问题。

D:设计思路。当研究方向、最初的想法及其发展趋于一致时,可能会出现许多这种情况。然后,随着想法的进一步研究和完善,各条线又再次分开。

E:最终的产品或概念。"尚未得到解释的事"已经消失。

F:进一步评估、发展和以循环方式重新审视/迭代先前想法的可能性。

图4.2 迭代设计过程

这种过程更接近于专业设计师处理工作的方式,而不是前面描述的线性模型。格伦·里德(Glenn Reid)是苹果公司的一名员工,他描述了一个迭代过程和史蒂夫·乔布斯(Steve Jobs)让苹果产品变得伟大的方法:

史蒂夫会在白板上快速地画一个设想,我们会研究它一段时间,然后带回研究结果,找出它被吸引的方面,然后一遍又一遍地反复迭代。事情就是这样发展的。迭代是设计的关键。在完成产品之前需要不断改进。

(Reid undated)

IDEO设计咨询公司的汤姆(Tom)和戴维·凯利(David Kelley)谈到,"设计思维"是他们进行创造和创新的过程,并说"没有万能的方法能将新的想法带到生活中……根据我们的经验,一个新发明或新想法可能会在过程完成前迭代多次。"(Kelley和Kelley 2013:21-22)。

设计中迭代的核心是建模思想。正是通过建模,思想才能得以传达和澄清。头脑中的想法从想象转化为实际。它也使得工作得以进一步开展,从而得到可行的最终概念或产品。请注意,制造成品或原型并不总是必要的;在某些情况下,把一个想法发展到概念阶段就足够了,这意味着我们可以通过插图、图样、电路图、配方或3D模型来交流这些想法。这种情况在建筑和交通设计中经常存在。建模依据重点领域和产品类型采用不同的媒体形式。

任务4.3 在重点领域进行设计

在教授学生进行设计的过程中,有必要了解重点领域产品的设计或开发过程。再看看图4.2。想想你的重点领域内的活动。它们在多大程度上,以及在如何适合"迭代设计过程"模型?考虑模型的各个阶段,并确定与这些阶段相关的具体活动。例如:

- 你所在的领域有哪些相关的研究?
- 学生如何以及从哪里获得灵感?
- 你可以提供什么?
- 你有什么不同的方式为学生提供设计/开发的机会,将其作为一个完整设计和完成作业的起点?
- 是否有机会试验,从失败中学习,以及直接使用材料、原料或组件?
- 你的重点领域的模型由什么构成?

四、创造力教学

除了理解设计过程并让学生参与其中,你应该关心的是,通过参与设计,学生能运用和发展他们的创造力。事实上,很多设计教学的基本目标是创造性地应用知识和技能来创造产品。因此,你需要对创造力的本质有所了解,并知道如何通过你的教学来培养创造力。

肯·鲁宾逊(Ken Robinson)将创造力定义为"拥有有价值的原创思想"(Robinson,2006)。这很好地描述了我们在设计和技术方面所期望的创造力。我们希望看到学生具有独创性和想象力,能够为了特定的目的而冒险、试验、尝试、接受失败并从中吸取教训。重要的是,这里的"独创"是指个人的独创性,而不是完全原创的思想。并且学生们需要参与(设计)过程,通过这个过程得出可以称之为他们自己想法的"原创"的想法。正是"为特定目的而冒险"才有助于确保这些想法有价值。

然而,价值并不总能得到保证。麦克莱伦和尼科尔(McLellan and Nicholl 2007,2011)的研究引起了人们对"定势"所带来的普遍困难的关注。学生的思维经常被他们熟悉的东西所束缚,这导致他们设计出曾看到过产品的复制品,或者设计时采用青年和流行文化中的固定模式。结果,他们的想法缺乏真正的创造力。只想要脑海中闪现第一个念头,就是另一种定势的形式。显然,这对试图提升创造力的老师来说是个问题。麦克莱伦和尼科尔通过研究真正的设计师如何以不同的方式思考和对待自己的作品,确定了一些有助于避免思维定势的具体策略,从而使作品更具创造性,并可应用于学生的设计活动。这些策略包括:

- 类比

这是关于对产品外观和功能的常规假设提出挑战。一个或多个对象的观测图用于指导设计思想。例如,切片水果的图画为面料上的重复图案或珠宝样式的构思提供了灵感。通过绘图和摄影照片研究建筑架构,可以为不同家具的形式和结构提供新的出发点和思路。

- 隐喻

可以由一个单词提供灵感,然后通过最终产品的设计理念表达出来。飞翔、成长、映射、变焦、阿拉伯式花纹等单词都适用于这种方法。当为某一个特定的人设计时,另一种方法是从用一个简单的形状、颜色或这些组合来表达这个人开始。其思想是,这些东西代表了人物的性格,是产品设计的基础。也有可能从不同方面收集一系列与人有关的图像和其他材料,例如关于兴趣、愿望、喜欢的东西、不喜欢的东西等。以这种方式创建提供灵感来源的图像展板。

- 组合

这是指将学生熟悉的东西(系统、电路、基本配方、材料、技术或制造过程)应用到产品的设计和制造中,以改善特定情景中的情况,后者可以通过使用图像或视频来提供。学生首先确定他们设计的机会和地点,然后着手设计符合要求的产品,该产品还包括使用给定的材料、零件、系统或技术等。例如,学生利用智能纺织材料,为夜间在繁忙的城市街道上的人们设计和生产产品。

- 扩展

专业设计师不一定孤立地使用任何一种方法,他们通常会组合多种方法来产生一个想法。学生可以先采用一种特定的方法产生一个想法,然后加以扩展和发展,最终生成产品。现有的产品类型或范围也可能为此方法提供了一个合适的入手点。但是,不能仅仅复制已经存在的产品,而是要在进行详细的分析或拆解之后以某种方式对产品进行改进或扩展。

任务4.4 避免定势

重读这些策略,并通过向同事解释这些策略来检查你对它们的理解。

考虑你的重点关注领域,计划基于其中一种策略的设计/开发练习。考虑哪种工作方法最适合重点领域。你所设计的练习可能只把想法带到概念阶段,或者你可能认为,如果学生制作了这个产品,他们将会从中受益。无论采取哪种方法,都要看看你的活动结果,并考虑学生的工作在多大程度上具有创造性。你有没有让学生避免思维定势?

如果可能的话,开展这个教学活动并进行评估。

孩子们有许多才能,他们都有非凡的创新和创造能力,但正如肯·鲁宾逊所说:"我们成长于创造力,而不是成长为创造力"(Robinson 2006)。他这样说是因为教育系统倾向于关注线性的思维和运作方式,奖励"正确的"答案。而教学中,对一系列可能的不同答案的鼓励(将其作为创造性思维和行动的结果),尚未被人们重视。然而,现在大家已经认识到,创造力需要成为教育的关注点,因为它可以为学生对不可预知的未来做好准备。创造力是设计师思维的一个重要部分,我认为它应该具有与读写和计算能力相同的地位。通过设计和技术方面的教学,你能够鼓励学生使用和发展他们的创造能力。通过制作、实践和行动(与艺术和表演艺术类似),设计和技术能够促进创造力。这是不同于其他学科提升创造力的方式,也是设计和技术学科与众不同的原因。

五、考试级别的设计

无论你在哪个专业领域工作,无论学校使用什么样的考试规范,都可能包括关于设计的理论和实践知识,而考试评估方案将显示出对此的重视。由于考试规范决定了所需要教授的内容,因此你需要熟悉并理解该内容。

任务4.5　回顾考试规范

无论是从学校或认证机构网站,获得有关你的重点领域的考试规范副本。仔细阅读并突出显示与设计有关的所有内容。你应该特别注意的是关于设计的理论知识内容,学生需要在哪里以及如何实践设计,以及在这些方面的评估方式。

如表4.1所示,画出一张表格,列出学生需要掌握的学科知识、技能和理解。添加说明性详细信息,以便你清楚所涉及的内容。针对每个方面,说明你自己的知识水平、技能和理解。这将突出表明个人在哪些地方有必要进一步发展。最后,制定符合你发展需求的行动计划。

表4.1　考试规范中的设计

资格认定机构:			
考试规范:			
设计知识	设计技能	注释	我的水平

你对考试规范的分析还将揭示设计的特征,例如,它是否采用了特定的设计方法？你应该能够通过仔细查看评估方案来发现:评估什么以及如何评估？评估权重也反映了什么内容被认为是重要的。有些规范认识到创造和创新在设计实践中的重要性,并尝试在评估方案中鼓励和考虑这些。另一些人似乎采取线性设计方法,尽管这种方法便于评估,但其不能正确反映真实设计过程中发生的情况。如你所见,在设计实践的评估方面存在一些紧张关系。

六、你的知识、技能和理解

设计是复杂的,需要广泛的知识和技能。显然,知识和技能是重要的,但是由于设计的复杂性,理解才更为重要。你对设计理解的一个重要部分就是你如何看待设计过程,这正是你希望你的学生参与和学习的过程。

正如我们所看到的,设计的核心是建模思想。通过建模（通常包括制作）,学生能够发展和实现他们的想法。这与你的重点领域中关于制作的知识和技能是有相关性的。关于审核你自己在重点领域的知识和技能的方法,请参阅有关重点领域的章节（第5章—第9章）。建模是关于思想的交流,在第9章中,我们将讨论清晰的视觉交流和图形工作对所有设计和技术教师的重要性。在进一步考虑你的学科知识和技能时,你可以看一下任务9.1和9.2,因为这些将有助于你在重点领域的设计教学。

除了做其他的事情,"去设计",也就是说,尽可能多地在你的专业领域进行设计实践至关重要。通过持续的练习,不只是教,你会不断保持和发展你的知识和技能,并保持想法的新颖,维持你的兴趣和热情。通过实践,你也为学生提供了榜样。

七、教学方法

已经有人说过,学生的思维经常受到他们所熟悉的和已知的东西束缚。因此,在教设计时,重要的是让学生接触新的、不同的观察和体验世界的方式,这将带来更多的新知识,有助于为学生建立一个更广泛的资源库,以帮助他们减少设计思维的束缚。

以下是建议你在设计教学中使用的一些方法,这些方法将有助于为创造性行为提供可能发生的条件,同时也引起你对其他重要问题的关注。你可以决定在特定的环境和重点领域中使用哪种方法,以及哪种方法最适合你的目的。有些可能完全不合适,而另一些方法,可能需要在使用前做一些调整。

1. 仿生学

几个世纪以来,设计师、工程师、科学家和艺术家都在向自然界寻求启发和解决问题的方法。对自然界的所有存在形式的研究已经揭示了一些与功能、结构、系统和材料有关的特别现象,也展现了各种各样的视觉效果——图案、形式、颜色和质地。这些都可以在制造的世界中使用。例如,魔术贴的灵感来自于带刺的种子,它长有小钩子以便把自己粘到路过的动物身上。而白蚁丘为建筑物的结构提供了自然通风的想法。让学生调查自然有助于为学生提供大量的灵感,使他们产生和开发新的有创造性的产品创意。图4.3和4.4显示了从自然界发展而来的设计。

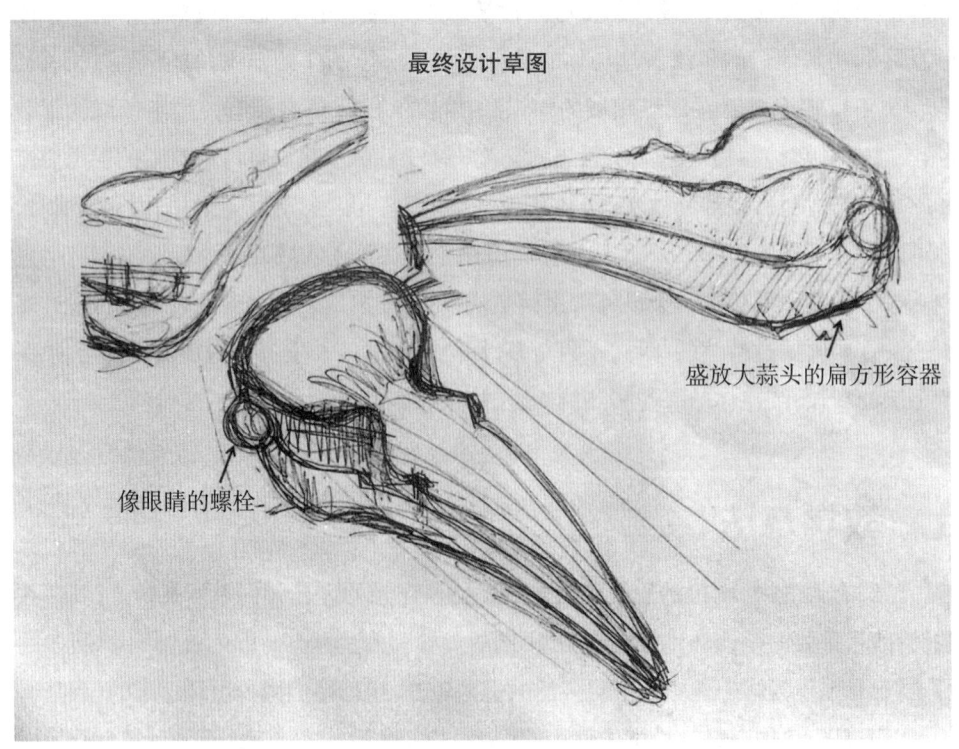

图4.3 乌鸦头大蒜破碎机初步概念草图(来自谢菲尔德哈勒姆大学的本科生Hiba Munaibari)

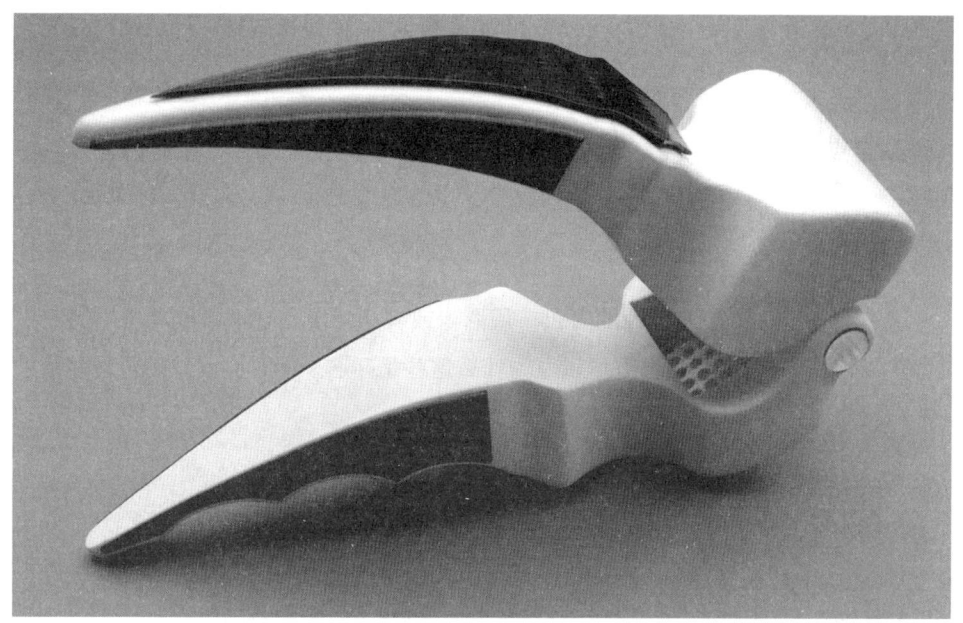

图4.4　乌鸦头大蒜粉碎机最终产品模型（来自谢菲尔德哈勒姆大学的本科生Hiba Munaibari）

2. 向产品和专业人员学习

通过让学生与产品互动，可以培养学生的理解和认识。对产品的分析、拆解和比较，使学生能够就产品的优点展开对话。我们常通过"属性分析"的方法对食品进行分析。对于其他类型的产品，可以通过制作观察图或使用合适的建模材料（如电线、卡片或织物）所制作的等效产品来进行分析。简单地使用一个产品或者测试和品尝（如食品）也应该成为分析产品的一个重要部分。无论采用什么样的产品分析方法，都有助于学生了解是什么造就了这种类型的优质产品，以及促成优质设计的各种因素。

在教室里放置可供使用的作品集，使学生能够与产品进行互动并学习该产品。就食品而言，提供可供品尝的样品具有同样的作用，特别是学生不太熟悉的食品，例如来自不同文化的食品。放置在教室墙壁上的非常大的、高质量的产品照片也是有帮助且有影响作用的。

可以研究专业人员的工作及其方法，其中应包括历史范例、当代实例以及对未来的创新。参观展览、画廊、博物馆、工业以及访问个人设计师以及制造商都是非常有价值的。同时邀请专业人士到学校或学院也是有帮助的,而设计者常驻计划则对双方都有利。

3. 金点子比赛

有很多方法可以帮助学生产生想法,例如:

- 定义问题

这有关确定一个展开设计的时机。用图像或视频片段呈现情景或者可以播完一个情景,然后问学生问题出在哪里以及为什么这些是问题。同时应该鼓励对观察结果的不同反应。

- 点子速射

在很短的时间内,学生们被要求通过草图和文字交流尽可能多的想法。这些想法可能是瞬间和不成熟的,从平淡无奇到怪异和疯狂都有可能。然后让学生寻找思想中积极的方面(不找消极方面)。这样就避免了学生漏掉灵感的问题。

- 思维导图

一种展示思路和想法的方式,从一个中心主题开始,在这个主题的基础上创建更多的分支和相关的想法。可以使用文字、草图和图像。

- 头脑风暴

一种小组活动,参与者提供快速的思路和想法,以探索设计任务中的主题。这种技巧依赖于团体内部的支持性和非评判性的氛围。

- 随机输入

随机选择单词、图像或实物,用以激发第一个想法。分析其含义和表现(特别是单词),且将不同观点和思路结合起来可能是很有趣味的。基于网络的观点和单词随机生成器可用于该活动,并且会很有用。

- 变形

适用于3D产品设计。观察图是由两个不相关的物体组成的。然后,进一步的草图展示了如何通过渐进的小变化来塑造和形成物体,即从一个物体"变形"到另一个。有趣的新形状的产品就能派生出来了!图4.5显示了一个变形的例子。

- 试验

鼓励并提供学生以实验材料、配料和工艺进行实验的机会,因为以实验的方式直

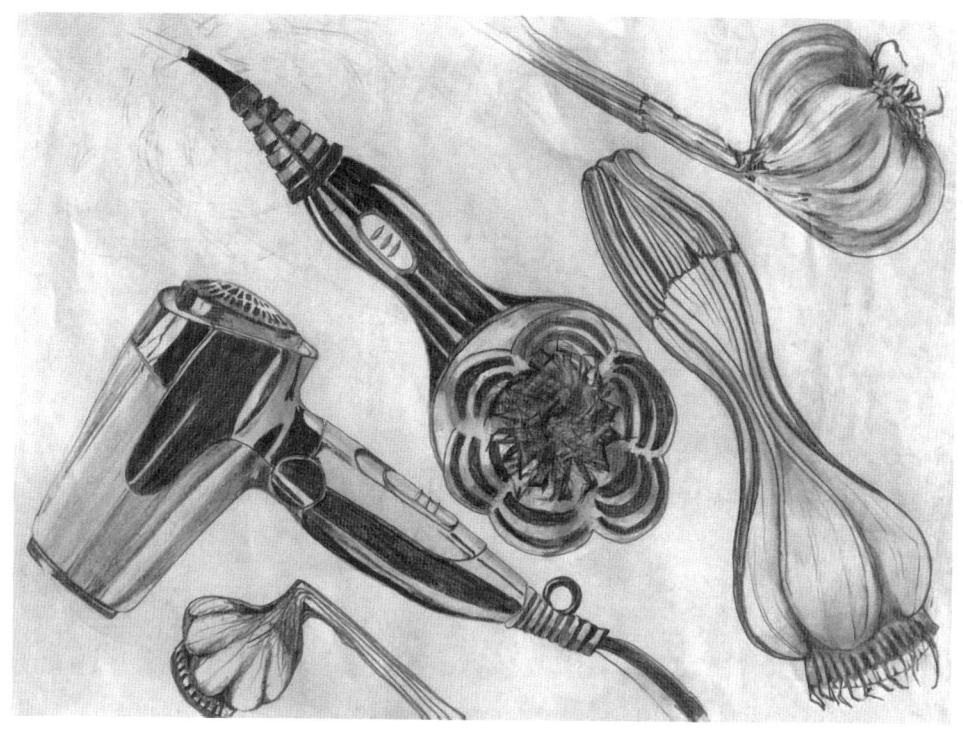

图4.5 变形吹风机

接处理材料的工作经验可以激发学生的设计思维。在一个框架内让学生尝试一些冒险行动,并允许学生失败,这种方法具有价值。

• 续编

一种小组练习活动,在练习中每个学生首先勾画或写下最初的想法,并传递给下一个学生,下一个学生以某种方式增加、改变或修改这个想法。继续以这种方式开展工作,直到接收到有更多新想法并且得到改进的原型。

• 灵感板

与主题相关的物品的混合集合,例如图像、样本、文本,甚至涂鸦,这些物品由教师提供,或者由学生自己编辑,用来激发灵感。图4.6显示了一块灵感板的例子。

• 想法日记

这就像一个素描本,不同的是包含了各种各样的材料——书面思想、笔记、照片、图样、图表、杂志剪报、测试卡或织物等。通过持续地使用该日记,学生可以建立一个

图4.6 光线的启发（来自谢菲尔德哈勒姆大学PGCE学生Phil Trigg的作品）

个人想法和刺激材料的资源库。想法可能来得很快，需要有一个存储库来储存它们。移动技术凭借其多媒体性和即时性，在创建想法日记方面具有很好的应用潜力。

- 为什么？为什么不？将会怎样？

问为什么？反复强化更深层次的分析和思考，产生更多的想法。问为什么不？将会怎样？鼓励猜测性的、天马行空的想法。通过暗示所有事情都是可能的（当下），消除学生的思维障碍。

- 以用户为中心

当然，所有设计都关注用户，但通过关注用户需求、兴趣、问题和偏好，学生更可能避免陈规刻板的反应。特别是当学生为一些极端用户设计时，如非常年轻、年老或残疾的用户，更有可能出现创新产品。设计咨询公司IDEO认为，人为因素为创新提供了最佳机会，而他们的设计方法始于深入理解人类需求。他们制定了策略来帮助获得这种理解,并制定了"方法卡"进行解释。使用真实和相关的背景很重要,学生需要走出教室,以实现对用户的有效和真正的关注。应考虑一系列背景,例如家庭、健康、休闲和文化。随着学生的进步,应该让他们了解不太熟悉的背景,例如更广泛的社区和行业。

- 对思维的认知

设计思维是关于不同思维方式的集合,包括以下内容:

☆疑问

☆好奇心

☆批判性分析

☆推理

☆审慎的思考

☆直觉

☆求同思维

☆发散思维

☆判断

☆决策

这些思维是多种多样的,但是你应该了解每种思维方式在设计过程中扮演的角色,并帮助学生理解这一点。像其他技能一样,这些思维能力可以通过练习来加强。教师可以设计有针对性的任务,要求学生使用特定的思维方式。思维帽子(De Bono 2000)的想法尤其有帮助。

各种形式的建模也可以被视为思维,因为它可以让学生参与和评估想法,定义和重新定义问题,最后得出最终的概念。重要的是,它告诉我们学生在想什么。

- 反思

设计和技术在世界范围内的负面影响是众所周知的,已经成为设计教育的一个焦点。可持续产品通常被认为是好的设计,学生可以引进可持续设计、人性化设计和循环经济等概念。实际行动组织和埃伦·麦克阿瑟(Ellen MacArthur)基金会等组织为支持教学提供了大量的想法和教育资源。

>
> **任务4.6 视觉教具和模型**
>
> 从上述的想法和方法中,至少选择创建视觉教具和/或模型的三个想法或方法。这将有助于扩展你的设计知识和技能,并将成为你教学中的有用资源。

总结

无论你的重点领域是什么,你都应该能够在本章中找到关联点。这将有助于你对设计和设计过程的理解,你现在应该能够知道在哪里以及如何通过你的重点领域内的媒介来教设计。这一点已经在全文里被强调过,然而,你需要以适当和综合的方式开展教学。

你还应该了解如何将考试规范中提及设计的部分转化为教学内容。你可能已经发现了你在知识、技能和理解方面的差距,本章将帮助你思考如何解决这些问题。考虑你在学习过程中所获得的机会,或者通过专业的安排,与你的实践导师和其他同事合作,以发展你对设计的理解、知识和技能。在你教授设计的准备过程中,最重要的是你清晰地理解设计,并持续地参与设计的实践。

第5章 准备教授电子、驱动和控制技术

托尼·考埃尔(Tony Cowell)

介绍

迈入21世纪,我们与新设备和产品的关系正在发生着改变。人们现在希望所使用的东西是"智能"的,能够感知、思考并回应,甚至自主行动。从衣服到汽车,从病床到住所,电子和控制系统给我们生活带来了更高级、智能的产品和环境。许多熟悉的日常用品包含的技术可能用户永远不会意识到。这些技术对经济发展至关重要,有助于解决全球的可持续性和发展问题。设计和技术可以为学生提供探索、建模、制造互动、真实的系统及产品的机会,它可以展示基于微控制器、微处理器的数字技术在驱动和产品实现方面的应用。

在正式教育场合以外,个人和群体正在通过电子和计算机技术,以一种崭新的令人兴奋的方式进行创造。黑客和创客通过在线论坛联系、分享控制技术各个方面的知识和经验,并产生新的术语,比如创新制作公司(makertronics)[①]。作为一名职前教师,面对新技术的涌现,要么是热情拥抱,勇于挑战,要么不知所措,无所适从。

本章关注能够在产品和环境中增进交互、智能和自动化的技术,以及进行相关教学需要具备的知识。从系统思维开始,思考如何将其应用于电子设备以及机电系统的集成,并且考虑到不同系统间转换,以及如何将它们嵌入至产品和环境所遇到的一些关键问题。你将学习如何教授结构复杂的系统和嵌入式系统的设计和制作,从简单系统到数字电子系统,从自动机械到自动化,从机械到机电一体化,从可编程中断控制器(PIC)到比例积分控制器(Pi),到可编程逻辑控制器(PLC)。如果你不明白这一切意味

---

① makertronics,指那些帮助发明家(包括那些草根创客)以及制造商开发、制造和推广他们的产品理念的公司。这类公司的商业策略类似传统的图书出版商,制造和发布那些具有创新的设计者的作品。

着什么,不要担心——毫不夸张地说,这也可能是发现之旅,你可能会意识到,通过把设计引入生活,可以激发学生学习的真正潜力。

学习目标

学完本章的内容,你应该:

★ 熟悉电子、驱动和控制领域的核心概念
★ 理解中学电子和技术教学中的一些问题
★ 确定可用于技术设计和制作课程中的其他领域知识
★ 确定在教授电子和驱动技术前,你需要具备哪些知识和技能

一、电子、驱动和控制技术是什么

设计和技术首次被引入英格兰和威尔士学校课程时,它要求学生们发展与"开发和使用系统"相关的知识和技能(Department for Education/Welsh Office 1990)。随后被修改为"控制系统和能量"(Department for Education/Welsh Office 1992),控制系统包括电气/电子、机械和气动操作。然后它又被更改为"系统和控制"(Department for Education/Welsh Office 1995),在后续的修订中,这种表述一直沿用到2014。2014年在英格兰实施的国家课程中,要求学生们了解机械、电气和电子系统,并能够"应用计算机技术,使用电子设备,将智能嵌入至产品中,以响应输入和控制输出。"(Department for Education 2013)。

在威尔士,学生需要学习"系统和控制",也包括电气/电子和机械(Welsh Assembly Government 2008)。北爱尔兰课程的科学和技术领域,有涉及"控制系统如机械、电子或计算机"(Curriculum Council for Examinations and Assessment 2007)。包括中国、以色列、澳大利亚和新西兰在内的许多其他国家,技术课程涉及系统、控制、电子和机械等方面。

在定义设计和技术教师的职业能力素养时,设计和技术协会使用了"电子学和通

信技术"(Design and Technology Association 1998, 2003),后来将其修改为"电子学和控制技术"(Design and Technology Association 2010)。

多样性的术语强调了这一领域的研究是如何变化的,所以有时候很难确定作为一名职前教师需要掌握什么。这些术语在表达方式上有细微的差别,例如,通信技术和控制技术中涉及的电子学的区别是什么?如何区分系统和控制、电子和控制之间的关系,它们与机器人等领域如何关联?

所有这些领域都与"系统"有关,所以系统最好是作为一种教学技术的方法,一种思维和教学的模式,而不是一门学科。"系统思维"是一种从管理到工程等一系列学科使用的方法,正如可以用于电子学一样,它也可以应用于食品、纺织品和材料,但通常应用于控制领域。任何能够通信、交互、移动、甚至有行为的系统都可以在直接指令或自主操作下运行,使用一些不同类型的控制和驱动,可能是电子、机械、气动、液压或热力的,采用单独或组合的方式。

大多数中学课程,特别是在初中阶段,往往侧重于电子和机械系统。对于初中(lower secondary level)和会考(examination level)[①]阶段而言,获得这些学习内容的资源和应用最为便利。在考虑这两个关键领域时,可能会发现许多智能、交互式产品和系统的"大脑"几乎都是电子电路。电子产品组件也是位于任何计算机控制系统的中心。因此,电子学将成为这一章的核心,这也许是作为一名职前教师要学习的第一个领域。这并不意味着忽视控制和驱动应用中的其他系统,例如,会考阶段的工程课程可能包括这些领域,将来你可能会考虑把你的学科知识扩展到这些领域。

考虑到这门学科的组成部分是与系统方法联系在一起的,本章首先探讨如何在初中阶段从事这一领域的教学,从电子方面的内容开始,将电子控制连接到简单的机械系统。然后讨论会考阶段的教学,包括更广泛的电子应用,例如创建机电系统、使用微处理器的更复杂的控制,最后探讨为了未来发展以及职业应用需要考虑的可能的发展。图5.1展示了所应用的方法。在每个领域,你都需要确定你的发展需求。

[①] 译者注:英国的教育体制与中国并不完全对应,11—16岁为中学教育(Secondary school)阶段,16—18岁是中学高级班或大学预备班。在中学教育的低年龄段,称为lower secondary level,大致对应于小学高年级及初中低年级,而高年龄段Secondary school,对应的学生年龄大致在14—16岁,相当于中国的初二、初三和高一。由于该阶段学生需要参加中等教育会考,获得普通中等教育证书(General Certificate of Secondary Education,简称为GCSE),所以文中作者称之为会考阶段(examination level),但examination level并不是官方规范的说法。本文的翻译为便于说明,简化为初中阶段和会考阶段。

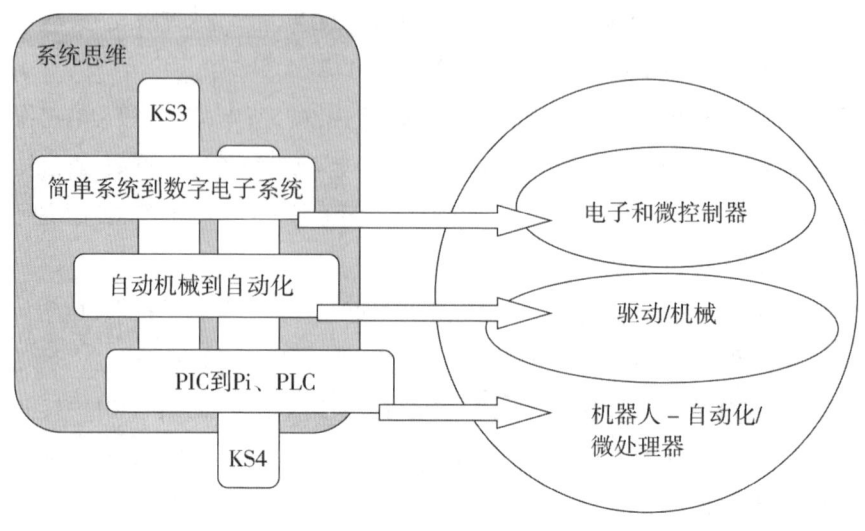

图5.1 本章的结构

图5.1也提供了一个建议,即如何为学生安排体验课程的计划,以加深他们对学习的理解并促进学习的进展。

在许多国家,初中阶段课程以术语"控制"一词来涵盖技术方面的学习内容,关联的内容有电子和机械系统,在会考阶段许多人则选择电子和控制系统。由此可见,电子和控制技术在设计和技术中是一个定义明确、前景广阔的领域。然而,如果仔细观察可以发现另外一幅场景。例如,近年来英格兰普通中等教育证书(GCSE)的设计和技术考试中,电子和系统学科的内容是最少的。在经历了几年的下降之后,2007年GCSE中电子和系统内容占设计和技术科目的5%,而到了2008年,这一数目又下降至3%(Design and Technology Association 2009)。同样值得注意的是,一段时间以来,很难招募到能够教授这些课程的教师(英国教育标准局 2008),英格兰教师在系统或电子学领域获得资格证书的可能性比在设计和技术的其他领域更小。任务5.1将呈现一个关于课程中电子和系统领域技能发展的视角。

任务5.1　确定技术教学的课程需求

2008年,英国教育标准局发表了一个科技先进国家教育的报告。这份报告强调了英格兰学校技术教学不足的问题。为此,2011年又出版了报告"迎接技术挑战"。#上网查找英国教育标准局报告"迎接技术挑战"。阅读这份报告并指出2008年提出的问题是否已经解决,然后试着回答下面的问题:
- 在调查中,有多少比例的英国中学极少使用电子产品?
- 有多少百分比的教师缺乏讲授设计和技术课程的信心和经验?
- 该报告认为电子/系统教学在实现平衡课程方面有什么作用?
- 与其他国家相比,该报告建议在英格兰如何进行机器人/电子教学?

这个任务可能让你了解为什么电子和控制是课程的必要组成部分。它也会帮你发现,许多人都需要在电子和系统课程教学方面加深理解,发展技能。很多人对于教授这一领域内容缺乏自信,许多职前教师和有经验的设计和技术教师都有同感。

二、初中阶段的电子和控制

为了帮助学生在初中阶段发展他们对电子学和控制技术的认识和理解,并在某种程度上能够将其应用于设计和制作,首先有必要明确一些需要理解和应用的关键概念和过程。

大多数课程只提供关于要教什么的一般指导,但你需要从中详细解读你需要教什么内容。任务5.2将帮助你考虑你要遵守的课程指导文件是否提供了足够的细节,以让你了解需要教什么。

任务5.2　课程要求

从学校获得或从网上下载国家课程文件或课程指导。阅读本文件,并明确初中需要教授的电子和控制课程中技术知识的关键要素。

现在,选择另一个国家,上网查找他们的电子和控制的课程要求。将他们的课程与你自己的课程进行比较,并考虑你所发现的差异和相似之处——这些关键领域的知识是一样的吗?

第5章　准备教授电子、驱动和控制技术　/　77

这项任务很可能显示三个被提及的不同的控制领域：
- 电子控制——利用电子元件设计和制造电路。
- 机械控制——包括做功的力和运动，及其变化和方向。
- 计算机控制——利用微电子技术将智能嵌入产品中。

在一些地区，补充的或非法定的指导可以提供更多的细节，例如在北爱尔兰（Curriculum Council for Examinations and Assessment 2007）和英格兰（Department for Education 2013）提供了一些范例。这种指导在功用上各不相同，只会给你教学所需要知识和理解提供有限的帮助。不过，没有明确的指导也有好处，它留下了很大的自主空间来决定教什么和如何教。然而，这种自主性也可能导致学生经验的差异，学习的深度、广度参差不齐，这依赖于老师的信心和经验。因此，下一节探讨适合在初中阶段的教学内容。

表5.1 初中阶段系统方面的关键内容

关键内容	初中学生经验	
	早期经验	更多的经验
系统方法	• 在现有产品和学生成果中，系统的单一输入/过程/输出模型（开环系统的框图）。 • 系统边界——定义简单的系统和子系统。 • 识别简单控制系统的类型，包括机械、电子和气动或液压。 • 简单控制系统（简单闭环系统）引入反馈的重要性。	• 具有反馈系统的多个输入/过程/输出模型。 • 系统边界——定义更复杂的系统，以及如何打破这些系统，分解成子系统进行分析。 • 实现所需功能的互连系统和子系统。 • 系统和控制的语言和原理：开环和闭环控制，顺序控制，数字和模拟系统的表示系统（流程图）。

1. 初中阶段的系统思维

系统是管控任务或活动的零件或组件的组合。系统方法或系统思维，是将复杂的任务分解至零件或组件，并经常通过零件或元素标识流程。

一个简单的系统有三个主要的元素：

输入—处理—输出

系统思维虽然可以应用于食品、纺织以及电子、机械和控制。然而,在电子和控制的应用场合以及在这些领域的设计和制造时,它可以发挥很大的作用。在电子课程开始之前或者刚开始时,介绍系统思维的概念是很有用的。系统由简单的图表表示,其中几种类型可以用于初中和会考阶段(Steeg 2000,2003)。当学生开始检查现有系统或设计他们自己的系统时,这些图表可能派上用处。

表5.1概述了在初中教学中引入系统方法的经验。

2. 初中阶段的电子学:简单的数字电子技术

至少在这一章中,我们可以达成共识:任何机器人,驱动和控制技术的教学中心将需要电子学,而系统方法则可以用来支持电子学的教学,那么初中阶段需要的电子学内容是什么?

电子学不仅是通信技术的基础,也是控制技术的核心。尽管最早的计算机是机械的,自动机械可能是最早的机器人,不过正是电子设备的使用使我们能够控制、传输和接收信号。这是电子通信革命的基础,它改变了我们的世界。我们可以将电子学知识分为三类:

(1)电子学的基本原理——科学的理解。
(2)元件以及它们如何组装在一起,以制造解决问题的电路——设计的理解。
(3)生产、测试和将电路集成为一个产品或系统——制作的方法/工具和设备。

表5.2列出了适合初中课程的内容,使用这些来自系统方法的类别和术语有助于组件组合。这不是一个完整的列表,随着你知识的发展,你可能会发现需要加入额外元素,不同的课程可能会指定不同的内容。关键内容也可以用不同的组合或顺序来教授,本章后面的教学方法部分会讨论该问题。

表5.2 初中电子学的关键内容

关键内容	初中学生经验	
	早期经验	进一步的经验
电子学的理解	• 理解导体和绝缘体。 • 理解电压、电流、电阻和介绍电容的原理。 • 理解电压源和电位的产生。 • 理解电流及其用电阻控制。	• 欧姆定律计算($U = IR$)。 • 理解和测量电容,包括作为定时的一种方法。 • 理解分压器和电压控制。 • 理解半导体。

(续表)

关键内容	初中学生经验	
	早期经验	进一步的经验
元件和设计	• 调查包含微电子子系统的一系列产品和应用。 • 基本元件识别，以及它们在简单电路中的应用。例如，机械开关（推合开关、推断开关——PTM/PTB）用于输入；电阻、二极管、晶体管用于基本控制过程；发光二极管、蜂鸣器和喇叭用于输出。 • 探索需要多个工艺流程组合的设计情境，使用工具包来模拟简单的电路。	• 使用固定的和可变的分压器，例如，用传感器来提供反馈——探索模拟和数字信号。 • 使用集成电路，例如，计时器（单非稳态电路）、计数器、放大器/比较器和微控制器。 • 比较这些不同方法的局限性和好处。 • 用电路仿真软件模拟更复杂的电路功能，检验设计思路。 • 使用晶体管作为传感器驱动器。 • 探索不同的输出，例如不同类型的电机。 • 在制作前使用CAD设计和模拟线路布局。
测试和制造（工具和技术）	• 利用电路仿真软件对简单的电子学原理和电路功能进行模拟。 • 建立简单的电子系统，并进行基本的故障查找以以识别故障。 • 测量电压、电流、电阻和电容作为测试手段。 • 将电路集成到产品中，考虑诸如安装电路，提供电源、开关（输入），发光二极管（输出）等外设的位置等简单问题。 • 使用包括电线在内的简单电路施工技术。 • 将元器件焊接在预制电路板上。	• 使用建模工具，如原型板（虚拟或真实）来测试想法。 • 建立更复杂的电子系统并使用仪器——万用表测试电路和检测故障。 • 将电路集成到产品中，考虑一系列问题，如安装电路、替代电源和通过表面安装开关来减少飞线，这些开关被设计成产品外壳的组成部分。 • 使用或经历湿版法（如照片蚀刻）和干版法（如计算机辅助制造，CAM）制造技术制造电路板。 • 将连接的元件和电路板纳入产品中。 • 研究将非焊接元件连接到电路的不同方法。

3. 初中阶段的驱动：自动机械到自动化

初步了解电子学教学后，进一步的考虑是要探索控制系统所需要的知识和理解，这些系统不是电子的，但仍可以用来构建系统。最初，这些内容可以单独考虑，但随着学生理解的加深以及解决更多设计问题的愿望的增强，这些系统可以与电子控制结合起来，创建简单的自动装置，可以移动和导致物理变化。表5.3确定了一些关键内容。

表5.3 初中驱动方面的关键内容

关键内容	初中学生经验	
	早期经验	进一步经验
理解机械	• 调查一系列包含机械子系统的产品和应用。理解机械运行的机制： ○ 改变运动的类型。 ○ 改变施加的力或移动的距离。 ○ 组合和互连以实现特定的输出（例如：连杆）。	• 通过组合，例如曲柄和滑块，连杆，来理解更复杂的装置。
建模和测试	• 虚拟或实物模拟机械系统（包括套件）以实现特定功能： ○ 凸轮，齿轮，曲柄。 ○ 杠杆和连杆。 ○ 力与距离乘积。	• 连接机械和电子系统，探索驱动轴、驱动器和紧固件。 • 了解位置控制和反馈使用的问题，并通过简单开关来限制运动。 • 故障查找。 • 使用伺服电机驱动复杂的机构及精确控制位置。
用微电子控制	• 将电子电路与驱动器连接，例如使用晶体管驱动直流电机或用PIC来控制伺服系统，这些伺服系统与简单的机械装置相连，例如预装电路板。	• 理解大电流设备驱动的需求。 • 理解处理信号的逻辑。 • 使用电气开关精确控制机械/机电系统，例如伺服电机，继电器，螺线管，线性驱动器。 • 使用微开关作为限制开关来控制机电系统（数字和模拟输入，例如限位开关、压力传感器），校准模拟输入。 • 了解晶体管如何驱动输出，包括晶体管阵列的若干大电流输出。

4. 初中阶段的计算机控制：PIC到Pi

控制具有多个输入和输出的系统，系统的"大脑"必须变得更加复杂。在电子技术发展的早期阶段，这是通过在几块芯片上建立复杂的电路来实现的，这些芯片具有特定的功能，比如计时、计数或比较信号。然而，目前现成的芯片就是功能强大的小型计算机，可以控制多个操作并监控多个输入。它们还允许用户对不同的操作进行编程，无需重新设计或重构电路。这使它们成为学生设计和测试一系列潜在问题解决方案的优秀工具。

在学校主要有两种使用计算机控制的方法：

(1) 使用微控制器芯片作为电子控制电路的一部分。

(2) 使用带有输入和输出设备的微处理器。

这两种方法的主要区别在于所使用的"大脑"的尺寸与能力。在微处理器这一案例中，大脑就是一个能够编程，能连接显示器、互联网，具备与笔记本电脑一样多功能的个人电脑。微控制器的能力稍弱，但也能通过编程联系输入与输出设备，以此搭建一些简单的电子电路。PIC单片机是一种常见的微控制器，以Picaxe和Genie等控制板的形式应用于教育行业中，与基于AVR系列芯片的Arduino控制板相似。微控制器小巧、便宜，既能够集成到电路板当中，也能够预安装于套件中进行销售。其封装形式往往是简单的8脚双列直插（DIL）形式，以便应用于电路设计中。两种系统均能连接基本的电子积木模块作为输入输出设备，同时也依赖于对芯片的编程以控制电子电路。

微处理器因为可以使用外部存储器，所以能够实现更加复杂的编程。树莓派（Raspberry Pi）这一产品是将微处理器封装成可以连接一系列输入输出设备以搭建复杂设备的典型案例。其与计算机科学（学科）有着明显的关联，并且提供了学生将知识融会贯通的机会。学生利用设计和技术学科的知识，搭建感知与执行的部分，并将其连接到树莓派上，利用计算机科学学科的知识进行编程。现在已有很多公司制造了用于树莓派的小型输出模块，就像皮莫罗尼（Pimoroni）公司的pi-glow一样，但学生自己搭建这些输出模块的机会也是存在的。表5.4指出了计算机控制的关键内容。

表5.4 初中计算机控制的关键内容

关键内容	初中学生经验	
	早期经验	进一步经验
传感和输入	• 简单的数字输入——能够选择、连接和监控的简单数字输入。	• 了解模拟和数字输入之间的差异，并将它们分配给单片机上合适的输入引脚。 • 了解模拟输入和传感器的基本校准。
编程与控制	• 使用计算机控制外部设备的经验。 • 使用子程序，使用基于图形的程序进行简单的顺序编程。	• 为特定目的选择合适的单片机。 • 能够以基于文本的语言编写和测试适当的程序和过程。 • 使用循环重复序列，并能根据需要中断序列。 • 了解单片机的内存限制。

(续表)

关键内容	初中学生经验	
	早期经验	进一步经验
输出与驱动	• 光或声音的简单序列输出。	• 使用代码生成光学和声音序列。 • 了解声音输出和采样声音的问题。 • 使用输出来控制伺服器。

5. 初中阶段的工具和设备

除了考虑教授电子学和控制技术所需的知识外,还需要熟悉课程中使用的设备,管理所需工具。一些基本的手工工具,如钢丝钳、剥线钳和电工刀,通常都包括在廉价的工具包中,这些工具可以和焊接装置放在一起,用于电路制作。

在许多学校里,挂物架经常被用来管理设备和零件的存取。如果所有的零件都需要陈设,那么可能会有太多的挂物架被占用,或者可能被浪费,所以最好是按照需要放置一些零件,这样就可以通过分发托盘或挂物架进行管理。对工具和设备的管理是一个关键问题,所以要观察你的实践导师或同事如何使用他们的管理系统,并注意他们是如何将工具和设备的管理与学生的动机和行为联系起来。

另一个重要的因素是确保设备安全,例如,商用烙铁架的设计是为了让焊接点冷却,强烈建议你不要以任何方式改变或修改烙铁或支架。当使用不同类型的焊料时,温度可控的烙铁是很好的,并且确保烙铁不会过热。不过它们更贵,并不是所有的学校都能负担得起。考虑可以互换的尖头或扁头的烙铁也是很有用。这些产品的款式和尺寸都很好,非常适合于单片机的精细焊接。最后,对于使用焊锡烙铁的学生,要确保有足够的护眼用具,以及达到车间里要求的标准(见第3章关于健康和安全的指导)。

制造电路设备是电子教学的一项重要支出,对于初中生来说,学校可以为项目预先购买电路板,这既有优点,也有缺点,这些将在后面讨论。电路可以通过雕刻和铣床直接用软件制造,也就是有时被称为的干版制造。但是,如果你需要通过蚀刻(湿版)制造电路,要确保你与训练有素的人员一起工作,例如技术人员,并遵循所有必要的安全程序。如果在学校使用电路板,你也需要确保有一个钻孔设备。有许多适合印刷电路板(PCB)的钻头可用。这些装置通常高速运转,并且通常是安装在工作台,这使得它们比柱式钻机更容易使用。再次重申,如果使用这些设备,确保遵循所有适当的安全程序,特别是任何护眼的要求。

最后,用于电子织品的导电丝和油墨最近有一些有意思的发展,这意味着"软"电路可以用非常小的设备制造,只需要针眼、可拼接的组件和纽扣电池的支架即可组装,无需专门的设备和场所。另外,表面安装技术、小型组件的微电子器件和在烤箱焊接芯片,甚至可以在初中阶段引入。这些操作不需要多少设备,因为这些部件是用镊子夹住的,涂上锡膏,放在烤箱里。虽然在一些学校很流行,但这些组件看起来非常相似,而且非常小,所以在教室里很难管理,并且很难发现电路中的错误并进行修复。然而,在商用产品中发现的小而有效的电路,现在可以在课堂上可靠地生产出来,以用于产品设计,可以大大激发学生的热情。

三、会考阶段的电子和控制

在会考阶段,本课程可讲授系统与控制、产品设计或一般设计及技术考试所涉及的电子学和电子产品。电子自动化和机器人技术是了解许多工业领域的重要因素,电子技术也是控制驱动器的关键。作为一个职前教师,明确考试要求并熟悉内容是很重要的。

1. 会考阶段的系统思维

在会考阶段,学生的系统思维需要进一步拓展以开发更复杂的系统。需要考虑多个输入和输出以应对更复杂的处理,例如并行结构化系统。一些资格考试还要求学生熟悉可编程逻辑控制器(PLC)系统及其应用。

学生在设计自己的系统、控制或驱动项目时,通过要求他们应用系统思维,可以促进更为深入的理解。机器人可以成为很好的载体,可以用它来研究系统反馈方式以及如何控制系统内的行为。在设计机器人系统时,应用计算机科学和编码方面的知识是有可能的,重要的是理解和考虑反馈、监控以及系统如何按特定顺序处理所有决策(包括子系统的使用)。

学生在会考阶段可能学习的有关系统思维的内容包括:

- 遵循适当的规定使用控制系统图。

- 更复杂、多级控制系统的分析。
- 控制系统在工业领域的广泛应用,如自动化生产系统、过程控制、原材料处理系统。
- 可编程逻辑控制器的介绍及在工业控制中的使用。
- 系统和子系统之间的相互连接以实现所需的功能。
- 不同类型的反馈和监控的使用。
- 拓展了解系统和控制的术语和原理,包括顺序控制、比例控制和并行处理等方面的知识。

2. 会考阶段的电子学:数字电子技术

教学内容将根据考试要求而相应变化;如果是纯电子学,会重点介绍各种各样的组件,较少关注单片机芯片。复杂电路也可以利用一系列具有特定功能的相互连接的集成电路搭建,学生通过连接各个组件来建模和学习。在复杂的情况下,具有单片机和其他类型芯片的电路可能提供合适的解决方案。该方案要求学生必须了解并使用许多电子"积木"。你需要寻找最合适的解决方案,使学生能够学习所需的知识,而不是在设计概要中给出问题最简单的解决方案。在会考阶段电子学教学可能涉及的内容包括:

- 介绍一系列可用于实现特定功能的集成电路,例如,同相、反相和差分放大器;计时器和计数器。
- 计算能量消耗。
- 仪器仪表——使用多用表(真实或虚拟)/示波器。
- 理解元器件数据表。
- 主要和辅助电路——与一系列子系统相连接。
- 构建计时器/计数器/锁存器/解码器/放大器/比较器。
- 体验更多类型电子元件的应用,例如场效应晶体管(FETs)、晶闸管、继电器、逻辑电路、运算放大器、液晶显示器和驱动器、步进电机。
- 为特定的应用选择适当的输入/输出传感器和驱动器/驱动阵列。
- 理解表面组装制造技术。
- 理解可编程组件的作用。

3. 会考阶段的控制和驱动:从自动机械到自动化

在会考阶段,主要考察学生能否真正考虑电子和机械系统之间的接口。促使机械状态变化的力的计算也需要考虑,并且这可能成为许多考试要求中的考点。搭建一个功能良好的接口可能是这类主题中最具挑战性的任务之一,也是使系统运转最有意义的工作。对于学生来说,通过实际模拟结果来检验想法是非常重要的,在纸上或屏幕上看上去可行的东西,例如轴心点等,一旦进行实际测试,很大程度上可能需要重新设计。表5.5给出了一些会考阶段可能在这个方面讲授的例子,请检查你所在学校遵循的考试要求,以了解更详细的内容。

表5.5 会考阶段控制的关键内容

关键内容	会考阶段学生的经验
理解机械原理	• 力矩——力×距离。 • 调查一系列包含机械子系统的产品和应用。 • 计算简单的传动比和传动/轴速度。
建模和测试 采用微电子技术控制	• 确定机械效益(MA)和速度比(VR)。 • 考虑旋转系统包括: 　◦ 改变运动的类型 　◦ 施加的力的变化 　◦ 移动距离的变化 • 组合并连接不同装置,以完成特定的输出(例如联动装置)。 • 机械系统建模,考虑性能,包括定量分析和能量转换。 • 建模以测试和最大化效率。 • 将机—电或机电一体化系统与其他子系统连接起来。不同电机的开环和闭环控制;开/关换向和速度/脉冲控制;伺服和步进电机。 • 控制线性驱动器和智能材料(例如前面提到的智能线)与机械系统连接。

4. 会考阶段的计算机控制:从PIC到Pi、PLC

在会考阶段,这个领域有很多发展以及潜在的拓展空间。随着对于复杂控制的关注点转向更具体的编程,我们有机会探索设计和技术与计算机科学之间的协同。使用单片机,如Arduino,允许使用强大的编程语言和开源代码来提供许多解决方案。虽然学生可以下载开源代码,而不是自己编写代码,但是大部分可用的代码需要编辑和写入程序。也许这可以和电路设计类比,代码块就类似于构建输出的组件。在这样的情况下对课程作业进行管理,明确所要遵循的考试规范是非常重要的。

需要向学生介绍工业界使用的可编程逻辑控制器,例如自动化制造系统中的流程控制。虽然在教室里不容易模拟,不过网上有一些有用的例子可以供大家展示。

一些可能在会考阶段讲授的内容包括:

- 将控制系统纳入各种应用场合,包括工业和商业的,使用一系列基于图形和文本的编程语言。
- 可编程逻辑控制器、微控制器和微处理器。
- 为给定的问题选择最合适的控制系统。
- 组合逻辑和时序逻辑(根据需要提供真值表)。
- 将微控制器或微处理器与复杂的传感器或其他设备,如计数器或附加的微控制器相结合,控制一系列需要一定电流驱动的输出设备。包括应用来自传感器和输出设备的反馈。
- 将系统方法与更直观的设计方法相结合。
- 先进的计算机设计、系统和子系统建模。
- 使用工具包来调查和评估设计决策,进行快速原型设计。
- 对传感器进行校正,并在需要时放大输入信号。
- 根据需要,采用先进的故障查找和校正技术分析子系统和整个系统的性能。

但是请注意,由于采用了不同的方法和测试,遵循学校使用的考试规范是非常重要的。

研究了电子、驱动和控制技术的教学内容之后,在考虑采用什么教学方法之前,你需要对这些领域的知识进行检查。

5. 检查电子和控制技术方面的学科知识

对你的知识和技能的初步分析使你有机会检测你自己,并考虑你所教的领域的知识深度。首先尝试下面的任务,然后将您的检查扩展到所有领域。

任务5.3 初步分析你的知识和技能

回到初中阶段的内容,从表5.1—表5.4中选择一张表。对每个语句进行颜色编码,以显示你当前的水平,例如:
- 很少了解为红色。
- 了解一些为黄色。
- 很理解为绿色。

这将使你能够识别你的强项(绿色显示)和要发展领域(黄色/红色显示)。计划如何处理领域中的发展问题。

在每一个领域重复这个任务,使你的知识和技能在电子、驱动和控制方面得到全面的展现。

任务5.4 考试规范的分析

从学校或颁布机构网站获得你的学校使用的考试规范。研究这个规范并编上颜色代码,就像你为任务5.3做的那样。请注意你需要发展的知识和技能以便你能够在会考阶段教授学生,并计划如何发展这些知识和技能。

这些任务将确定你需要开发的知识和技能领域。这可以通过几种方式完成,包括:
- 参加大学或地方学院的学科知识强化课程或选修课。
- 观察或者与你的实践导师或专业同事进行团队教学。
- 自主学习。

对于电子技术而言,自主学习的一个关键是设计和制造电路,组装它们,如果设备不工作,查找故障。在这个阶段,大多数学科知识都可以形成,因为你试图理解为什么电路不能工作。一个有用的建议是,如果你不能解决发现的任何故障,可以向你的实践导师或学校的电子技术专家求助。他们通常愿意帮助你发展你的专业知识。

与驱动和自动化相同,物理建模对于发展你的技能和知识也很关键。构建和连接到输出的机械装置,如直流电机或伺服系统,需要解决力和位置的精度问题,而这在草图或模拟中不容易表示。这对于理解学生在处理相同任务时所面临的问题是非常重要的,如果你准备好了,你就能帮助他们在学习中前进。

你的同伴也可以成为帮助的来源;分享你的专长和知识,与其他职前教师一起解决问题。许多人使用在线电子论坛来提出问题,但记住,自己动手做一些事情是巩固你对某个电路或元件理解的最好方法。

当检查你的知识和技能时,很容易被涉及的术语和概念所淹没。然而,请记住,这只是你旅程的起点,分解所需要的学科知识将帮助你聚焦自己的学习。一种方法是先把注意力集中在初中内容的理解上,然后在你变得更加自信的时候逐渐扩展你的学科知识。同样需要注意的是,学生们可能也会被术语和概念压垮,所以你需要仔细考虑如何呈现它们。

四、教学理念和方法

在英国教育标准局报告的执行摘要中建议:

> 为了使英国的教育跟上全球技术的变化,需要采取新的方法来教学生如何应用电子技术与新材料相结合,以及如何将控制系统应用于学科的各个方面。

(Ofsted 2011: 5)

考虑到技术变化的速度和数量,这部分可以自成一章,因为这门学科的教学方法随教学内容变化——机器人技术、电子技术、驱动和控制。虽然所有这些技术都建立在明确、坚实的科学原理之上,但科学总是伴随着新的设计和制造工艺而发展的。电子和控制技术(ECT)现在的发展已经变得更加令人兴奋如机器人技术、电子技术、驱动和控制技术(REACT),已可以在学校里通过许多设计环境和不同的媒介进行教学。导电涂料和导电丝正在改变电路的放置方式,电路可以印刷到几乎任何媒介上,这使学生可以开发和设计无数的解决方案。

在考虑如何讲授电子技术时,像所有科目一样,重要的是要在正确的科学理解基础上逐步建立学生的知识。教师们经常用类比来解释电子科学,但要确保你选择的类比准确,并没有引起误解。你为学生计划的工作应该包括内容的关键领域,但要提供不同媒体的不同经验,以顾及学生的学习需要和视角。

1. 使用工具包教电子技术

在电子和控制的各个方面都有许多公司出售成套设备。从电子织物到机器人，你可以买到模型来搭建，通常配有教学笔记，甚至是课程计划。使用工具包是一种有效的方法，可以向学生介绍一些涉及电子产品的基本概念，并使系统能够快速、容易地建立模型，但往往很少有设计机会。这样的活动显然有助于在学生设计更复杂的系统之前对基本原理进行充分的介绍。学到的技能是装配和制造、正确填充电路板、焊接和加工。

但是，在许多流行的项目中可能会出现问题，比如MP3放大器，电子元件可能简单地变成组装任务。输入、处理和输出是预定义的，设计可能更多的是关于产品的外壳或外观，而不是电路。那么，工具包是否限制了电子产品设计的潜力？如果产品的输出是已知的，如何确保学生们仍然有机会解决问题并想出创造性的解决方案？使用工具包制作产品时，是因为学生的聪明还是制造商制造的假象？谁解决了电路布局和功能的问题？

花些时间考虑这些问题。有许多潜在的答案，但下面内容可能会提出另一种方法。

2. 电子产品的设计与制造

电子和控制的有效教学是帮助学生发展他们的知识和理解，使他们能够将其应用于设计和制作。重要的是，这种工作基于他们正确的科学理解，而不仅仅是关注"有效"的结果。这就是新教师面临的两难境地：你是否应该讲授这个理论，然后用一个预制电路来尝试一些实践；还是在你解释它是如何运作之前，学生们应该设计并制作一个电路？如果学生没有基本的理解能力，他们能否通过电子设备来探索和设计解决方案呢？

进行电子设计时，一种方法是提供更开放的环境，学生可以定义一系列问题，这些问题可以通过控制提供潜在解决方案，例如："我如何知道某人是否正在接近我的房间？"这使得学生有机会探索各种解决方案，例如一系列的输入和输出。学生可能需要探索各种控制过程，例如计时器和放大器，这可能使得这些方法看起来很复杂。但是，这种情况下使用微控制器是一个非常可行的方法。电路可以采用套件形式，但是可以选择一系列输入和输出选项与电路连接,同时还可以通过编程产生多个控制解决方案。

任务5.5　设计电子产品/控制(不是盒子!)

在一张A3纸或电子表格上,画一张表,表格5列,如表5.6所示。选择一些一般的主题去探索。你可能会从课程指导中得到想法,或者从学校的工作计划中得到启发或者想象力。

表5.6　创意生成活动的潜在系统

主题	可能问题	输入	处理	输出
家	孩子的夜灯	光传感器	计时器	发光二极管
孩子们				
社区				
健康				

对于你在第一列中确定的每一个主题,在第2列中考虑到可能出现的,并且可以通过电子设备的设计来解决的问题。在最后的三列中,尝试确定你可以使用的输入、处理和输出,以构建一个设备来解决困难/问题。表中给了你一个简单的例子。

完成表格后,思考:

- 你在什么时候发现你需要三列以上?什么时候需要考虑两个或多个输入,多重处理或多个潜在的输出?
- 是否有哪个主题过于"封闭",也就是说,提供很少的机会来改变电子解决方案?
- 是否有哪个主题非常"开放",从而为学生提供更好的可能性来发展多种解决方案?
- 你能把一个主题发展成一个初中教学的工作计划吗?如果是的话,你还需要做什么?它能引起一系列的解决方案吗?

它可以帮助你利用系统图来绘制潜在的想法,一些教师还使用卡片来建立一个快速的电路流程图——从一堆输入卡片、过程卡片和输出卡片中选择表示他们的想法。

找到合适的项目,让你把学习重点放在你想要的地方,这对你来说是一个挑战,因为找到你认为合适的或者有吸引力的环境是一个挑战。表5.6可以和学生一起使用。在设计和技术协会网站(www.data.org.uk)上也有类似的方法,其中电子与数字设计和技术部分概述了方法,并且在学校课程框架中有与电子产品的链接。

很明显,为制造而进行的电路设计与使用工具包是非常不同的。学生们需要考虑和计划各元件之间的连接线路,这些线路必须经过测试和制造,如果印刷电路板需要重新改造,错误可能会很昂贵。然而,对许多教师来说,这是电子产品的真正挑战:学生设计电路时要使用多个元件,并在它们之间进行路径跟踪。然后,学生们可以探索在他们的外壳或设备中安装电路的问题,并研究如何将电路板作为整体产品设计的一部分来塑造或拆分。这可能意味着学生面临复杂的设计决策,并意识到解决方案可能不会一次奏效,但你可以帮助他们把失败看成是一个起点——当某样东西不工作时,乐趣就开始了——成为一名侦探,并试图找到原因,使用线索和彻底检查所有组件的不在场证明。

3. 虚拟设计与仿真

被用作教学工具的计算机模拟现在是学校教育的重要组成部分,在英国,它们在电子技术教学方面的应用有很长的历史,并且已经开发了一些很好的范例。在学校里,你可能会接触到这些商业软件包,旨在帮助学生在电子和机械控制方面发展他们的能力和理解,以及能够编写可编程微控制器的程序。

微电子电路的设计和生产可以通过使用计算机模拟包来实现,这种模拟包使得学生可以在计算机屏幕上建立、组合、检查和测试电子电路。许多系统能够模拟结果,显示错误,允许学生改变数值去探索和检查他们的设计决策的影响。电路也可以直接导出到印刷电路板设计系统中,这些系统可以在元件之间进行路径跟踪,然后可以模拟,以确保在昂贵的制造之前功能是可行的。一些系统允许电路图、印刷电路板设计和控制程序在一个包中测试,显示屏幕上的多个窗口,允许学生真正地发展他们的理解。

类似的软件包也可以用于教授其他控制原理,如机械和气动。使用这些方法,学生们可以在建构物理模型获得最终结果之前相对轻松地构思和测试想法,而不会有损坏昂贵元件的风险。一些软件包现在集成了所有这些元素,并允许实时反馈到制造的微控制器电路,允许用户通过计算机在实际的电路板上测试电路功能的元素,从而帮助故障查找和复杂的操作,例如模拟传感器的校准。

使用模拟可以对学生的进步产生潜在的积极影响。风险可以被承担,错误可以产生,想法被建模和测试,学生可以"设计"电子产品,这与组装预先购买的电路组件的简单施工任务有很大的不同。人们常常认为,教授电子设备缺乏创造性的机会(McLellan and Nicholl 2013),但使用微控制器和虚拟软件包为教师和学生创造性地探索和发展电子产品提供了真正的机会。

4. 伦理方面的考虑

在学校中使用机器人以及电子和控制技术时,也应该考虑到使用系统和组件可能对环境和社会产生的影响。在制造微芯片的过程中,有一些元素不能被回收利用,还有许多"有争议"的矿物质被用于生产组件。在电路的制造过程中,特别是印刷电路板的商业蚀刻中,使用了许多化学物质,这就需要适当的、安全的处理方法。随着设备变得越来越便宜,越来越多的用户可以获得这些设备,而且随着改进的速度越来越快,使得更新的设备总是更有吸引力。日益增长的设备生产将增加对环境和社会影响。

机器人技术的发展也导致了许多问题。例如,机器人适合做什么?逐渐增加的机器人使用对人类活动产生什么样的影响?可能会开发出有反人类行为的机器人吗?随着机器人智能的发展,它们也会有权利吗?

在讲授电子和机器人技术时,重要的是要让学生意识到这些伦理方面的问题,尽管对于其中一些人可能是困难的。你可以考虑将伦理考量作为你评估学生工作的一部分,要求学生在考核或评估中包含它,或者对潜在的利益和威胁进行课堂讨论。更多关于教学价值观的内容见第16章。

总结

机器人、电子和驱动控制技术(REACT)对设计和技术课程做出了非常令人兴奋的贡献。在技术变革时代,它们与计算机科学一样,作为学生课程经验的重要部分,可以跨越所有的物质领域,并显示出真正的发展潜力。希望这一章能激发你去思考如何提高你的学科知识,以及如何让学生通过真实、互动的产品和系统吸引学生,真正地把设计和技术项目带到生活中去。

就像设计和技术的所有方面一样,这是一个相互联系的不断发展和扩展的学科领域,对于课程的改革你需要保持积极态度,并确保你的知识和技能得到及时更新。

尽管电子技术可能是你的专业领域,但建议你阅读所有的学科知识章节,因为所有领域都紧密联系,这将帮助你找到其他方法来拓宽和发展你的学科知识。阅读这些章节也会给让你了解该学科的概况以及跨学科方法中可能存在的协同效应。

第6章 准备教授食品技术

玛丽昂·拉特兰和格温内思·欧文-杰克逊(Marion Rutland and Gwyneth Owen-Jackson)

介绍

本章考虑到了专门从事中学食品技术的设计和技术教师所需的知识、认识和技能。这不是一门"食品研究"课程，而是一门指出食品技术教师应当教授的内容以及如何通过食品来教授设计和技术原理的课程。文章讨论了初中和高中阶段的食品技术教学所需要的，正如食品技术专家对其他课程如餐饮和课外活动所作出的努力。

作为一名食品技术教师，你很可能拥有家政、食品科学、食品技术或餐饮学位，也可能有食品业或酒店行业的相关行业经验。在这样的背景下，你会有一些教授食品技术所需的知识和技能。但是，食品技术的范围很广泛，你所拥有的任何资质或行业经验不太可能涵盖你需要教授的所有要素。因此，你需要发展自己的知识和技能，进而有信心地完成学校教学项目的方方面面。在本章最后"更多的阅读"的部分，可以找到有关特定领域的知识、认知和技能的信息。

学习目标

学完本章的内容，你应该：

- ★ 熟悉初中级食品技术课程的框架
- ★ 熟悉食品技术考试规范中的学科内容
- ★ 了解一些食品专家可以做出贡献的非设计和技术的课程
- ★ 了解学校中食品的更广泛的背景
- ★ 审核你自己的学科知识，并了解有关学科知识可能需要的发展

一、食品技术是什么

考虑到当今学校中的食品技术,我们需要回顾一下它在学校课程中的发展。在英格兰,与食品有关的学校课程的起源可以追溯到19世纪40年代,当时为了让女孩为低薪工作和家庭生活做好准备(拉特兰郡1997,2006),引入了烹饪和家庭经济方面的基本培训。女孩主要接受简单的烹饪培训以及一些有关营养和家庭资源管理的教学。

在19世纪和20世纪的上半叶,有两个主题重新出现,证明了在学校开展食物相关课程的合理性。这两个主题相互关联,包含:

- 社会需求,让学生为未来成人生活中的家务工作做好准备,对于女孩来说,也就意味着学习烹饪、缝纫和家务劳动。
- 经济需求,让学生为就业做好准备,对于女孩来说主要指有报酬的家政工作。虽然在20世纪初,女子文法学校①引入家政学,这些学校重点强调营养学和科学,但普通中学仍然继续为女孩提供烹饪课程。

这些主题及它们的目的与当时盛行的关于性别的态度有关,即人们普遍认为女孩和男孩需要不同类型的教育。他们为男孩提供了有关技术类、木工和金属制品的课程,以便他们能够在需要技能的劳动力队伍中找到自己的工作,而女孩则学习家政课程,为了做饭及照顾家人。20世纪两次世界大战期间,妇女担任了很多不同种类的角色,但是这些妇女的角色仍对这些有关性别的态度影响不大。

不过,在20世纪60年代,这些态度开始逐渐受到教育家和女权主义者的挑战。英国的"性别歧视法"(1975年)是一个里程碑,因为它规定学校中的性别歧视是非法行为,并要求女孩和男孩可以平等地进入到所有的课程领域,包括手工艺领域。其中一个不幸的后果是个别领域的教学时间被削减了,许多学校引入了"轮换"时间表,这种情况在当今许多学校仍然普遍存在,也就是学生每年在每一个手工艺领域中要花费几周时间。在这期间,学习的科目从家政学变为家庭科学,然后转变为家庭经济学。虽然每次转变都在试图拓宽和深化这个学科,但它仍然聚焦在家庭。

英国国家课程技术(DES 1990)的引入将家庭经济学和手工艺,设计和技术(CDT)合并成一门关注设计和制造的学科。这门新学科的引入几乎没有什么准备和培训,以

---

① 译者注:文法学校(grammar school)英国教育体制中一种以学术为导向的学校,一般对学生的学术水平要求较高,其教育是为高等教育做准备。

致于让教师,特别是食品教师,对一些术语和新的工作方式感到困惑和陌生。食品被认为是设计和制作的一种材料,但是对于其含义却很少有具体解释的例子(Rutland 2006)。在英国之后,也有其他国家将技术引入到学校课程,但并非所有的这些国家都引入了食品,食品在学校课程中的地位仍然是一个争论话题。

作为一门逐渐被人所知的学科,食品技术教学需要将重点从家庭转向商业生产(DfE 1992);长期以来,食品技术被看作是一种单纯的家庭烹饪,给人印象其地位较低,这种印象长久以来一直影响着这门学科,而教学重点的转变给这门学科带来了根本性的变化。一些教师重视食品与社会之间的联系,并认为随着食品技术的焦点从家庭转向工业,这种联系会随之消失。一些教师认为了解食品应该是一种生活技能,并同意史密瑟斯(Smithers)和鲁宾逊(Robinson)的观点(1992:15),"烹饪、计算机使用、利用文字处理器填写表格虽受技术的影响,但这些并不一定是技术的一部分",烹饪应该是课程中的一门独立学科。然而,随着食品技术的焦点从家庭转向工业,其他教师看到了新的令人兴奋的挑战,这些挑战为食品教学的发展带来了机会(Jackson 1992;Lawson 2013)。当时,全球的食品工业是一个庞大而有影响力的实体,为男女生提供了一系列高级职位,一些教师认为教授食品相关的课程,能为学生在食品行业工作做准备。

任务6.1 关于食品的学习

思考你在学校和其他地方所受到的教育,简要记录你学到的有关食品的东西、它表现出的关于食品学习的观点以及它对你来说的价值。

自英国的国家课程开始以来,食品一直是设计和技术的一部分。然而,英国政府为了解决儿童肥胖问题,从2007年开始实施"烹饪许可证"计划,并且一直持续到2011年。这个计划要求学校每年为11—14岁的学生提供8个小时的"烹饪课程"以鼓励健康饮食。许多学校通过食品技术课进行教学,如果这不可行,那么将在午餐会或课后俱乐部进行教学。

在英格兰2014年的国家课程中,食品技术仍在设计和技术范畴内,但有一节标题为"烹饪和营养"的课程。这让食品教学在课程中的用途和功能变得更加不清晰。当学生在家庭和工业环境中需要用食材进行设计和制作时,他们还需要"学习如何烹饪"。学习如何烹饪被称为"关键的生活技能",但课程文件没有说明这一技能的学习如何与整个设计和技术的特征一致,也没有说明在不理解食材、食品科学和现代食品技术的情况下,学习烹饪如何使21世纪的学生为公民或求职者身分做好准备。

这个要求是由于对国家健康的持续担忧而引入的。许多国家对与饮食有关的健康问题,如肥胖(特别是儿童)、癌症、心脏病、高血压、糖尿病、营养不良等感到担忧。这些都引起了对于在学校课程中教授食品技术的目的的争论。有人认为,为了解决健康问题,学生应该学习生活技能和烹饪,而另一些人则认为除了学习烹饪之外,还应该教授学生食品开发中涉及的成分和过程的基本科学原理。他们认为,在21世纪,让食品技术与学生建立更多联系并且使其具有一定的挑战性(Lawson 2013)非常重要。

其他国家和地区同样面临这种紧张局势(例如,见 Turner 2011),并有不同的应对举措。威尔士的学校在设计和技术课程中教授食品;北爱尔兰则在家庭经济学中教授食品技术;而在苏格兰,食品被包括在"技术"课程和"健康与幸福"课程领域,前者侧重设计,并用食品制作作品,后者关注食品与健康。在澳大利亚,食品是在"技术和企业"中教授的,但这门课被称为家庭经济学;而在新西兰,"技术"课程涉及教学食品技术。无论食品技术在你的国家处于什么样的地位,对你而言,不仅需要知道和理解任何国家课程或指导的要求,还要考虑并反思你对食品教学目的的看法,因为这会影响你教什么以及如何教。

任务6.2　食品技术的课程要求

　　从学校或政府教育网站获取设计和技术、技术、食品技术或家政学的课程或指导文件。阅读这些文件并尝试确定在学校课程中有关食品的教学目的和功能。

二、用食品进行设计和制作

很多人认为学生不能用食品进行设计和制作。但是,如果设计和制作过程包含以下活动,例如:

- 确定需求并制定设计简介和规范。
- 思考可能的产品/解决方案。
- 进行产品开发以测试和检验想法。
- 计划制作过程,适当并安全地使用设备。
- 进行产品评估。

那么,这些活动可以用食品来完成。图6.1显示了用食品进行设计和制作所需的知识和技能的模型。

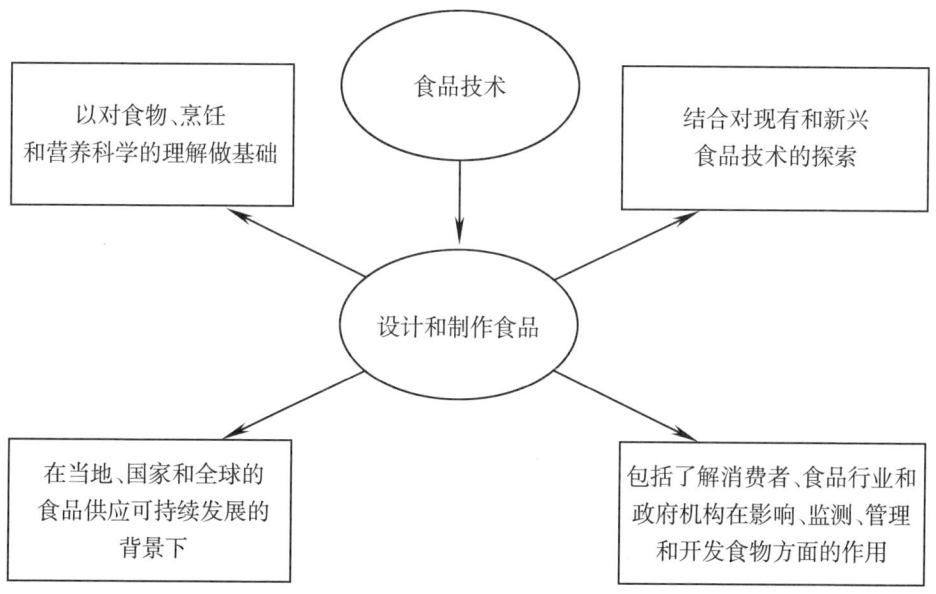

图6.1 食品技术的概念框架(来源:Rutland 2010)

1. 设计

虽然批评食品技术的人认为学生不能用食品进行设计,但如果考虑到所涉及的活动,你会发现这些活动可以应用到食品中,这个过程称为食物产品开发。这个过程很复杂,但仍然可以分解为以下几个阶段:

- 确定设计需求。
- 调查研究以获取更多信息。

- 将理论知识应用于实际问题。
- 生成可能的解决方案。
- 检验可能的想法。
- 选择最佳拟合解决方案。
- 通过建构和制作获得解决方案。

当然,在现实中,这并不像这里展示的那样是一个线性的过程。在整个过程中都将有研究和评估,且建模也可能发生在几个节点上。现在,我们要考虑把这些活动应用于食物产品开发:

- 老师可能给学生展示特定消费群体的需求或某个制造商的需求,或者通过其他活动体现这些需求。例如,学生可能被要求为青少年素食者或是一个希望推动季节性销售的制造商设计一种新的食品。
- 开展研究来帮助学生进一步了解消费者的需求,或者研究现有产品,例如青少年的营养需求或现有的季节性产品。
- 可能需要特别教授理论知识,例如营养、食物特性、制作方法和感官分析。
- 然后,学生可以提出可能的食谱、食物或菜肴,可能是全新的也可能是现有产品的改造。
- 对一系列想法的测试,可能涉及到营养分析、成本计算和用以测试味道、颜色和质地的做菜过程。
- 从测试结果中可以进一步开发一二个食谱来生产那些符合特定需求的食品。

如果你使用第12章描述的头脑风暴法分析这些过程,你能够想到更多不同层次的活动。

在工业中,食品开发人员通常被要求按照规范工作。规范中列出了产品必须满足的标准,例如在以下方面:

- 成本
- 大小
- 形状
- 成分
- 风味
- 颜色

- 营养价值

在学校里,你可以为学生设定一个工作规范,这个规范可能很简单,也可能较复杂。在初中阶段,学生可能只能达到一二个标准,例如以有限的成本生产具有特定成分的产品。但是随着他们变得更有经验,标准可以变得更加复杂,可能涉及成分、成本、营养价值、烹饪方法和保质期。遵守规范,要求学生仔细考虑他们正在开发的菜肴,以确保其符合标准。不过,菜肴的开发可能是对现有配方的改编。期望学生每次都能发明新的东西是不现实的,因为这需要时间和资源,但是你只要看到产品的广泛差异,例如带有生姜的切达干酪,鸡肉比萨饼或者日益增加的各种味道的汤,那么这些产品不难通过对现有产品的改造而得到。

食品技术设计决策模型(如图6.2所示)可以帮助学生系统地思考他们的设计决策,从而改进或改变现有的设计和制造。教师可以使用它作为规划工具来确保学生进行技术、美学、结构和营销设计决策,并显示一系列设计任务的进展情况。学生可以使用该模型来反思他们在开发产品时做出的设计决策。为了生成和开发符合设定诉求的产品,我们可以仅针对一个或几个不同方面作出决定。

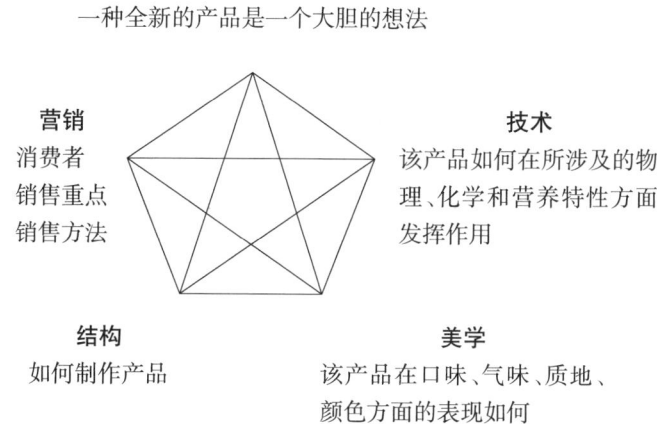

图6.2 食品技术的设计决策模型(来源:Rutland等2005)

任务6.3 食品技术中的设计决策

想象一下,你被要求开发一种在超市的冷藏食品区销售的无肉食品。使用模型中的标题,注意你如何丰富、更改和改造产品,以适应以下人群的需求:
- 年轻的城市职业工人
- 5—8岁的儿童
- 老年消费者

如果你发现任务6.3的各个方面都很困难,那么通过使用其他设计纲要(可能是你们学校所使用的设计纲要)来进行进一步的实践,并与你的实践导师,指导教师或其他在校教师讨论你的工作,直到你确信自己明白这个过程。当你对这个过程充满信心时,想一想你会如何教学生:

- 你需要什么学科知识?
- 学生需要了解或学习什么?
- 你将如何带领他们完成整个过程?
- 他们会对这项工作有什么感想?

2. 制作

制作技巧可以很简单,比如制作一块蛋糕,也可以很复杂,比如剔骨和滚鸡肉。在规划将教授哪些技能以及何时教授时,应该考虑所涉及的难度水平并且精心安排学习过程,以便学生能从简单的任务转向比较困难的任务。要注意的是,简单的食物不一定意味着简单的制作任务。对于低龄学生来说,最困难的菜肴之一是烤饼,这是一种简单的产品,但是让混合物达到适当的稠度,有时是很困难的!重要的是,所教的每门技能都有一个有意义的目的,因此技能的教学应该被仔细安排,以将其与设计、学生学习计划中的知识和理解部分联系起来。

在为学生选择适合的实践工作时,记住以下几点也很重要:

- 学生通常会自己提供配料,所以你需要确保最终能生成一个好的产品并且成本不会过高。

- 可用时间——包括准备、清理以及烹饪时间。
- 为了达到学习目的的实践工作的适切性。

另一种你可能考虑到的实践工作是实验性工作。在这个工作中,学生既学习实践技能又进行调查和实验。例如,在学习如何制作酥油酥皮糕点时,他们可以改变使用的脂肪类型或用量,或者在制作一批可口的烤饼时,可以使用不同的烹饪方法,并且对比它们的结果。你应该为这类工作提供材料。因此,实验工作的可能实现程度将取决于学校的资源。

任务6.4　确定制造技能

阅读你必须遵循的课程纲要或考试规范,并确定所需的制作技巧。尝试按照从最简单到最困难的顺序列出这些技能。与你的实践导师讨论:学生眼中哪些制作技巧最简单,哪些是最困难的。

任务6.5　关于食品的设计和制造

如果你的背景没有涉及设计工作或食品开发,那么可以尝试通过上述"设计和制作"流程,仅使用当季或当地种植的食材开发新的可口的休闲食品。当你这样做时,注意你做了什么,怎么做的,以及你对每个阶段的反应。

你认为是否有可能在食品技术中进行设计和制作?

三、初中的食品技术

食品技术课程的一般原则要求你教导学生设计和制作食品。为了能够用食材进行设计和制作,学生不仅需要培养他们的实践技能,还需要了解食材的知识、影响食物反应的科学概念原理、营养和烹饪过程、食品制作,以及消费者、生产者和政府对食品生产的影响。

任务6.6　初中的食品技术

在阅读下一部分之前,请记下你认为在初中应该教授什么内容。在下列标题下面列出您的想法:
- 学科知识
- 工具和材料
- 过程和技能

1. 学科知识

大多数食品研究课程涵盖了类似以下的一些方面,包括:
- 营养

指的是食物中的宏观和微量营养素,食品的功能和食物的来源。我们应该教导学生准备食材和烹饪过程对食物营养价值的影响,"饮食"应该如何包含广泛和均衡的营养素,以及健康饮食的含义。我们应该教他们不同人群的营养需求;在英国,政府制定的膳食参考价值表中给出了这些内容。

- 食品科学

研究的是和营养成分的化学组成有关的知识以及烹饪过程中这些化学组成是如何改变的。学生需要了解农产品的物理特性以及这些特性如何被应用于制作食品的过程。食品科学知识也与健康饮食有关,因此你需要教授有关健康饮食的内容,例如脂肪或反式脂肪的氢化。

- 能量

能量如何通过辐射、传导和对流转移到食物中,以及能量转移对食物的影响。你也可以教授能源成本、节约和效率。你还应该教授关于人类能量的知识,让学生了解理解基础代谢率(BMR)的重要性以及为保持健康而维持能量平衡的必要性。

- 烹饪方法

烹饪方法的选择取决于烹饪食物的类型、工具、设备和时间、个人的特殊需求和选择以及厨师的技能。

- 食品保存

研究是什么导致食品变质以及防止这种变质的方法;各种保鲜技术对食品的影响以及每种方法的工作原理,食物中毒的原因和影响。第3章讨论健康和安全问题,你应熟悉和食品有关的法规,并能够将健康和安全流程应用于实践工作中。如果你尚未拥有基本或基础等级的食品卫生证书,则强烈建议你联系当地政府的环境卫生办公室,询问有关课程并获得此证书。这是一门简单的课程,需要六个小时的教学,并通过一个简短的考试进行评估。一旦你有了这个,你可以申请在环境卫生工作人员协会进行注册,这能让你在你所在学校教授课程。

- 感官分析

包括可用于测试和评估食品的一系列技术,如何实施这些技术、记录并使用测试评估结果。 欧文-杰克逊(2001)的论文中有更多关于这方面的信息。

- 质量

包括食品质量的重要性。学生需要了解质量保证和质量控制系统,并能够应用危害分析和关键控制流程(HACCP)系统。

- 文化、社会以及政治背景

应让学生认识到文化和社会对食物的影响,例如,食物的选择可能受收入、宗教或文化的影响。还应让学生认识到政府在食品问题上的作用。

- 粮食供应和可持续性

让学生意识到当地和全球粮食的供应,可获得性和可持续性问题,例如粮食生产和消费对社会和环境的影响,这一点越来越重要。

2. 工具和材料

由于经费限制,可供学生使用的工具可能会受到限制,但仍然包括基本的手工工具和食品设备:

- 刀(用于不同用途的不同刀具)
- 不同尺寸的调羹
- 勺子,刮铲,串肉扦,搅拌器和类似工具
- 食物温度计和温度探头
- 不同尺寸和不同用途的炖锅

- 食品混合器/搅拌器
- 微波炉

有些学校会幸运地拥有诸如隧道式烘箱或急速冷却器等设备来复制工业流程。初中学生可能学习的食品包括:

- 面粉和谷物
- 鸡蛋和奶制品生产
- 肉类和鱼类
- 蔬菜和水果

在大多数学校里,学生都会自带食材来上烹饪实践课程,但你也应该保存充足的基本食材以及草药和香料。

3. 过程和技巧

学生需要培养他们的实用食品技能,并了解在准备一系列食品时所要涉及的过程。在初中,这些食品可能包括:

- 烘焙产品:蛋糕和饼干,糕点和面包。
- 制作方法:搓揉,揉面,融化,搅拌,一体化,揉捏,折叠,揉捻,成型,切制。
- 酱料制作:面糊,混合,一体化。
- 水果和蔬菜制品。
- 肉,鱼,替代性蛋白质食品。
- 润饰:酥皮,浇浆汁,加装饰菜,褡条纹花饰,挂糖粉和着色。

根据你所教的内容,也可以教给学生工业食品生产知识,例如:

- 食材在产品中的作用。
- 应用于食品工业的感官评估技术。
- 大规模制备和生产方法。
- 食品保鲜,储存和保质期。
- 成本统计。
- 消费者行为和食品选择。
- 健康和安全法规要求。

所教的内容不仅取决于政府课程或指导文件中确定的学校课程中食物的用途,还取决于教学时间和其他可用资源。

4. 烹饪和营养

在英格兰,国家课程还要求学生学习"烹饪和营养"(DfE 2013)。他们应该学会:
- 理解和运用营养和健康原理。
- 为自己和他人烹调可口的菜肴,并以此作为健康饮食和多样化饮食的一部分。
- 熟练掌握一系列烹饪技术。
- 了解各种各样的食材。

这只是他们使用食品完成工作任务的一部分,学生仍然可以通过食品技术来学习设计和技术。因此,烹饪和营养的要求可以通过开展食品技术的教学来满足。但是,我们建议你记录下你的教学过程,从而清楚地展示你的课程中涵盖了烹饪和营养需求的哪些方面。

四、会考阶段的食品技术

作为一名食品技术专家,您需要帮助学生完成会考阶段的学习。食品方面可参加的考试因你所在的地区、开设食品技术课程的认证机构以及食品的考试内容而异。考试的内容可能是食品技术,但它可能被命名为家政学、餐饮、食品研究等类似名称。考试规范通常是高中教学内容的主要决定因素,尽管不同考试机构的规范略有不同,但它们往往涵盖了很多相同的内容。

1. 学科知识

大多数考试规范要求的学科知识包括:
- 基本食物商品的成分、结构和特性。
- 使用现代和改良食品,如改良性淀粉。
- 食品的特性,包括营养价值。
- 人类营养需求和喜好。
- 食品的保存和储存。
- 食品制备和烹饪设备。

- 食品制备和烹饪方法。
- 食品制造工艺和系统。
- 食品相关的卫生、健康和安全问题。
- 食品包装和零售。
- 食品质量,包括感官品质,食品检测和介绍。
- 食品生产和消费的社会和经济影响。

学生还需要了解商业食品生产方法:分批/工艺生产、成批生产、批量生产、持续流动。如何在食品生产中使用计算机辅助设计(CAD)和计算机辅助制造(CAM),以及质量保证和质量控制程序对于防止食品生产中的一些问题和确保生产稳定性的重要性。此外,他们需要了解纳米技术在食品工业中的作用。

你会从这份清单中看到,会考阶段和初中阶段的要求大致相同,但是在教授知识的深度和复杂度上有所不同。例如,在初中阶段,学生将更有可能学习不同营养素的名称及其来源,而在会考阶段,他们将学习营养素的化学结构。在初中阶段,他们可能会明白,过度煮熟的蛋白质会导致它们硬化,而在会考阶段,他们会理解导致这种变化的变性过程。考试也可能更集中在食物的某个特定方面,例如餐饮或营养。

2. 工具、材料和工艺

学生需要展示他们的制作技巧,并能够根据该任务的选择,使用合适的食料制备设备。因此,学生在初中具备良好的基础,熟悉各种工具和设备,了解不同工具的不同特点和用途,并能适当地进行选择,这些非常重要。他们也需要将他们的实践技能发展到更高的层次,以便他们有信心地使用材料。

任务6.7　考试要求

从学校或认证机构的网站上获取学校所用考试规范的副本。仔细阅读并熟悉它。如果您有任何不确定的方面,请与实践导师讨论。

在英格兰，GCSE[①]考试会被定期修改，并对设计和技术考试内容进行更改。这些也适用于其他使用英语考试的国家。因此，建议你检查学校中使用的GCSE考试，并熟悉其要求。

3. 16岁以上学生的食品技术

英国的设计和技术的A级规范：食品技术旨在进一步培养学生的设计和技术能力，以及他们在食品方面的知识和技能、价值观和态度。除了设计和制作外，学生还需要详细研究：

- 食品商品，包括现代和智能加工的食品
- 营养
- 食品的特性和功能，食品科学
- 食品加工（重点在于工业和商业实践中的食品加工）
- 产品开发
- 包装和标签
- 质量问题
- 健康和安全
- 食品营销和消费者问题

当然，他们还会进一步发展他们的实践技能。在GCSE考试级别，你的学校可能会遵循针对16岁以上学生的不同的食品规范。

任务6.8 大学预备科考试要求

从学校或认证机构的网站获取学校所使用的大学预备科考试规范的副本，仔细阅读并熟悉它。如果你有任何不确定的方面，请与实践导师讨论。

---

① 译者注：GCSE，普通中等教育证书（General Certificate of Secondary Education）。在英国，中学阶段（secondary school）学生需要参加中等教育会考，以获得普通中等教育证书。

五、学校里的食品学习

除了食品技术之外,有些学校还提供餐饮、健康和社会保健等课程。他们可能会提供以跨课程为重点的丰富活动,例如科学、技术、工程和数学(STEM)俱乐部,挑战或速成课程(Banks and Barlex 2014)等,这些课程包括有关食品的实践工作。有些学校还提供课后烹饪俱乐部。食品技术教师可以为所有非设计和技术类食品课程和活动做出贡献。

餐饮课程可以让学生为该领域的工作做好准备,这些课程适合那些想要在这方面有广泛背景以及那些希望进一步接受教育的人。除了实践工作之外,学生还学习酒店和餐饮供应的各个方面,包括商业运营、事件监督、市场营销和安全问题。学校可能会提供额外的可选的学习单元,例如提供食物和饮料供应或基本营养的单元。为了扩展你在这些领域的学科知识和技能,你需要询问有关工作实习或访问的可能性。

健康和社会保健是为青年人在这些领域工作做好准备的一门课程,其中涵盖饮食、健康和幸福方面的单元。如果你需要在这些领域发展学科知识,那么安排一次工作实习将是很理想的。与你的实践导师、指导教师或负责学校工作人员发展的人讨论组织此事的可能性。如果这行不通,那么尝试在你自己有空的时候为你自己安排一二次到当地组织的访问。通过这样做,你所建立的人际关系和发展的知识和技能将会十分有价值。

个别学校,甚至个别教师有时也会在午餐时间或放学后提供课外活动。食品俱乐部通常专注于实践工作,并受到学生的欢迎。你需要思考你是否想参与这样一个俱乐部,这可能会很费时,但会有助于发展你与学生的关系,有助于他们了解食物,并可能鼓励他们将该科目学习钻研到会考阶段。

六、审核你在食品技术上的学科知识

考虑到学生在初中和高中的食品技术学习内容,你现在需要思考你拥有什么知识和技能,以及需要发展什么知识和技能。

任务6.9 审核你的学科知识和技能

使用图6.3,对你现有的学科知识进行审核。勾选对应栏目以显示你当前的知识水平或技能。

对于你几乎没有/没有或有一些知识的方面,你需要计划你将如何在这些领域发展。使用以下标题创建行动计划:
- 需要发展的知识/技能
- 要采取的行动
- 完成/审查日期

要采取的行动可能包括阅读教科书或网站,学习和练习技能,与学校的学生一起工作,参加额外的课程或夜校。你应该与指导教师或实践导师讨论此行动计划,并定期对其进行回顾,以监控你的进度。

	具备很多	具备一些	不具备
设计和制作食物产品			
A 设计			
设计策略			
1. 产品评价			
2. 特质分析			
3. 图片展板			
4. 用户分析			
5. 感官分析			
6. 营养分析			
7. 修改食谱——改变风味,质地,形状,回味,烹饪方式和营养成分			
B 制作			

（续表）

	具备很多	具备一些	不具备
混合食物材料的方式			
1. 研磨			
2. 搅成糊状			
3. 混合			
4. 拌入			
5. 搅打			
6. 揉捏			
7. 拌和			
产品发展阶段			
1. 理解市场的最初想法			
2. 制定一个规范			
3. 产品发展			
4. 产品测试			
5. 包装			
设计决策			
1. 概念的			
2. 技术的			
3. 美学的			
4. 结构的			
5. 营销的			
食品选择			

(续表)

	具备很多	具备一些	不具备
1. 健康膳食指南			
2. 了解目标市场的需求			
以对食品、烹饪、营养科学的理解为基础			
食品性质			
1. 物理			
2. 外观			
3. 口味			
了解原料作用			
1. 胶质			
2. 膨松剂——医药学,化学,生物学			
3. 增稠剂——胶凝,蛋白凝固			
烹饪食品			
1. 不同的烹饪方法			
2. 食品被烹饪时的现象			
3. 食品被烹饪时的改变			
4. 收尾工作			
营养			
1. 营养素,糖类,蛋白质,脂肪,维他命和矿物质			
2. 营养摄取量——参照营养物摄取量			
3. 食品的营养成分			
结合对现有和新兴食品技术的探索			

（续表）

	具备很多	具备一些	不具备
1. 保存食品的方法——延长保质期,保存食品			
2. 食品工业使用的制造工序			
3. 新兴的食品技术——转基因食品,纳米技术			
4. 食品包装的新方法			
5. 食用高度加工食品的影响			
当地、全国、全球食品供应的可持续发展的背景			
1. 食品来源——它们是从哪儿来的			
2. 它们是怎么被种植的			
3. 它们是怎么被运输			
4. 里程			
5. 食品浪费			
6. 食品可持续性的国家以及全球的问题			
鉴别消费者,食品行业和政府机构在影响,监测,管理和开发我们所吃的食品方面的作用			
1. 如何成为知情消费者			
2. 能够对吃的食品做出明智的决定			
3. 食品工业的结构以及其对我们生活方式的影响			
4. 政府机关的角色和支持			

图6.3 审核食品技术学科知识的框架

为了有效地教学,你不仅应该充满信心并掌握广泛的制作技巧,而且如果学生在制作过程中出错,你需要知道该怎么做。例如如何正确地处理过于稀湿、过于干燥或不能成型的糕点混合物,或者如何拯救块状酱油。这意味着你的知识不仅仅是表面知识——不仅要"知道如何做",而且要能够做。换句话说,你需要了解当你处理材料时正在发生些什么,并能够解释在每个制作阶段发生的事情。如果有些地方你不确定,熟练掌握的最好方法是不断地练习。同时注意观察你的实践导师或其他同事是如何教授制作技巧的,并注意他们说了什么以及做了什么。拓展阅读部分列出的书籍也将有助于发展您的食品科学知识。

有时候你会在整个班级活动中或是小组活动向学生展示制作技巧。当你这样做时,你需要能够一边做,一边谈,这是需要练习的。在提升制作技巧的同时,尝试讨论配料、其重量和比例、涉及的过程、营养方面、健康和安全以及质量控制因素。你可以在家里练习这个,你可以一个人,或是有家人或朋友作为观众!

七、教学理念及方法

第12章讨论设计和技术的教学策略,但是你需要考虑如何将这些策略应用于食品技术的教学。在你的教学中,有些时候你会使用展览、解释、质疑、小组工作和示范等策略,第12章的指导将会对教学有帮助。 然而,有些教学方面是专门面向食品技术的,特别是实践课。

课程开始:

- 确保学生收好书包和外套衣服,并了解实践课程的准备步骤,例如他们需要戴围裙、洗手、绑好头发和准备工作台面。
- 确保每个学生都知道他/她将在课程中做些什么,并且可以清晰明确地集中注意力于课程上。
- 你可能需要提醒学生卫生和安全的相关程序。

课程中——实践课:

- 无论学生是都在准备同一道菜还是单独工作,你都需要确保他们遵守卫生和安全程序(见第3章)。不断对房间进行检查,观察并听取学生正在做的事情,以确保他们在按要求进行活动。尽量抽出时间站出来观察一下,即使只有半分钟,因为这可以让你发现一个学生是遇到了困难还是在做一些错误的事情——可以立即予以处理。

- 如果有必要,做一个"现场示范",在这个活动里你召集所有的学生来展示一种特定的技能或技巧。这可能是他们将要做的事情,或者是你见过几个学生遇到的困难。现场示范应该重点突出且快速地进行。
- 不断提醒学生时间以及他们在给定的时间应该做什么。

课程中——理论课:

- 理论课经常在实际的工作室中进行,因此尽量确保学生能够舒适地在操作台上工作。
- 让学生保持忙碌和专注,避免他们会忍不住玩抽屉和橱柜中的设备。
- 可能你在上实践课的时候,有些学生还在研究理论知识,可能是因为忘记带原料或因为缺席了之前的课程。如果是这种情况,他们做的活动也应该是相关的并且让他们投入其中。让这些学生坐在一起,并且确保你在课上监督他们的工作。

课程结束:

- 建立课程结束后清理的常规——谁洗盘子,怎么做,脏衣物放哪,谁清理工作台面,热熟食放哪。学生需要学习这些常规,以便他们能迅速且从容地结束这个课程。但建立常规确实需要时间,并且你需要确定你期望学生做些什么。
- 统计已使用的刀具和其他设备的数量。
- 提醒学生什么时候厨具应该从烤箱取出,什么时候应该清洗,什么时候应该收拾。
- 如果可能的话,在课程结束时留出时间来总结所学的知识(而不是在课上做了什么工作),并确保课程能有一个恰当的结尾。
- 在学生离开前检查房间——确保餐具和设备已经被清洗干净并放在正确的位置。水槽保持干净,脏衣物已经被放在正确的地方。如果你在学生离开前不检查房间,并让他们把这些事情做好,那么这些事就将会是你自己的任务。

规划教学的时候另一个重要考虑因素就是如何呈现内容。现在有一些已经"经过尝试和测试"的信息呈现方式,例如将需要结合在一起的补体蛋白描述为构建坚固墙壁的构件(参见图6.4)。

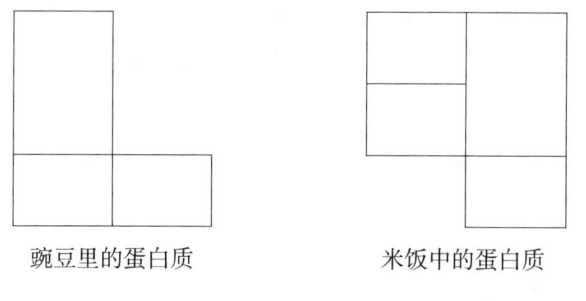

豌豆里的蛋白质　　　　　米饭中的蛋白质

身体不会单独地将它们识别为蛋白质,并且不能使用它们

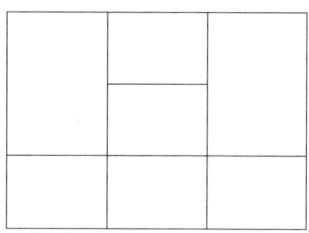

当把米饭和豌豆组合成一道菜时,身体就能识别出来

图6.4　描述补体蛋白

当你在学校时,观察你的实践导师和其他食品技术老师,并注意他们给出的具体解释和例子。记下这些并在自己的教学中进行尝试。建立一套有效的方式向学生展示和解释信息,使他们能更容易地接受知识。

有很多商业资源和其他预先准备好的资源可以帮助你规划你的教学,但是你在决定使用它们之前要认真客观地评估它们的适用性——同样的资源在一所学校适用并不代表在另一所也能有效地运用。

《中学设计和技术教学实践指导》(Owen-Jackson 2007)一书进一步讨论了食品技术的教学。

总结

在许多国家,随着对健康问题的关注日益增加,食品已成为学生教育的重要组成部分。与食品相关的健康,例如营养学,可以在科学、体育或个人、社会、健康和经济教育(PSHEE)中教学,但只有在食品技术中学生才能学习到开发食品的实践技能。如果他们发展自己的与营养、食品科学和食品开发相关的知识和技能,以及决策、分析和评估技能,他们的实践能力就会得到提高。你可能会发现,联系其他科目的教师同事,对于你可以在课程的其他领域引导或建立学生学习很有帮助(见第15章)。

教师拥有的学科知识在很多方面都很重要。在规划课程时,你可能仍需要搜索信息,但你会知道如何将信息联系在一起。你可以在课堂教学和回答问题时更有信心,例如知道哪些食物含有补充营养素,或者在实践课程中处理缓慢发酵的生面包团问题。你会在评估学生时更好地理解他们的反应,你还能够为与食品和健康有关的校园工作做出贡献。

你的学科知识可能还存在一些不足,本章应该帮助你认识到这些不足。这将能够帮助你计划——如何通过指导教师、实践导师、其他课程的帮助或是自学,来发展自身的知识和技能。然而,食品技术是一个学科知识永远在变化更新的领域——新的原料,新的设备,新的过程和新的科学知识,这意味着你将在整个职业生涯中不断更新自己的知识。

可能你的专业领域是食品技术,但建议你也阅读其他领域的主题知识章节,因为这些章节包含的一些其他观点可以帮助你管理和更新学科知识,你可以根据自身的情况进行学习调整。阅读这些其他章节也将为您提供一个设计和技术学科的整体概述。

说明

1. 2015年,英国政府发布了新的GCSE:食品准备和营养(DfE 2015)的详细信息。这将取代食品技术、家庭经济和餐饮业中的GCSE规范。认证机构需要为2016年9月的第一次教学制定新的规范。虽然目前尚不清楚新规范的具体内容,但明显强调学生学习实用技能和烹饪,而不重视食品科学和技术知识和理解的状况。这些变化将影响学校的食品技术教学,但其程度尚不清楚。

2. 从2016年起,英格兰考试的变化可能意味着餐饮课程不再可用。

第7章 准备教授材料技术

艾伦·布赖特(Alan Bright)

介绍

  材料技术也被称为耐用材料或产品的设计,本章将以"材料技术"来表述(也许你所在的学校有不同提法)。设计和技术这一领域涉及到使用木材、金属、塑料和复合材料设计与制作产品,在有些学校可能还包含使用例如形状记忆合金等智能材料(尽管与其他材料相比,这些材料的成本限制了它们的使用),有些学校的材料技术教学也包含电子和编程方面的内容,另外可能还包含图形、技术制图、运用卡片与泡沫建模(在第九章中讨论)以及电子电路的教学(在第五章中讨论)。

  本章将讨论材料技术课上教授的内容,明确在中学课程的各个阶段有助于成功教学所需要的知识和技能。此外,还要明确材料技术教学中你要具备的专业知识与技能以及学生学习要求达到的目标水平,特别是在初中阶段(11-14岁的学生)。本章还对材料技术教学提出了一些建议。

  设计和技术学科的职前教师来自于各学科,如果材料技术是你将要教授的学科课程,那么可能需要你有产品设计、工程、建筑、表面设计、平面设计或类似领域的背景。所有这些领域都有专门的知识技能,但是材料技术领域非常广泛,很可能你的学科知识或技能与课程要求存在差距,这很正常,无需过于担心。作为一名职前教师,你要花些时间弄清楚在学科知识中自己的优势和所有不足,并规划将如何发展自己的知识和技能。

> **学习目标**
>
> 学完本章的内容,你应该:
>
> ★ 了解材料技术课程中教授的内容
> ★ 了解材料技术课程考试的具体要求
> ★ 审视你在材料技术课程方面的知识和技能,以及弥补差距的发展规划
> ★ 了解材料技术课程中将用到的一系列教学方法

一、什么是材料技术

为了理解课程的这一领域所教授的内容,你需要重点了解相关的学科背景。在大多数国家,作为传统"学术"准备的学校教育始于教会或专业化教育[1],同时那些想要学做买卖或手艺的人可以去当学徒。在19世纪中叶的英国,随着教育规模的扩大,工艺技能教育开始出现在课程中,通常是主要面向男生所开设的"手工劳动"或"木工"类课程。若女生愿意,也可以学习这些课程,但是这种情况很少出现。直到1975年"性别歧视法案"出台后,这些学科才成为女生的必修课。随着工业化发展的需要,学校课程的开发是为了让男生在日益增多的制造类企业中工作而做准备。类似的模式也随着各国致力于发展其技术和制造业而出现在美国和欧洲其他国家。

经历了初步引入和早期发展之后,学校的工艺技能教育陷入了停滞期,Evans(时间不详)将其归咎于政府漠不关心的态度。直到第二次世界大战前,英国再次投资于工艺技能教育,创办技术学校,使其与文法学校和现代中学并存,然而并不成功(O'Sullivan 2013),工艺技能教育最终趋于消失。随后各种举措相继出现,例如1983年的技术和职业教育行动计划(Technical and Vocational Education Initiative, TVEI),重在为年轻一代就业而做准备;1993年的普通国家职业资格考试(General National Vocational Qualifications, GNVQ)将中学教育里技术课程的重要程度提高到与学术课程相等同

---

[1] 中世纪西方教育的两大特征:教会教育和以大学院为代表的专业化教育。

的地位;2010年的大学技术学院(University Technical Colleges,UTCs)在注重传统学术分科的同时,专门致力于技术教育。

在木工和金属加工的教学中,教会男生使用各类工具和机器以生产优质产品,遵循学徒制模式,教师演示与学生模仿,不考虑问题解决、决策和创造力,学生形成的任何知识(如认识木材的特性)都出自偶然,往往是通过"试错法"①来进行学习的。到了20世纪,随着学科的发展,木工和金属加工学科演变为"工艺、设计和技术"(Craft, Design and Technology, CDT),虽然还是很注重教授实践技能,但更强调学科的设计部分。

1990年在英格兰和威尔士,随着国家课程的引入,"工艺、设计和技术"与艺术、商务研究、家政学和信息技术一道成为设计和技术课程的组成部分。从那时起,这一学科随着材料、工具、工艺和制造业等领域的技术不断进步而持续发展。除了使用木材和金属材料外,学生们还用塑料、复合材料和智能材料进行工作。除了学习使用手工工具和基本设备外,他们还使用计算机辅助设计和计算机辅助制造。学生要学习有关各种材料和工艺技术方面的知识,还要学习如何进行设计和制造。如今,设计和技术课程不仅要培养学生的实践技能和技术知识,还要培养其他一系列技能,如问题解决能力、沟通和创造力等(见第15章)。

二、初中阶段的材料技术

学生通常会从各自不同的小学升入初中开始他们的中学生涯,我们难以了解之前他们在材料技术方面学到过什么(参见第二章关于小学设计和技术的讨论)。因此在制定初中阶段的教学计划时,你要明确学生知道什么、能做什么,这一点很重要。

在大多数国家,初中生的课程由国家课程或课程指导文件所规定,所以你要熟悉所在学校参照的这些课程文件。

---

① 试错法(trial and error),又称试误法,由美国心理学家桑代克提出,指学习者通过尝试并发现错误,从而在一定的情境和一定的反应之间建立起联结。

任务7.1　回顾课程文件

从学校或政府教育部门的网站上找到一份国家课程标准或指导纲要。阅读并思考以下问题：

- 学生在初中阶段的学习要求达到什么目标水平？
- 为达到这一目标,你必须教哪些专业知识、材料、工具和工艺流程？
- 为确保这一目标的达成,需要具备哪些具体的知识？

在任务7.1中所读到的课程标准或指导纲要可能适用于学生的实践技能、技术知识、设计和制作的能力的目标要求，也可能会考虑到环境与可持续性问题。但你也许找不到应该教授哪些材料、工具、过程和技能之类的详细内容——这是留待你做专业判断的。每所学校都会开发自己的课程计划，列出学生要学的内容，这些资料会给你提供更详细的信息。如果你已在学校就职，那么可能会熟悉这些课程计划；如果尚未就职，那么你首要要做的一件事就是找到这些为学生制定的初中阶段课程计划。仔细浏览每一项内容，标注出要求学生掌握的技术知识、将使用的材料、他们要用到的工具和机器，以及将要学习的工艺流程，包括如何写相应的设计纲要和如何依据工作规范进行操作。

每所学校为所教授的课程或项目制定的规划或许有所不同，但许多规划方案可能包括以下所列的通用知识和技能：

1. 学科知识

- 材料——学生需要了解材料的不同分类及其基本性能,如强度、耐用性、硬度、韧性、电导性、可塑性等,还要理解材料的来源、成本以及使用不同材料对环境的影响。

  ☆ 木材(硬木和软木)：一般只限于松木或冷杉木、较便宜的硬质纤维板和易于加工的中密度纤维板(MDF)。有些学校也可能使用胶合板。

  ☆ 金属和合金(含铁的和不含铁的)：目前在学校里不太常见,但是以前学校课程里可能包含熔炼锡、铝、低碳钢、铜和黄铜。

  ☆ 塑料(热固性和热塑性塑料)：可能仅限于丙烯酸、高抗冲聚苯乙烯(HIPS)和有机玻璃,这些产品成本低,易于使用。

☆复合材料:这是将多种材料复合成一体,以期达到性能优化(如提高强度或减轻质量)的目的而形成的材料。例如玻璃纤维、碳纤维塑料和芳纶复合材料。
- 机械系统——包括运动类型,杠杆、连杆、凸轮、齿轮和滑轮。
- 电气和电子系统——包括导体和绝缘体、电阻器、晶体管、电容器、集成电路和可编程接口控制器(PICs)、电子电路和组件。
- 结构——包括壳体结构、框架结构,以及桁架结构的重要性。
- 承载和力。

2. 工具和过程

学生能学到什么,在很大程度上取决于学校里使用哪些工具和设备。在初中阶段的大多数学校,学生需要学会使用:

- 手工工具:指测量和标记设备,包括各种手锯,各种锤子、凿子、手钻、刨子、锉刀、砂光机、铁皮剪和烙铁。
- 机床:包括立式钻床、电动锯(大多数学校限制低龄学生接触电动锯)、车床、激光切割机、弯线机、真空成型机和计算机辅助制造设备。
- 木制品接合:除了使用木工胶、钉子和螺钉外,学生可能还要学习拼接方式,如对接接合、直角榫接合或槽榫接合。
- 金属制品:学生可能要学会如何剪切、提炼和熔炼金属,并且会用各种表面处理技术来防止生锈或改善外观。

在教授学生使用这些工具并进行操作时,你需要教他们如何安全地使用工具和机器。

3. 其他知识和技能

在材料技术课程中,学生还将学习有关设计方面的技能(见第四章),包括一些著名设计师和设计运动对设计思想产生的影响,通过学习用一些专业的方法(例如素描、3D建模、卡片或聚苯乙烯塑料建模、分解图和正投影图等)来表达自己的设计思想等内容。

材料和技术课程可能还要求学生学习更多的相关内容,例如:

- 环境影响:材料和它们的用途,工业生产过程、批量生产或大规模生产的差异。

- 制造成本:包括材料成本、运输成本和营销成本。
- 知识产权(IP)、专利和版权:这可能会因国而异,但政府机构可能提供相关信息。在英国,知识产权局(www.ipo.gov.uk)提供有关知识产权方面问题的指导。

在材料技术课程中,以下内容的教授也需要考虑:

- 计算机辅助设计/制造(CAD/CAM):许多学校现在使用CAD/CAM来制作物体、模型或者原型。用诸如2D设计工具、Solidworks、123D-Design和SketchUp等软件来绘制二维(2D)和三维物体,然后将其转移到激光切割机、计算机数控(CNC)机床或3D打印机。激光切割机和计算机数控机床在大多数设计和技术部门都很常见,3D打印机在中学是相对较新的事物,但可能以后将会变得更为普遍。有关设计和技术课程中技术的使用将在第10章进一步讨论。
- 可持续性:这是一个越来越重要的话题,在你教授的所有项目里都应具有可持续发展的观念(见第16章)。在材料技术课程中,这一内容可以通过使用回收材料、强调材料的有效利用以及在每个项目活动里都安排时间让学生讨论其中所包含的可持续性问题来体现。
- 智能材料:这些材料是应对环境变化或者受到电荷或热量等外力影响的材料,主要包括:

    ☆ 形状改变的材料,如形状记忆合金(Shape Memory Alloys,SMA);

    ☆ 压电材料,它在有电压通过时会变形;

    ☆ 可以改变自身电特性的材料,如量子隧道效应复合材料(Quantum Tunnelling Composite, QTC);

    ☆ 变色材料,如热致变色或光致变色颜料。

智能材料通常是相当昂贵的,但这并不妨碍我们在设计和制造时对其属性和功能的讨论。

在考虑好你可能教授的知识和技能后,接下来你要考虑教学需要达到的目标水平。例如,11岁的学生要对材料的技术性能了解到什么程度,要了解有多少种木制品接合方式,他们需要知道用什么粘合剂和抛光剂吗?学校的课程计划可能会提供一些指导,但你还需要和同事一起讨论教学所预期的目标水平。任务7.2将帮助你思考这一问题。

任务7.2 初中阶段要求达到什么目标水平?

创建如表7.1所示的一份表格。你可以在A4或A3纸上绘制,但如果你做电子表格,那么将来还可以根据需要进行扩充。

参照任务7.1中的国家课程标准或指导纲要以及你学校的课程计划,在第一列"课程领域"中,列出初中阶段学生应掌握的知识和技能。

现在对应表格中列出的每一课程领域,创建一张思维导图(用思维导图软件工具操作或画在A3纸上均可),如图7.1所示。这项任务会帮你明确每一领域的具体学习主题。

完成一张思维导图后,返回到你创建的表格,填写第二栏"主题的具体表述"的空格,如表7.2所示。

"主题的具体表述"这一栏的内容被不断添加但它还不是最终确定的学习目标,还需要你对这一列中的要点进行进一步扩展,例如在"塑形材料——木材:下料"的课程单元,可以进一步详细说明切割材料的不同方法。通过画另一张思维导图可能更容易帮你进一步呈现,如图7.2所示。

表7.1 初中阶段课程大纲

课程领域	主题的具体表述
塑形材料	
木材:	
金属:	
塑料:	
复合/其他材料	
属性:	
材料:	
等等	

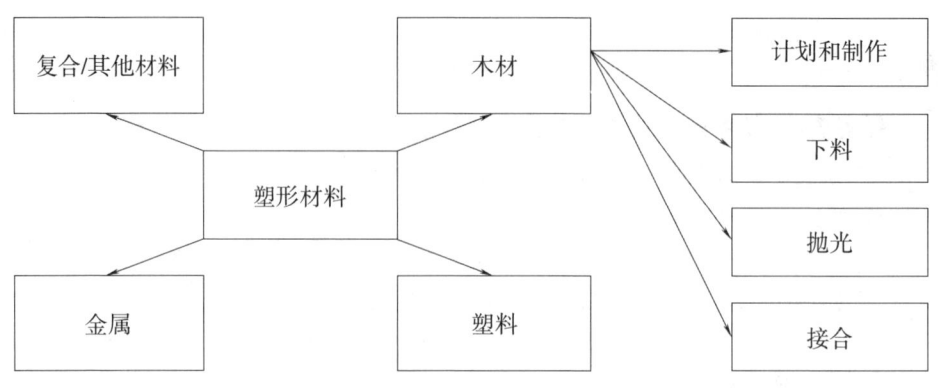

图7.1 "塑形材料"思维导图

表7.2 初中阶段课程具体内容

课程领域	主题的具体表述（来自思维导图）
塑形材料	
木材：	计划/制作
	下料
	接合
	抛光

完成这项技能和知识的分解细化需要花费一定时间,这是值得的,因为它能帮你考虑清楚学生需要了解什么、做什么以及你应该教什么。思维导图还可以用来帮你审视自己的知识和技能(见任务7.6)。向实践导师和其他同事展示你的思维导图也是一个好办法——在你开始教授时,根据他们的建议或自己的经验,准备好在思维导图中添加更多的细节。

4. 初中阶段进步的标准

初中阶段通常包括二三年的课程,你需要考虑如何计划教学,让学生通过这段时间的学习取得进步。在这方面,学校的课程计划会为你提供参考。另外你还需要了解学生进步的标准(见第十一章)以及如何将其体现在你的教学活动中。

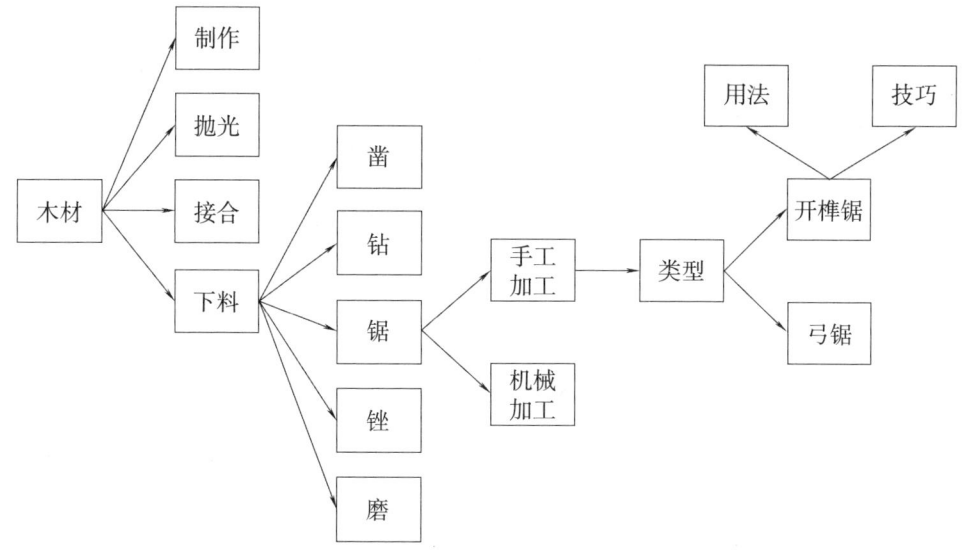

图7.2 "下料"单元的思维导图

任务7.3 明确学生学习进步的标准

找到学校关于材料技术项目的课程计划,在初中第一学年为学生讲授第一个项目,在第三学年讲授第二个项目。

绘制一份如表7.3所示的三栏表格(如做成电子表格,可以根据需要进行扩充)。在第一栏中列出第一个项目中的具体工艺流程,例如切割和下料;在第二栏中明确填写项目期间学生应发展的知识和技能,你可以通过询问学生或工作人员,或通过查看学生的作品案例来完成填写。

再来看第三学年的项目,在第三栏中明确列出项目所包含的知识和技能。你可能会发现在第一列中需要补充更详细的信息。

通过比较第二、三栏列出的内容,明确学生学习进步的标准,思考这是否能体现学生能力的合理发展,对学生构成一定的挑战。

表7.3 确定初中阶段进步标准

主题	第一学年	第三学年
下料	借助手工工具和教师的支持,切割和利用废旧木材、金属和塑料材料	借助电动工具,精准并独立切割和利用废旧木材、金属和塑料
	工具:弓锯,开榫锯,手钻,手工辗磨/干磨与湿磨,锉刀	工具:皮带/盘式砂光机,立柱钻,不同的锉刀,激光切割机

三、会考阶段的材料技术

与材料技术课程相对应的有诸如材料技术、耐用材料、产品设计或设计和技术等在内的会考课程。学生在会考阶段选择学习材料技术,可以进一步发展他们在初中阶段掌握的知识和技能。会考阶段的教学内容由考试大纲所规定,大纲通常会包含对学生应具有的知识、技能与能力的详细说明。

任务7.4　回顾考试大纲

从学校或资格认证机构的网站上可以找到学校用到的考试大纲。如果你不知道,那么选择任意认证机构并下载考试大纲。如任务7.3中一样,阅读考试大纲并列出应该教给学生什么,使用如下主题:
- 技术知识
- 工具和设备
- 过程和技能

你的列表内容可能需要非常具体,考试大纲通常会通过提供足够多的细节来确保学生充分地准备考试。但它仅是一份内容列表,至于怎样依据大纲进行教授,包括以怎样的顺序讲授、如何讲授则需要通过你的专业判断来确定。另外,你要确定类似于初中阶段的关于会考阶段学生的学业进步标准。

任务7.5 会考阶段的课程要达到什么目标水平？

重复任务7.2，这次使用考试大纲和任务7.4中的列表。这个任务需要花费一些时间来做，但它有助于你熟悉考试要求。你还会发现，考试大纲中给出的知识技能目标可能相当明确，因此任务会较容易一些。

如果你要教授较高水平的学生，如AS／A级或苏格兰高等教育，则建议你使用A级/高等考试大纲作为指导，重复任务7.5。

四、材料技术课程中的设计和制作

在材料技术课程中，学生所学的技术知识和制作技能，有些是书本上就有的，但更多的是通过设计和制作的任务进行学习或应用。因此，你需要考虑设计和制作过程中涉及的工艺流程，以及如何在材料技术课程中应用。

材料技术课程中的设计部分要求学生学会明确问题或能够确定以下内容要素，具体包括：

- 设计纲要

鉴于你对初中阶段可用的资源、学生的能力和学习的内容更为了解，因此很可能由你来编制设计纲要或工作参数；进入会考阶段以后，学生应该学会自己编写设计纲要和设计说明，并且编写的内容将越来越复杂。开始时设计说明里可能只考虑二三个因素，但后面会变得更复杂，甚至包含冲突。

- 研究

你需要考虑研究中有哪些合适的资源、网站和途径可以引导学生，还要教授学生如何做研究，例如考虑好提出什么合适的问题、需要搜索哪些信息、在哪里搜索信息以及如何分析信息，你可以给学生提供一个可以获得不同材料信息的数据库、维基(wiki)或社交网站。产品分析经常用于研究过程，在材料技术课程中，经常对产品的易用性、审美特征、重量、材料使用、工艺流程或成本等进行分析。

- 产生和传达设计思想

在材料技术课程中,这些可以通过带注释的草图、二维或三维软件、建模来体现。学生需要学习一定的绘图技术,在初中阶段可能只是简单的素描、透视和等距绘图;而在会考阶段,他们可能要学习正投影图和分解图。学校也许会选择用二维/三维软件,对此你要得心应手,而且你还需要把这些软件的工作原理教给学生。建模可以使用一系列材料完成,例如纸张、卡片、聚苯乙烯塑料等。

- 评估和验证设计思想

评估和验证设计思想可以通过多种途径进行,包括建模过程、CAD软件,建立原型或者简单地调查别人对其设计的意见等。评估或验证可以针对整个产品或某一部分进行,例如特定的固定(件)或接头如何工作。所用的方法会因学生年龄、可用资源和学习目标的不同而有所区别,一旦需要,你得准备好教授所有的内容。

材料技术的制作过程中学生会用到许多在课程中学过的实践技能,主要包括:

- 选择合适的材料

初中阶段的学生可能会使用由你提供的材料,但你要让他们理解特定材料适合特定产品的原因。在会考阶段,往往是学生自己选择材料,而且要对自己的选择给出合理解释。

- 选择合适的工具和工艺流程

尽管工具或工艺流程在初中阶段的选择是有所限制的,但你应教授学生为什么会用到某些特定的工具和工艺流程,这样他们才能在会考阶段为自己正在制作的产品选择合适的工具和工艺流程。

- 制作高质量的产品

学生需要了解"高质量"产品的标准是什么以及如何得到这些产品,比如在标注、切割、打磨、抛光等工艺流程中需要谨慎仔细。为学生提供高质量的产品实例(可能是你自己制作的)是有帮助的。

- 按照健康和安全要求进行工作

材料技术课程中这一方面的详细信息请参阅第3章。

当学生进行设计和制作活动时,你可以考虑采用拍照,或鼓励学生用拍照和录音的方式记录工作的进展情况。

五、自我审视材料技术方面的知识

明确了在初中阶段和会考阶段将要教授的知识和技能之后,你需要考虑自己具备哪些知识和技能,以及准备如何教授材料技术。

如果要求教授设计和技术的教师在课程准备初期就具有广泛的知识和技能,了解一切将要教授的内容,这恐怕是极为少见的。一般而言,你可能具有课程某个部分的专业知识和技能,但在其他部分会有差距,这些可能早在你编写课程大纲与具体内容图表时就已经意识到了。

> **任务7.6　自我审视知识和技能**
>
> 翻回任务7.2和7.5中的所列表格,在表中分别添加名称为"审视和行动规划"的第三栏内容。
>
> 仔细考虑表中第一、二栏所列对应每一主题的具体目标,在第三栏中,列出在对应目标水平上的知识或技能是优秀、一般还是薄弱并有待提高。
>
> 或者用思维导图进行审视——使用荧光笔或不同颜色的字体标示出你的知识或技能是优秀、一般还是薄弱。然后在思维导图上进行标注,提示你将如何发展自己一般或薄弱的方面。

为实现有效的教学,你的学科知识和技能要超越自己教学的目标要求。对于初中阶段的教学,你的知识技能应该至少达到会考水平;而对于会考阶段的教学,你的知识技能应该达到更高的考试或学位水平,只有这样你才能在课堂上游刃有余,轻松应对学生的问题和解决他们的困难。

通过审视,如果你已确定自己在某个主题方面的知识技能水平是一般或较薄弱的,那就该考虑要如何提高。你可以通过阅读教材、在课上与学生一起参与活动、独立或与同事合作学习和实践等途径来发展自己的知识技能。如果在学校的相关部门里有熟悉课程中所用到的工具、设备、材料和工艺的技术人员,他(她)可能愿意帮助你。做这些事情时,也需要规划,包括:在假期、周末、入职前还是入职以后?任务7.7中给出了一种可以检视和发展自己的知识和技能的方法。

任务7.7　检视你的知识和技能

访问你所在学校会考所对应的认证机构的网址。如果不清楚,你可以访问任一认证机构的网址。在网页上找到GSCE或A-Level考试要求中"设计和技术:材料技术或耐用材料"部分有关的内容,你还可以在上面找到教师的教辅材料、以往的试卷样例和评分标准。

下载一份试卷并尽自己可能地答题,然后查看评分标准,将你的答案与所提供的参考答案进行比较。这样不仅可以帮助你发展自己的知识,而且可以帮助你了解会考阶段的学习目标要求。

还有一种发展你的知识和技能的方法是完成你给学生规划的设计和制作项目,并且至少为每个项目都制作三个产品样例。

样例一可以是一个已经完成的优质产品。这不仅可以将你所完成的产品以课堂学习资源的形式展示给学生,你还可以在制作中体验整个过程,从而更好地理解他们要成功完成这个项目所需的知识和技能。你也能发现各种易犯的错误、可能走的弯路或时间的局限性,并明确自己在知识和技能方面的不足。它会帮助你预先考虑好学生在设计和制作过程中不同阶段可能会提出的问题,以便你能更好地准备答案或信息表来帮助他们。

样例二可能是一个已部分完成的半成品,这可以让学生明了哪些阶段已经完成,还有哪些工作要做,以及如何规划在指定的时间内完成。你可以制作几个不同阶段的半成品来展示制作过程中的产品样貌。

样例三可以是一个已经完成却由于多种原因导致失败的项目。通常很难找到这样制造不当或者设计有缺陷的产品样例,因为产品是通过各种有质量监控的工艺流程生产出来的。通过展示不符合设计要求或设计规范的产品样例,有助于学生理解只有选对材料、工具并采用正确的工艺流程才能获得满意结果的重要性。通过展示光洁度很差的产品来证明在他们制作时花费时间完成物品的精细抛光的重要性。

尽管自我审视让你明确了自己需要进一步发展的很多领域的知识和技能,但要记住你并不需要立即动手,你应该首先去考虑学年初始所要教的知识和技能,随后再考虑其他的主题。

设计和技术是一个动态发展的学科,与之相关的技术变化很快,所以即使有良好的学科背景,也要规划你该如何更新你的学科的知识和技能。在这一方面有用的资源包括:

• 学科组织和机构——学科组织往往提供以学科为主的课程和教学资源,例如英国的设计和技术协会(Design and Technology Association,DATA),澳大利亚设计和技术协会(Design and Technology Association of Australia,DATTA),新西兰技术在线以及其他专业机构。这些组织不仅有助于发展你的学科知识和技能,也为你提供与其他教师熟悉的机会。资格认证机构也会提供专门的培训,为教师教授考试课程提供帮助。你可以通过资格认证机构的网站得到相关的支持。还有一些特有的专业组织,如物理研究所(Institute of Physics,IOP),材料、矿物和采矿研究所(Institute of Materials, Minerals and Mining,IOM3),皇家工程学院(Royal Academy of Engineering,RAEng)等,他们都热衷于支持学校的教学,并为教师提供课程和资源。

• 网站——如Technology Student,全国STEM中心,BBC和设计委员会等网站为教师和学生提供支持材料。

• DVD——通常与特定工具、设备、软件或项目相关的商业DVD软件包提供有用的视觉材料来支持技能和知识水平的提升。 YouTube上也有一系列关于技术使用和工艺流程操作的演示材料,但是如果你打算与学生一道使用这些材料,请确保已经进行了仔细预览,因为它们可能包含与工业或商业用户更相关的材料。

• 教科书——这是一类很有用的信息来源,设计和技术部门或学校图书馆可能会有一系列的教科书供你翻阅。公共图书馆内也拥有特定学科的书籍,一般会放在工艺或DIY的分类下面。在教学中选用教材的最新版本是非常重要的,因为新版教材中可能包含那些你想与学生一道使用的材料和工艺的最新信息。

• 报纸和期刊——有诸如《泰晤士报教育副刊》(Times Educational Supplement)的教育类报纸和期刊,你还要尽量抽出时间浏览各大报纸和各类期刊,比如看看《新科学家》(New Scientist),通过阅读不断更新个人知识,发现新颖有趣的想法。

• 博客和微博——现在有许多设计和技术课程的教师、制作人员、设计师和其他人员经常不断地使用博客和微博,这是一种紧跟时代步伐的做法。

• 同事——部门的其他教师和技术人员都是很有意义的资源。在教授某个特定主题之前,你可以以学生的角色去听其他教师的课。部门技术人员可能有时间向你展示实用技能并在你实践应用技能时给予支持和帮助。你的同事可能还会给你介绍其他有用的资源。其他部门的同事也可能会提供支持。许多教学计划要求学生将设计和技术学习与其他学科(如数学,科学,工程和艺术)联系起来(见第15章)。这可以帮助学生更好地理解和运用设计和技术课程中学到的知识和概念,并将其应用于学校以外的世界。

六、教学理念和方法

作为教师,除了要知道教什么,你还要思考如何更好地把知道的东西教给学生。以前自己做学生的经历、对其他教师的观察、与他们的讨论都会给你一些想法建议,但更重要的是你要形成自己的教学风格。你可以考虑采用一般常见的教学方法(见第12章),但还需要用到一些专门用于材料技术课的教学方法。

材料技术教学中包含了一系列必不可少的设计和制作物品的工艺流程。请记住,即使你认为是常识性的东西,也需要给学生不厌其烦地讲清楚,特别是在初中阶段。例如,你能熟练地使用钢尺,但初中生可能以前并没使用过,除非你向他们指出钢尺的测量是从尺子的末尾最外端边线开始的,否则他们会认为一厘米的标记是刻度的起始点,因为这是他们过去使用标准尺子和卷尺测量的方法。可能你还需要提醒学生,在设计和技术课上的测量单位是毫米而不是厘米,因为这样可以提高测量的精度。那些教会学生使用的正确术语和技巧也很重要,因为这些可能与他们在小学或初中其他课程中的使用是不一样的。

在使用技术语言时也需要准确表达。如结构、载荷、力、韧性和硬度等这些术语都有日常生活中的含义,因此需要在材料技术的语境中明确这些词的具体含义。

还有其他教师会使用试错法让学习过程变得更为有趣而且高效。设计和技术的许多工作都涉及"主动学习",这种学习方式有助于学生:

- 带着想法和猜想,与他人一道,积极参与到材料和资源学习中去。
- 主动地去感受制作过程,从失败经验中站起来,去创新知识、提炼意义和归纳结果(Watkins 2008)。

通过举例来说明材料技术教学中的主动学习——比如当讲授材料的性质时,通过向学生提供不同材料的样品,让学生进行调查、实验和分析比较。学习活动可以以小组合作的形式开展,每组去分别研究不同类型的材料。在学校通过开展这样的活动,可以让学生找出使用哪些材料时的实验效果最好。

使用产品集。产品集是为了特定目的而收集在一起的产品,可用于教授产品分析或产品评估,学生可以亲自去检验和探索产品。已有研究证明它可以提高学生的设计能力(Stables 2000)。例如,通过产品集可以展示产品是如何随着时间而不断变化的,展示它们在设计上有何不同,还可以展示采用不同材料制作的产品或面向不同消费者而制作的产品有何不同。产品集可以从博物馆或公司借来,也可以针对你所教的主题创建自己的产品集。

与制作过程相关的设计和技术的其他领域知识也有助于学生的学习。例如,你可以讨论材料技术和纺织技术中的材料如何成型,或者将诸如食品技术中果冻或巧克力在模具里的"熔炼"与材料技术中锡的熔炼这两种不同的过程进行比较,讨论该工艺流程中熔化特定材料所需的温度、使用的设备、可使用的抛光方法等问题。

你还要考虑如何拼接或加固不同的材料。例如,让学生查看木材、金属和塑料的永久性和临时性紧固件,并将这些紧固件与纺织品中使用的扣接件进行比较,找出所有的相似或不同之处。材料的任何工艺流程都可以与不同材料的相似流程进行比较。

你也可以查看材料技术中使用的工具和设备,并将其与其他材料领域使用的工具和设备进行比较。与学生讨论上述问题会帮助他们更好地理解设计和技术里不同领域之间的关联。

当学生投入到项目工作中,他们的工作进度往往是有差异的,所以你要学会判断什么时候该介绍某种新知识或展示新技能,确保大多数学生在适当的时间内都能完成。不过你也可以为学生提供参考性的教辅材料,提醒他们应该学会什么或巩固哪些学习内容。例如,你可以制作一个已在课堂上演示过的技术短片,将其上传到学校的虚拟学习环境(Virtual Learning Environment, VLE)或YouTube,以便学生在需要时观看学习。你还可以将诸如某一设备的使用说明这类的文本信息转换成二维码(QR Code),学生在使用设备时可以扫描二维码获取信息。这对于提醒学生注意设备使用中的健康和安全原则特别有帮助(见第3章)。

本书最后列出了几个网址,其中对如何教授设计和技术提供了一些有趣的案例和方法。你可以参考使用这些内容,同时也要准备将自己的想法和材料上传分享给他人。

总结

材料技术课程中应教授哪些内容以及需要达到怎样的目标水平,这需要你和同事们在有关国家课程要求和考试大纲的指导下,参考本章关于初中和会考阶段的材料技术部分内容进行专业分析与具体规划;如何成功地教授不同年龄阶段的学生,使所有的学生都能达到满意的学习效果,这需要你在掌握一系列专业知识的基础上,能够设计与教学内容相适应的具有挑战性、拓展性和支持性的教学活动,本章在教学理念和方法这一部分中也讨论了如何开展教学的策略与方法,你可以吸纳这些建议并用于教学实践。

教学过程是一个不断学习的旅程。设计和技术课程对教师和学生而言都是极具魅力、充满挑战的。设计和技术的内容相当丰富而且不断更新,你或许已经具备某些领域的专门知识技能,但还需要学习其他领域必要的内容,需要自我审视,明确自身优势和其他有待发展的领域,你还可以与同事一道规划如何弥补这些领域不足,可以利用本章所提供的材料技术相关信息资源,不断更新学科知识,不断发展教学知识和技能,成为一名自信的材料技术教师。

第8章 准备教授纺织技术

休·伍德-格里菲思、苏珊娜·劳森和艾利森·温森
(Sue Wood-Griffiths, Suzanne Lawson and Alison Winson)

介绍

纺织技术通常作为设计和技术课程的教学内容,但是,你会发现在一些学校中也在(或只在)艺术课程中教授。越来越多的学校建立了创新技术部门,在这里,艺术、设计和技术相互交叉,纺织技术有时在不同课程领域都会出现。这两门课程的教学有一些相似之处,例如二者在设计时都会借鉴直接和间接的灵感来源,他们会用相似的(如果不同的话)技术来制作一个物品。然而,两者的重点是截然不同的:在设计和技术课程中注重材料知识、制造工艺、设计和生产优质的功能产品,而艺术和设计的注重对美学和艺术的诠释。

纺织技术的教师来自不同背景,具有纺织相关学位和(或)工作经验,包括纺织技术、时装、室内设计、纺织艺术和表面装饰。当你开始准备从事教师职业的时候,不可能拥有教授纺织技术所需要的所有知识、理解和技能,所以需要发展你的学科知识,以便在所授课程和考试要求的各个方面都有把握。

本章将帮助你了解教授纺织技术所需的知识和技能应达到什么程度,并考虑发展你的专业知识的方法。如果你发现需要发展特定领域的知识和技能,在本章结尾处找到有关辅助材料的参考文献,这些资料可以对你有帮助。

> ## 学习目标
>
> 学完本章的内容,你应该:
>
> ★ 熟悉你所在地区/国家的设计和技术课程的国家课程文件
>
> ★ 熟悉纺织技术考试规范的内容
>
> ★ 检查你对自己所授知识和技能的掌握情况
>
> ★ 了解课程中使用的一系列教学方法

一、什么是纺织技术

纺织品是用来描述由织物制成的任何产品的通用术语,纺织品和纺织技术在日常生活中具有广泛应用。例如,运动服、防护服、医疗应用,汽车、地板覆盖物、农用纺织品以及可穿戴技术领域都能找到纺织技术。学校的纺织技术工作往往局限于时装、配饰和软装饰,但重要的是让学生意识到纺织技术具有更广泛的用途。

纺织技术与设计和技术的其他领域一样,通过设计和制作过程教授知识、理解以及发展技能。注重技能的发展可以让学生在从事纺织品相关工作时提升特定的知识和技能,例如,如何进行贴花,使用热升华打印机或缝纫机,知道不同织物是如何编织的或编写纺织产品的说明书。学生进行设计和完成作业时,他们能够考虑并应用他们所学的东西设计和制作产品,以满足特定的需求。

纺织技术教学的知识、技能和理解详见课程文件。英格兰、北爱尔兰、苏格兰和威尔士各有一个统一课程,应用于所有公立中小学校。其他国家也会有国家课程或课程指导文件。

任务8.1 纺织技术课程指南

从学校或政府教育部门的网站上获得国家课程或课程指导的副本。查找纺织品的参考资料,并注意这些是否与艺术、创意研究或设计和技术有关。纺织技术在课程文件中如何体现?

整个英国在纺织技术的课程要求方面存在差异。"英国国家课程"(DfE 2013)指出,在初中阶段,通过各种创造性和面向实践的活动,学生学习所需的知识、理解和技能,以从事设计和制作的迭代过程。在纺织技术领域,设计、制造、评估和技术知识等内容应该应用于家庭和本地的环境,以及包括时尚产业在内的工业环境中。在北爱尔兰,虽然纺织品可能被纳入到学生的作业中,例如家庭座椅项目,但没有教授纺织技术的法律要求。在苏格兰,"技术"课程和"表现艺术"都具有纺织品相关内容,尽管每个领域的要求都不相同。在威尔士,课程要求(DCELLS 2008)则把纺织品与耐用性材料结合在一起。

会考阶段的学科内容普遍由考试规范来定义。

二、初中纺织技术

初中的教学需要显示出明确的进步,以小学生的经验为基础,向着会考阶段的水平前进。因此,明确学生已经知道什么、做了什么,这一点很重要,你可以通过参观对口小学,或者鼓励学生刚升入初中时,参加"表演秀"活动,以了解他们现有的知识和先前的学习。(有关小学设计和技术的讨论,请参阅第2章。)

在初中阶段,你有很好的机会去捕捉学生学习纺织技术的兴趣,在发展他们的技能、知识和理解的同时,让学生喜欢相关的工作很重要。只要符合课程文件的要求,决定教什么是你个人的专业决策。这就为学生提供了一个参与激动人心的项目的机会,(这些项目)注重使用技术、使用现代材料、发展建筑装饰和表面装饰技能,往往可制作出高品质和创造性的成果。

1. 纺织技术中的设计

纺织品的设计在不断发展,无论是时装、室内设计还是工业用纺织品。新的材料、技术和工艺的发展提供了创新设计的例子,学生应该了解这些新进展,根据不同场景寻找产品设计的机会,并时刻考虑用户和目的。例如:

- 家庭和本地环境给学生的设计工作提供了有用的机会,学生可以为自己、家庭、学校或其他本地的需求设计项目。
- 工业和商业环境也可以提供机会,比如那些受时尚业影响的项目,例如公司制服的设计,以及医疗应用(如绷带、包扎敷料、防护服装)的设计。

对情境进行研究和探索,注重用户及其需求,有助于学生发展具有创新且不刻板的设计理念。从不同角度研究问题,例如从其他文化和时代的角度,采用各种各样的方法,可以让学生明白,同一个问题的解决方案往往南橘北枳,需要依据不同的情境。在研究和探索情境时,可以鼓励学生建立情绪板[1],作为存储他们研究成果的一种方式,它可能是一个物理情绪板或在线情绪板。探索还可能涉及产品分析,查看现有纺织产品,并分析所用材料、制造工艺和设计。来自不同文化、场所和时代的产品此时会很有用。

应鼓励学生在研究时使用数字技术,寻找广泛而多样的信息来帮助他们生成设计方案。他们可能参与一手研究,包括问卷、调查等数据收集技术,或者进行二手调查,通过资料观察过去和现在设计师的工作或趋势、时尚和风格。虽然在初中阶段鼓励学生独立学习的技能很重要,但也需要指导学生应该收集和展示多少数据。

当学生完成了他们的研究,他们需要学习如何分析和排序工作成果,形成一个说明书。制作一份简单的说明书,以描述一个富有创新性、功能性和吸引力的产品设计,对初中生来说是一个富有挑战性的任务,学生需要通过这项实践来建立对说明书作用的理解。在教授说明书时,如果与学生所熟悉的产品(例如时尚的服装产品),或者与他们的文化联系起来,例如网络游戏,电影或音乐,将对教学有帮助。作为一个重点任务,你可能会给学生一个现有的产品,并要求他们写一份说明书,说明书是指希望产品具有的功能或质量列表。另一种方法是把这一过程反过来,分享一份说明书,在公布答案之前让学生们识别这是什么产品。

发展设计思想是指学生可以展示创意、建模和测试他们的想法,并提升展示技巧。鼓励学生把设计看作是一个创造性的过程,把他们发现的想法集中在一起是非常重要的。设计不一定(虽然可能)要求绘图(具像草图和技术图纸)。在一些学校,学生花费大量的时间来产生预定数量的想法(通常是四个),并且期望产生一个好的、充满注释想法的技术图纸——其他三个则不进一步考虑。有些学生因为觉得困难而变得失去动力,他们知道他们想要做什么,并想要继续下去。鼓励学生发展思路的另一种

---

[1] 译者注:情绪板是由能代表用户情绪的文本、元素、图片拼贴而成的,它是设计领域中应用范围比较广泛的一种方法。在设计过程中使用情绪板,可以更好地寻求设计方向、打磨设计过程,还可以在团队之间传递设计灵感与设计思路,从而使想法充分融合、深化设计。

方法是让他们团队合作,针对给定的概要设计一系列产品。组成一个设计团队进行工作有助于培养学生的思维能力、团队精神和独立性,并可以提高那些不积极学生的信心。尽管每个学生都产生独立的想法,但是要与小组成员讨论,发展自己的想法,才能达到全面、统一、一致的看法。

使用数字技术还可以支持设计发展,例如使用图形模板或计算机辅助设计(CAD)进行时尚绘图可以节省时间,鼓励学生尝试各种形状、图案和色彩。数字技术也可以用来帮助学生展示他们的想法,例如使用在线情绪板。有关教学中使用数字技术的讨论,请参阅第10章。

学生也应该有机会对他们的设计思想进行建模和测试。实际建模可以通过使用廉价材料(例如纺粘无纺布、无纺布、印花布或纸)制作原型来进行。建模可以使学生在制作之前对其设计进行修改、评估和反思,促使他们考虑面料的适合性、设计的比例或合适性,并测试这个设计的功能如何。当完成建模后,他们可以使用他们的作品,适用简单的平面模式,这有助于他们理解将二维(2D)设计变成三维(3D)产品的次序。

测试织物将有助于学生决定这种织物是否适合某一特定产品,可能包括拉伸、耐用性、吸水性、耐光性或耐热性测试。应鼓励学生尝试尽可能多的测试,只要它们与产品相关。决定进行哪些测试有助于学生发展学科知识和灵活应用的能力,提升决策技能。测试结果可以以数字化方式呈现,一些学校提供平板电脑和智能手机,这意味着测试的影像记录可以作为一个快速和易于访问的资源。

设计思想的发展和完善在头脑中进行,你可能需要提示学生反思他们的选择过程。鼓励他们思考选择的理由,而不仅是因为他们喜欢!他们应该能够根据学业规范来测试、评估和改进他们的想法,同时考虑到预期用户和其他感兴趣群体的观点。问学生"为什么?",以鼓励他们考虑颜色、形状、尺寸、整体美学吸引力、功能性和适用性等不同的角度。以结队或小组形式进行同伴评估工作是一个有用的策略,或者你可以开展一项活动,要求学生将他们的设计展示给潜在的客户(可能是其他学生)。这要求他们解释自己的设计和所做的决策。以这种方式交流想法对培养学生的读写能力和自信心有更多的好处。

任务8.2　在初中纺织技术中学习设计

创建二三个设计概要,使学生能够发展和实践上述设计技能。为了使工作富有趣味性和吸引力,思考作品应用场景和用户,让每一个设计概要与众不同。

与你的实践导师、专业同事或同伴分享你的想法。你能说清楚这样做的理由吗? 他们能提出改进建议吗?

2. 纺织技术中的制作

初中学习纺织技术的时间通常是有限的。每个学校的教学内容各不相同,但是可能要给学生介绍以下内容:

- 用手工或缝纫机来缝制和连接织物——例如,手缝针、标准缝纫机、计算机缝纫机和锁边机,都能用织物的连接和锁边。健康和安全在这里非常重要,请参阅第3章。教给学生如何缝纫,如何使用缝纫机并没那么容易,有的学生使用有困难。因为很难向整个小组进行展示,不是每个人都能看到。更有效的技术包括:
  - ☆ 拍摄穿线和使用机器的不同阶段的数码照片,并将这些数据做成PPT演示文稿,循环演示;
  - ☆ 在机器旁边把数码照片制成抽认卡;
  - ☆ 先教会一小部分学生,然后再让他们同学互教,直至所有学生都知晓;
  - ☆ 如果可以的话,使用实物投影仪,以便所有的学生可以看到你在做什么。
- 一些学校在学生成功地完成操作测试后,向学生提供缝纫机熟练程度证书。这种方法可以激发低年龄段学生的兴趣,在教科书和互联网上有很多这类证书的范例。不过,你可能会问,初中一年级的学生是否需要能够给缝纫机穿线,可能更重要的是,他们可以正确使用已经穿线的缝纫机并精确缝制。你可以在学校讨论这些问题。技术人员的支持很有帮助,他们可以监督学生使用机器,有些学校雇用超过16岁的学生来担任这个角色,作为他们"学校服务"的一部分。
- 学习缝纫和连接织物时,学生应该知道诸如针钉、粗缝和平缝等临时和永久的连接技术以及何时使用这些技术,例如,不同的技术可以用于快速建模,也可以用于不同的织物和目的。

- 使用基本设备——学生应了解一系列专业设备和正确的术语。通常他们在工作中要用到布料剪刀、纸张剪刀、绣花剪刀,或铁剪、拆缝刀、记号笔、铅笔和粉笔,以及一系列的针和别针。了解为了什么目的而选择什么设备是学生在制作过程中进行决策的一部分,所以他们需要熟悉可供使用的设备。
- 染色和设计——例如通过扎染、蜡染、织物笔、蜡笔和油漆、转移印花、热升华印花、冷水染料刺绣和贴花。因为材料和设备容易获得,这些技术在学校应用广泛。
- 使用组件和紧固件——在初中阶段,可能是魔术贴、纽扣、按扣、小孔和拉链。学习如何使用这些组件和紧固件,有助于学生获得相关技能,保证最终产品的功能性和质量。
- 使用电子纺织品——学校越来越多地将电子技术和纺织品连接起来,并在纺织产品中使用诸如导电丝、LED、集成电路和可缝纫部件等物品。
- 压熨设备——如熨斗和热压机有助于很好地完成纺织品工作。在需要加热的地方,允许通过转印(使用专业纸张)和染料升华打印来转印颜色。

重要的是,在发展学生技能的过程中,要清楚所教的每一项技能对于整体工作计划的意义,学生们能够了解所面对任务的复杂性的提升,这既与设计有关,又与学科的知识和理解有关。如果学生制作的样品表现出不同的技能,却不能派任何用处,学生将失去动力。例如,如果学生们正在学习一些装饰性的手工缝制技术或刺绣,他们可以使用导电丝装饰手套的指端,这样冬天就可以戴着手套使用智能手机了。

任务8.3 初中阶段纺织技术的制作技能

在学校检查初中阶段的教学工作计划,并确定每年教授的制作流程和使用的设备。学生们挑战越来越复杂的任务,使用各种各样的材料和组件,这是否能让他们感觉到明显的进步?或是否可以使用相同或相似的织物来完成一系列不同且无关的设计和制作任务?

是否有机会通过使用不同的织物、电子纺织品、计算机软件或改变情境来使工作更现代化?

3. 技术知识

初中阶段纺织技术的许多知识是"知道如何"（Knowing how）。以上讨论的技能将构成学生学习的很大一部分。但是，为了能够理解纺织品并在设计和制作时做出适当的决定，还需要教授其他方面的知识。

选择合适的材料是任何纺织技术相关活动的一部分，因此学生需要了解织物结构，包括机织物、针织物和无纺布。还需要了解不同的结构方式如何影响织物的性能。这不一定是理论上的，学生可以解构，然后重建织物的模型，以了解机织物、针织物和粘合织物。他们也可以通过针织、编织、毛毡制作的方式完成个人织品。

织物的性能可以通过实验工作来探索。学生通过实验讨论不同织物所需的各种性能，例如强度、悬垂性、防火性、拉伸性、耐用性、热性能。

电子纺织品和智能材料越来越多地在学校中使用，学生可以通过研究智能材料、查看当前的使用情况并提出可能的新用途来了解这些材料。他们可能没有机会在学校使用智能材料，但应该知道其可用的范围。

纺织品工作可用于了解不同文化、不同面料的获取，面料的不同用途，装饰面料的不同方法。纺织品技术也是教授学生可持续发展和伦理问题的合适手段。可以围绕纤维和织物的来源及其对环境的影响进行讨论。可能包括教学生天然纤维和合成纤维的种类——每种纤维的来源、优点、缺点和潜在用途。应该鼓励所有学生在工作中有效地使用织物和再生织物。

一门好的纺织技术课程支持学生使用各种纺织品、部件、工具和工艺来设计和制作，发展他们的知识、理解和技能，还能向学生介绍新产品，提供改进现有产品的机会。同时也要鼓励学生考虑在会考阶段学习这门课程。

三、会考阶段的纺织技术

会考阶段的学科内容将根据正在教授的考试规范来确定，根据学校教授关于纺织品技术、产品设计、艺术和设计（时装和纺织品）等课程的要求，或者如英国商业与技术教育委员会（BTEC）"时尚和服装"或"时装和纺织"的职业课程要求，教学方法也各不相同。

在会考阶段,学生将受益于更多的课程时间,重要的是初中阶段学习的技能会继续得到发展。在该阶段,期望学生开始在设计和制作方面更独立地工作,并能够合理地论证他们做出的决定。此外,他们还有望通过复杂的技能和优质的成果,表现出高水平的制作能力。

1. 会考阶段纺织技术中的设计

会考阶段的一个关键变化是要让学生自己写设计摘要,所以他们需要了解如何做到这一点。要实现这个目标,可以在他们撰写指定要求的摘要时,逐渐增加可选项,或者提供写作框架。

学生仍然要调研信息,但要求他们在这方面更加独立。例如选择他们自己的研究资料来源,定义自己的研究问题或者关键词,规划自己的问卷和调查,以及决定哪些是恰当的信息,或哪些是不恰当的信息。他们也有望了解和利用更多的纤维和织物技术资料。

在会考阶段,学生应该会区分设计规范以及产品和制造规范,以及各自的作用。一个设计规范可能更加开放,以帮助学生产生创意。产品或制造规范将更详细地描述产品的特征,例如织物、颜色、尺寸、使用的组件和制造程序。

学生的设计技能在会考阶段可以得到进一步发展,并有可能更多地使用计算机辅助设计(CAD)软件包来生成和操作设计思路。鼓励学生使用商业化设计技术,如情绪板和故事板,在设计开发期间制作更详细的模型和原型。他们应该了解模型和模式如何应用在工业中,并能够制作和修改印花布模型和薄麻布。

当测试纤维、织物和设计时,学生要能够设计自己的测试,或者选择使用其他适合的测试。

学生们应该有信心在他们的纺织品工作中使用数字技术,使用专业绘图和数字工具,如平板电脑、数字便笺簿和数码笔,以便于数字图像的传输并促进发展。他们还可以使用移动应用程序作为设计工具来捕捉和创建图像,并使用数字工具记录设计的进展。有关在设计和技术中使用数字技术的讨论,请参阅第10章。

学生的设计工作还应该考虑到设计对个人、团体和社会的影响,以及关于环境和伦理问题。这可能影响所选择的织物、不同织物面料的图案布局或构造方法的选择。

2. 会考阶段纺织技术中的制作

同样,会考阶段制作技能的发展,将建立在初中所获的基本技能基础上,但更为复杂,并支持高质量精修技能的发展。制作技能的提升水平取决于所教授内容的要求。例如,在一个"艺术和设计:纺织品"规范中,与颜色运用和装饰饰面有关的技能可能会更加突出,而在"设计和技术:纺织品技术"课程中,设计和制作一个功能性产品以满足用户需求将更重要。

会考阶段的制作技能可能包括:

- 使用复杂的方法缝合织物,例如双线缝、法式缝、搭缝。
- 使用一系列方法缝制边缘,例如包缝、斜边、贴边。
- 在适当的地方使用一系列剪切工具,例如不同的剪刀、美工刀、旋转刀具、激光切割机、乙烯基刀具。
- 使用广泛的手工和机器装饰技术,如垫料和反向贴花,自由机器绣花。
- 使用先进的技术添加颜色、图案和纹理表面,例如染色、绢画、数字印刷、升华热转印(见下文)、丝网印刷和木刻版印刷。
- 显示对更复杂的塑形过程的理解,例如捏褶、三角衬料、缝褶、镶、缩褶、碎褶、骨衬。
- 演示安全、准确和创新地使用机器技术,例如自由机器刺绣、刺绣、包缝、扣眼、绣花。
- 使用计算机辅助设计/制造(CAD/CAM)来设计和制作产品,例如制作图案、图案设计和分级(制作不同尺寸的图案),使用计算机规划图案布局以最大限度地减少织物浪费、电脑针织、电脑刺绣和绘图、3D打印。
- 通过应用计算机和电子技术,在生产中利用编程实现输入(传感器)和输出(执行器),体现智能化。

升华热转印需要一套台式的染料升华系统,A4、A3、A2打印机都可以。凝胶喷墨打印机里装有升华墨水,能将学生的设计打印到升华纸上,然后用热压机将图像从纸上热转印到所选择的待装饰的基片(织物)上。 这样做的好处是学生可以使用任何图形包打印,学校可以使用行业标准的设计包,如 Illustrator 和 Photoshop,或基于学校的软件,如"2D-Design(二维设计)"。

3. 技术知识

在初中阶段,学生所掌握的技术知识使他们能够在设计、织物的选择、构造方法和精修方面做出明智的决定。在初中阶段开发的技术知识基础上,根据所遵循的考试规范,学生可能需要:

- 了解纤维、纱线和织物的分类,包括智能的和现代的材料、混纺和混合物。智能织物是对特定刺激做出反应的织物,织物具有特殊性或智能性。这些可包括导电纤维和导电纱线、导电聚合物,形状记忆合金,蓄热材料,光纤或压电材料(受到压力作用时会产生电压)。
- 在课堂上,有效地使用并不昂贵的智能材料(如智能着色材料),包括:
  - ☆ 热感变色材料——会因温度变化而改变颜色,同时,会随着温度的改变而改变其光学性质,例如透明度。
  - ☆ 光感变色材料——具有光线激发的可逆特性,例如对紫外线有反应的衣服或随环境而变色的军事伪装服。含有光致变色染料的线和颜料可以在教室中使用,这样,在衣服上就可以显示图案或隐藏的信息。
  - ☆ 反光材料——利用逆向反射,使光线沿它们入射方向反射。
- 了解织物的性能特点以及这些因素如何影响对产品的选择。
- 了解如何利用表面处理技术改变织物的性能,如防水性和阻燃性。
- 知道如何利用织物结构知识(纹理、张力和负荷)来生产高质量的功能性产品。
- 认识和理解基于行业的程序,包括织物测试、图案制作、图案裁剪和使用技术的制造工艺,例如针织机可以制作独特的无缝服装和3D针织产品,计算机数字控制(CNC)缝纫机可以自动制作纽扣孔或贴上口袋,激光剪切机可以剪切织物,创造出复杂的剪切设计。

学生可能还需要知道,在零售和制造环境中,可以使用计算机协助:

- 质量保证和控制的监测,如证明达到目的的织物检测、强度测试或弹性测试。
- 使用条形码来监控和供应库存的即时(Just-In-Time,JIT)库存控制。
- 监控生产过程时间和流程的生产调度。

任务8.4 查看纺织品技术考试规范

从学校或授权机构的网站上获得学校使用的考试规范。如果你不太清楚,也可使用其他任意一个规范。阅读规范的内容,用不同颜色突出设计技巧、制作技巧、技术知识。这三个领域是否平衡或是某一个更突出?

在学校里,检查针对考试规范的工作计划(这可能涉及两三年),看看你能否确定符合规范的要求。

四、检查你在纺织技术方面的专业知识

要想成功地教学,你需要对自己的知识和技能有信心。对你所教授的课程和考试规范的检查,可以为学科知识的范围和深度提供必要指导。你可能在设计、手工制作或纺织品制造方面有很强的背景,但很可能你还没有教授纺织技术所需的全部知识和技能。别担心,这很常见。通过审视自己的知识和技能,你可以明确自己知道什么,并计划发展那些存在差距的领域。

你可以通过以下方法发展自己的知识和技能:

• 完成学校的设计和制作项目——设计和制作学生要做的产品。这将使你能够发展自己的技能,发现学生可能遇到的潜在问题,并且提供一个作业的范例。

• 在其他教师许可的情况下观察他们的课程,如果可以的话,特别是参加给16岁以上学生开的纺织技术课程。

• 如果你需要使用设备或专用软件进行练习,请询问部门技术人员或计算机技术人员是否有时间来帮助你。

• 参加由授权机构、当地学院或当地制造商举办的课程。

• 加入一个专业的组织,这使你能参与学科发展,并有机会了解其他学校的工作。

• 通过阅读教科书、专业期刊、报纸和网站、社交媒体和教师博客,也可与同事讨论来提升理论知识。此外,来自公司、教育视频、YouTube视频和公司网站的宣传材料等都是有用的资源。

> **任务8.5　回顾你的知识和技能**
>
> 再检查一下你在任务8.1中使用的课程文件和任务8.4中使用的考试规范。当你阅读每个文档时,在标题下列出三个内容:
> - 设计知识和技能
> - 制作技能
> - 技术知识
>
> 列出你的列表清单后,用绿色突出显示你感到自信的内容,用黄色表示你有一些知识/技能的内容,用红色表示你知之甚少或没有什么技能的内容。
>
> 对于以红色或黄色突出显示的内容,计划你将如何获得确定的知识或技能。

在发展了自己的知识和技能之后,了解当前的发展情况是非常重要的,例如通过阅读专业报纸和期刊、订阅纺织杂志、使用Twitter和其他社交媒体。社交媒体论坛是教师跟上新技术进展,讨论如何在课堂上使用新技术的绝佳途径。其中包括织物结构的技术进步和3D打印带来的迅速扩大的机遇。纺织技术教学面临的挑战之一是跟上新的发展,帮助学生了解一些最新的科学、数学和工程知识,并创造具有吸引力和功能性的产品。

作为专业的新成员,你将有机会使课程现代化,使学生能够以一种有意义和相关的方式在工作中使用新技术,帮助他们"在先进技术社会中成为一个自信和有能力的成员"(英国教育标准局 2010:44)。

五、教学理念和方法

设计和技术教学的一般方法将在第12章讨论,但是还有一些你应该考虑的一些针对纺织品技术的教学方法。主要的目标应该是想办法激发学生的兴趣和参与度。

在初中阶段,学生学习纺织技术的时间往往是有限的,所以你计划的工作应该在现有时间内顺利完成,能够吸引女生和男生,并尽可能多地教授设计、制作和技术知识。这是具有挑战性的,但是可以实现。例如,你可以利用一系列简短的重点任务来激发学生的设计技能和创造力,或者是能发展出他们许多技能的一系列任务,然后他们可以把这些技能制作成资源手册供以后参考。技术知识可以通过计划的作业活动、实验性工作、调查工作或课堂任务来讲授,这些任务是在制作过程的特定阶段或学生等待使用一件设备时完成的。

邀请设计师和专业人士到学校讨论他们的工作和学生的工作,也可以激发学生的兴趣。可以创造真实的工作环境,例如让本地企业或社区团体成为客户,让学生为他们设计和制作宣传材料、纪念品或展示品等产品。也可以参加国家和地方比赛,因为这样既可以激发灵感,也可以提供课堂练习。

建立一个资源帮助平台是促进学生独立性的一个有用方法,学生可以咨询,获得进一步支持,减少对教师的依赖。资源可能包括:

- 分步说明技术或流程的帮助表
- 学校内部网或YouTube上的视频短片,这些可能通过二维码扫描标示
- 带标签的织物样本、详细说明性质和特点的组件。这些可以由学生制作,作为一个重点任务的成果
- 可访问互联网的iPad或平板电脑、杂志、情绪板和图像

当学生学会使用帮助台,他们很快就能独立操作,此时平台就会成为高效、稳定、有针对性的学习环境。另外一个好处是,你可以监控和评估整个班级,并在最需要的地方提供支持。此外,随着学生的进步,会考阶段的工作使得他们成为独立的学习者,能够不依赖别人做出设计决策。

纺织技术常常被理所当然地理解为主要是针对女孩的主题。英国教育标准局(2011:6)评论说:"过时的针对耐用性材料和纺织品的工作方法经常增强了第四关键阶段(指会考阶段)课程的刻板的性别倾向"。这往往是初中学习经历的结果,所以在这个阶段的工作需要仔细地计划。学习内容应该对男生和女生都适合,并展示纺织技术的广泛应用。新技术和电子纺织品的结合也使得这个主题对男生和女生都有吸引力。

总结

本章着眼于初中纺织技术教学,以及如何为会考阶段的工作提供依据。它鼓励你重新回顾自己的知识和技能,并计划进一步发展的方法。我们鼓励你成为一个不断地

回顾和反思学校实践的教师,拥抱技术以使得你在学校的工作令人振奋、与时俱进,因为设计和技术对你教的所有学生来说应该是一个既有刺激性,又严谨而实用的学科。

虽然纺织技术是你的专业领域,但是建议你阅读设计和技术课程其他领域的学科知识章节,因为这些章节将带给你不同的思路。阅读其他章节也使你了解设计和技术作为一门学科领域的概况。

第9章 准备教授绘图

约翰·罗布森(John Robson)

介绍

良好的视觉传达和图形表达是设计和技术工作的核心,理解并掌握各种图的绘制理应成为任何一位设计和技术教师所关心的问题。

本章探讨设计和技术教师应具备的绘图知识、技能和理解,以及怎样将不同类型的绘图用于不同产品领域的工作中。如果绘图是你的主要领域,你可能拥有有关绘图、包装设计、美术学或其他相关学科的专业学位,本章内容与这些专业相关。也有可能你从制造或出版公司的设计工作室、设计咨询公司,或新闻媒体工作中得到相关的工业经验,这样的背景可以为你提供教授绘图所需的一些知识和技能。但是,设计和技术课程中的绘图范围相当广泛,你只有进一步深化已有的专业知识和技能,并拓展新的领域,才能熟知大纲要求,胜任教学。如果你打算教授考试阶段的绘图产品,那么你还需要熟悉考试大纲的特有内容,本章也会讲到这一方面,包括扩展阅读部分的参考资料,都可以为你提供专业性的帮助。

学习目标

学完本章的内容,你应该:

★ 理解如何将绘图和视觉传达应用到设计和技术的每一重要领域

★ 明确绘图可用于领域活动的哪些环节并如何恰当地应用绘图技能、知识和理解

★ 知道在初中和考试阶段的绘图教学需要掌握的特定技能和知识

★ 检视你的学科知识或技能,了解你的专业领域发展状况

一、什么是绘图

图即视觉印像,视觉传达在以设计和技术为中心的创造性的实践活动中发挥着极为重要的作用。思想需要以有形、易懂的方式表达出来,就如同各种信息需要以合理、清楚的方式阐述一样。

设计和技术中的绘图工作是从所谓的技术绘图或几何与工程绘图中发展而来的,早期的课程教授如何运用不同的惯例和一系列几何结构,使用形状和形式来绘制物体的精确图形。在要求更高的工作中,绘图工作可能还涉及复杂的物体结构,以计算作用在结构上的力来确定尺寸。从本质上讲,技术绘图多被视为一门服务学科,以满足在学校、工厂内使用木材或金属材料进行活动的需要。

随着设计和技术成为一门学科以及学科内容的不断发展,如今绘图虽然还有着重要的"服务"功能,但已经广泛应用于设计和技术的专业领域。绘图本身也是一个公认的研究领域,有时我们把它称为绘图作品。绘图方面的工作使学生参与到设计和制作的过程,从而形成了包装、信息宣传单、海报、建筑和其他概念模型等作品。此外,利用计算机辅助设计(CAD)和图像处理软件进行的虚拟建模和动画制作已屡见不鲜。在绘图作品的考核标准中,商业和工业是重要的环境因素。学生们学习现代印刷技术和其他生产工艺,并且有机会在当代绘图作品实例的制作中使用移动和多媒体技术。

二、初中阶段的绘图教学

在初中阶段,我们通常不把绘图作为专业领域来开展教学,但是在引导学生参与各种各样的创造性的实践活动中,所有设计和技术教师都会教授绘图方面的知识。至于具体教哪些知识,将取决于重点领域、设计性质,以及制作活动的要求。在有些学校,你可能有机会教授具体的绘图知识,将其作为教授设计和技术课程核心内容的一部分。在创造性的实践活动中,下面所列出的绘图方法已成为记录、开发和交流想法的重要手段,这些你可能都会用到:

- 带注释的草图
- 观察性绘画
- 情绪板

- 图解、图表和曲线图
- 详细的计划
- 绘图系统(如:正投影图、等角视图、透视图、横截面图和分解图)
- 插图
- 模板/模式
- 实物模型和建模(例如使用卡片、纸张、金属丝等)
- 计算机绘图
- 摄影/录像
- 移动技术和数字媒体

任务9.1　思考绘图关联的领域与活动

本项任务有助于你将绘图与重点领域关联起来。对照上述所列项目,考虑你所在领域的创新性的实践活动中,上述任一绘图方法可用于哪项活动以及如何应用?从你的专业领域中选择合适的实践案例,标注在每一种绘图方法旁。在每一项已确定的绘图项目上,你认为自己的应用水平如何?

如表9.1所示,我们可以从设计和技术的领域中,识别那些可能使用绘图技能和知识的活动。

表9.1　设计和技术领域中的绘图

课程领域	绘图的应用
电子与控制技术	使用准确的英国标准符号制作和解释简单的电路图; 使用系统图和组件生产流程图解释建模与仿真; 计算机软件可用于设计和制作印刷电路板; 结合凸轮、杠杆、齿轮和滑轮的简单机械解决方案,使用建模材料(例如卡片、金属丝或薄塑料)制作原型或模型。
食品技术	借助思维导图、情绪板、图像或概念板辅助食品开发设计; 利用文字处理、排版、电子图表和计算机绘图等方法制作问卷、调查表、食品标签、包装、宣传单和海报; 通过可视化图表、画像等方法记录和解释食品感官分析结果。

(续表)

课程领域	绘图的应用
材料技术	以绘制草图方法呈现工艺品的大致形态,并标示结构详图; 使用更规范的绘图方法(如正投影绘图),以体现制造要求的精细度; 使用诸如吸管、泡沫、卡片、晶体建模工具和相关技术等基本建模材料来改进和定型工艺品的形态、形状、尺寸、比例等; 使用计算机实体建模技术开发和测试设计思想; 利用组装好的计算机生成模型,精确地检查独立组件的相互作用和"拟合"; 利用人工或计算机渲染后的图像和插图,以写实的方式呈现预期的产品外观和表面效果,如产品的形状、颜色、质地、材料; 使用计算机辅助设计(CAD)软件制作施工图。
纺织技术	用绘制草图沟通、探索和发展设计思想; 使用图案惯例来制作和调整简单的平面图案,制作纸张和印花棉布模型; 当从一个设计源开始工作时,利用各种媒体和技术进行绘画来探索诸如产品颜色、图案、纹理方面的创意; 用计算机软件来探索和创造形状、图案和色彩; 创作时装设计和纺织产品的具象图和插图。

表9.1中的示例并不完整详尽,你还可以将自己的想法添加进去。这一列表能够帮助你将自己的专业重点领域与绘图的技能和知识联系起来。需要指出的是,设计和技术领域与绘图有何关联、并且使用哪些绘图方法,取决于你所从事活动的特定性质和目的。举例来说,当你为新的食品发掘创意时,采用注释草图就不合适。

任务9.2 你在绘图方面的技能和知识

对照表9.1中所列的课程领域,思考:在教学中,每个领域你用到了哪些绘图方法?你觉得自己能够熟练使用了吗?哪些方面是你的优势或需要发展的领域?制定一份自己认为需要发展方面的行动计划,帮助你发展和提升自己。

现在,你将学到一些在你专业领域里教授设计和技术课程所需要掌握的绘图方面的学科技能、知识和理解。但不要忘记,学生也需要认识、理解和掌握这些技能与知识。为了明确初中阶段课程中有哪些部分与绘图有关以及如何绘图,考虑为学生开设国家课程或进行指导是极为必要的。例如,在英格兰开设的设计和技术国家课程中,涉及许多绘图方面的技能和知识,它们以不同的方式恰当地应用在各种创造性的实践活动中。

在教学中,你要编写教学大纲,包括明确课程目标,阐明学习设计和技术的目的,可能还需列出所要教授的学科内容和更多的相关专业领域的参考资料,规定学生应该掌握的、可用于绘图工作的核心知识和技能。以下是一个初中阶段教学计划的摘录。

当进行设计和制作时,应该教学生们:

- 设计
  - ☆通过研究和调查(如对不同文化的研究),明确和了解用户需求;
  - ☆辨识并解决学生自己遇到的设计问题,理解如何重新规划布置给他们的问题;制定规范,为新颖、实用、有吸引力的产品设计提供信息,以满足各种情况需要;
  - ☆使用各种方法(如:仿生和以用户为中心的设计)生成创意,避免一成不变;
  - ☆借助多种方法开发和交流设计思想,如带注释的草图、详细的计划、3D 和数学建模、口头陈述、数字化展示以及基于计算机的工具。
- 制作
  - ☆准确选择和使用专业工具、技术、工艺、设备和机器,包括计算机辅助制造(CAM);
  - ☆考虑到它们的属性,选择更广泛、更复杂的材料、部件和成分。
- 评估
  - ☆分析过去和现在的专业人员以及其他人的工作,发展和拓宽他们的理解;
  - ☆研究新兴的技术;
  - ☆根据规范来测试、评价和改进学生的想法和产品,同时考虑潜在用户和其他相关群体的意见;
  - ☆了解设计和技术的发展,及其对个人、社会和环境的影响,以及设计师、工程师和技术人员的责任。
- 技术知识
  - ☆了解和利用材料的属性、结构元件的性能以完成功能性解决方案;
  - ☆了解产品中使用的更先进的机械系统是如何引起运动和受力变化的;
  - ☆了解更先进的电气和电子系统如何在其产品中供电和应用。比如,通过热、

光、声音和运动来输入和输出电路;

☆利用计算机运算并使用电子设备将智能技术嵌入到产品中,使用可编程组件(如单片机)响应输入(如传感器)和控制输出(如驱动器)。

Department of Education, 2013

任务9.3　教学计划中的绘图

　　研究以上所列出的或你所教课程中相似的内容,突出显示可能用到绘图的部分,然后仔细思考,怎样将其中的一部分内容转化为学生运用特定的绘图技能和技巧的活动或任务?例如,有一种分析过去和现在的专业人员工作的方法,即通过制作一系列图纸和模型进行可视化研究。在解决纺织品图案重复的问题上,为了产生创新性的想法,可将植物形态的观察绘图作为初步研究和调查的基础。你可以用这种方式来思考上述所列内容,但要确保所选示例适用于专业重点领域特定的教学目标。

　　与你的实践导师、学科教师或同伴讨论你的想法。

三、会考阶段的绘图教学

如果学生想要更深入地研究绘图领域,在考试阶段,他们可以选择专攻绘图,当然考试可能会被命名为绘图作品、绘图、产品设计或是设计和技术。考试大纲在很大程度上决定你的授课内容,如果你打算在考试阶段进行教学,就必须确保自己熟悉考试大纲内容,并且确定自己的学科知识能达到考试要求的水平。

考试大纲的内容通常涉及视觉表象和三维产品的生成、用建模的方式传达设计理念。通过研究绘图作品,学生们学习并演示各种各样的绘图技术,创建、开发和交流他们对一些设计问题的解决方案。使用合适的绘图工具和工艺,包括柔性材料,如卡片、塑料片材、泡沫模型以及计算机生成的图像和造型,按照解决方案进行原型制作或建模。

不同认证机构的规范在细节上有所不同,但在内容上往往有共同点,并在评估方案中表现出类似的做法。通常,绘图作品考试中要求掌握的知识和技能包括:

- 设计和制作;

- 不同类型绘图材料的物理性能、用途和精加工,如纸张、纸板、塑料、片材和块状建模材料;
- 油墨和涂料中的颜料和展色剂;
- 新的制图和造型材料、智能材料;
- 制图媒介,如铅笔、彩色铅笔、精细划线笔、蜡笔、记号笔、涂料、喷枪、转印纸等;
- 绘图用具,如三角板、制图板、指南针和两脚规、尺子、量角器、曲线板、曲线尺;
- 支持设备,如复印机和灯箱;
- 用于计算机辅助设计/制造(CAD/CAM)的计算机软件,包括快速成型技术;
- 桌面出版系统(DTP);
- 视频、动画、图片的编辑和软件的操作使用;
- 应用于不同表面的图形图像;
- 粘合剂的合理使用;
- 传达设计理念;
- 模型和原型的功能;
- 草图和绘画,包括手绘,"非正式"画画,使用惯例、其他辅助工具和设备的绘画;包括计算机辅助设计(CAD)软件中使用的条板包装和线框技术;
- 色彩原理;
- 演示材料和技术,包括摄影和计算机辅助设计/制造(CAD/CAM);
- 示意图、系统和惯例;
- 施工图;
- 信息图;
- 表面展开图(网);
- 包装设计——材料和工艺;
- 评估和分析绘图产品;
- 排版和文字格式;
- 印刷工艺;
- 与绘图材料、设备和工艺有关的健康和安全问题;
- 应用于绘图作品的系统和控制程序;
- 工业实践和生产规模。

四、考试评估

考试评估方案包括两个部分：
- 设计和制作的实践，通常是在一段时间内进行的一种基于课堂的活动。
- 笔试，期末考试。

不同的认证机构分配给这两部分的分值权重可能有所不同，但是通常都会分给设计和制作的实践部分占比更大的分值。作为实践导师，这对于如何介绍、组织实践活动，给学生提供恰当的支持，以及监控实践进度，都是有影响的。对于这种评估，学生们需要针对认证机构给定的任务或主题，制作自己的作品集和/或提交适当的电子稿和设计结果。例如，这些任务或主题可以是下面的设计和制作活动：

- 旅行游玩；
- 慈善机构的宣传材料；
- 销售点的陈列广告；
- 包装设计；
- 博物馆纪念品，如书签、徽章、传单；
- 企业标识；
- 信息图表，如旅行指南、宣传单、标志、海报、地图。

学生们可以通过这项活动，展示他们在绘图作品应用领域的知识、技能和理解，包括：

- 材料、部件、工艺、技术和工业实践；
- 大量设计和制作高质量产品，包括工业和商业实践；
- 评估过程和产品；
- 探究设计和技术对社会更广泛的影响，例如生产工作所引起的道德、社会、文化和环境问题。

期末的笔试测试学生对知识的应用能力，对材料、组件和加工、技巧、技术的理解能力以及对商业实践和绘图产品本身的评估能力。问题既可以书面回答，也可以使用绘图技术。不过可以预料，分数的权重和问题的数量往往倾向于后者。在第13章我们会进一步讨论设计和技术的评估及其相关问题。

任务9.4 制定教学大纲

回顾前面建议的关于设计和制作考试活动的主题清单,选择一个主题并考虑如何开发一系列内容。你将如何引入主题?如何构建将要学习的学科知识?包括哪些学习活动?

与你的实践导师、专业教师或者同伴讨论你的想法。他们会有其他想法提供给你吗?

五、检视你在绘图方面的专业知识

为了能够胜任教学,你需要有良好的学科知识和实践技能。

任务9.5 查看绘图作品的考试大纲

从学校或资格认证机构的网站获取学校使用的绘图作品考试大纲。如果你不太清楚,也可以使用其他任意一个考试大纲。

绘制一张表,如表9.2所示。你可以画在纸上,也可以绘制电子表格,以便将来可以根据需要进行扩展。仔细阅读规范,列出学生们需要掌握的学科知识和技能,然后添加一些解释性的详细信息,以便你可以清楚地知道所涉及的教学内容。与其他老师进行讨论也会有所帮助。

表9.2 关于知识和技能的考试规范

认证机构:			
考试规范:			
教授的知识	传授的技能	注释	我的水平

最后,标示出你自己在每个方面的知识和技能情况,它将突出说明在哪方面你需要进一步弥补发展中的不足。

如果教16岁以上的学生学习绘图作品,你需要根据16岁以上学生的相关规范进行这项活动。

明确了你需要掌握的知识和技能之后,你可以考虑通过以下多种方式实现发展,包括:

- 承担考试阶段的在校学生设计和制作课程的教学工作;
- 无论在初中阶段还是会考阶段,在你的专业领域观察绘图作品的教学情况;
- 练习你的绘图技能。有一种方法可以做到这一点,即通过为你的专业领域创建教学资源,例如,制作海报、讲义、工作表、模型和演示文稿。无论是手工制作的还是利用计算机完成的,这些资源都应该是高质量的,符合良好的图形表达的标准。

任务9.6　制作可视化教学资源

在你关注的领域里,选择一个主题(最好是你要进行教授的主题),然后制作一系列不同类型的可视化教学资源以帮助学生学习,这些资源可能包括海报、学生信息表或工作表、插图,以及幻灯片演示文稿。目的是使用最少的文字,以可视化的方式来交流和演示想法,例如三维建模、图像、绘画、图表、摄影等。在使用文字时,要仔细考虑文字的大小、样式、粗细和颜色。平面排版也很重要,所以要考虑文本部分的面积和位置,以及与展示内容的并置。

如果可能的话,使用这些教学资源并询问学生的反馈意见。

总结

良好的学科知识和技能,是规划课程和开展教学的基础。在绘图领域,只有拥有丰富的实践技能,才能实现有效的视觉传播。当然你也需要熟练一系列的手工技能,如绘画、作图、制表、画插图、做3D建模等;还要熟悉基于计算机的某些应用、使用移动和其他技术,如摄影、多媒体、计算机辅助设计(CAD)、计算机辅助制造(CAM)以及现代智能材料等。就后面谈到的这些技能而言,你需要紧跟时代的步伐,不断地更新自己的知识和技能,使之与技术的新发展同步,从而相应地提高学生的学习热情,激励他们的学习动机。

无论教授哪个专门领域的课程,你都可以在这一章里找到相关的内容。本章有助于你了解绘图工作可以适用并整合于你教学中的哪些领域。作为教授绘图的教师,你应首先考虑如何将考试大纲转换成教学方案。本章将有助于你澄清自己知识和技能方面的不足,并思考怎样以最佳的方式加以弥补。你应珍惜现在拥有的课程研究或学校实习的机会,与实践导师或学校里其他教师一道工作。尽管你自己会利用媒介工具和技术进行绘图方面的反复实践,但这将促进你作为一名设计和技术教师的专业成长。

第10章 准备使用数字技术进行教学

萨拉·戴维斯和艾利森·哈迪(Sarah Davies and Alison Hardy)

介绍

我们将在本章探究数字技术的含义,以及它是如何有助于设计和技术的教与学的。数字技术可以把工业风格的应用和工具带进课堂,通过帮助学生培养协作、独立和迭代设计的能力以及发展他们的基本数字素养,来增强他们设计和技术方面的学习。我们将探讨使用数字技术的良好实践、数字技术在设计和技术教学中的不同用途、如何规划使用数字技术来提升设计和技术能力,以及课堂管理问题。重要的是,记住:你必须决定什么时候适合使用数字技术,什么时候不适合使用。在教学生你想让他们学习的内容时,你不得不考虑数字技术是否是最有效果或者最高效的教学方式。如果不是,那么可能会有这样一些时候,数字技术的设备和资源虽然是可用的,但你决定不使用它们。虽然本章包含学校的意见,可我们要强调的是,你需要结合自己教学的具体情况。与学生一起使用数字技术时,你还需要考虑电子安全,这在第三章中讨论过。

我们假设你已经对设计工作中计算机的使用有了基本的认知和理解,你可以应用计算机辅助设计(CAD)软件创建、修改和分析二维和三维的设计思想,它可以生成数据文件,导出到计算机辅助制造(CAM)的硬件中。如果你对以上任何一点不确定,那就和你的指导老师、设计和技术或者计算机技术人员讨论,并请求演示。我们还假设你具有在课堂中使用互联网和社交媒体的基本知识,这意味着你熟悉博客、维基、社交网络、移动应用程序和播客。如果不是这样,在本章最后的扩展阅读部分,我们提供了几个基础水平的书籍和网站。你可能也会发现阅读本套书的另一本——《学会在中学中使用信息通信技术进行教学》(Leask and Pachler 2014)也是有用的。

作为教师,你可以使用数字技术进行研究、规划课程、制作资源以及记录学生情况,但这不是本章的重点。(有关这方面的进一步指导,请参阅Owen-Jackson 2007)

> **学习目标**
>
> 学完本章的内容,你应该:
>
> ★ 解释什么是数字技术
> ★ 解释如何将数字技术融入到设计和技术教学中,并制定有效使用计划
> ★ 明确数字技术如何增强对设计和技术的学习
> ★ 考虑如何评估学生们的数字技术使用能力
> ★ 分析在教学中使用数字技术所带来的优势和挑战

一、数字技术和数字素养的定义

数字技术不是设计和技术的独立分支,它被用来形容设计和技术活动中所使用的数字工具和数字资源,使得学习更有效率。我们把这些数字技术分为三类:

- 工业设计与制造
- 移动数字技术
- 在线技术(Hardy and Davies 2013)

1. 工业设计与制造

这些数字技术广泛用于工业领域,通常被归入计算机辅助设计/计算机辅助制造(CAD/CAM)类。在设计和技术课程中使用CAD/CAM有助于确保学科保持相关性、现代化,同时又能吸引学生的兴趣。工业设计与制造的数字技术的范例包括:

- 二维设计软件——矢量图软件,用于绘制3D模型的部件或组件的细节;二维计算机辅助设计(2D CAD)也可以用于创建二维绘图。
- 三维设计软件——矢量图软件,用于创建固体、表面和装配组件。最终的模型是一个实际产品的虚拟复本,但是它可以像真实的产品一样看得见转得动。

- 绘图、美术和图形软件包——基于位图的设计软件,用于捕捉设计想法和数据,以导出到CAD的硬件中。
- 光学扫描仪或白光器件,又名坐标测量机(CMM)——用于测量或解码一个真实模型/人物的形状,以进行增材制造①。
- 绘图仪/切刀——矢量图形打印设备,在纸、卡片或自粘塑料薄板上绘制或切割二维图形。
- 激光切割机——光学激光设备,用于切割或雕刻各种各样的材料,如卡片、胶合板、丙烯纸、纺织品、玻璃以及一些食物材料。
- 二维和三维的铣床——旋转工具,用于切割和车削木质和金属的零件和物体。
- 单片机——小型计算机,用于控制产品和设备。
- 编程软件——计算机程序,用于为单片机编写代码。
- 计算机控制的缝纫机、绣花机和包缝机。
- 增材制造或3D打印——通过材料(一般是热塑性塑料)逐层打印的方式,制作三维物体。
- 染料热升华打印——喷墨或凝胶打印机,用于将染料热转印到诸如纺织品、塑料、卡片或纸张等材料上。

你还将遇到计算机数控(CNC)这一术语,它是指将计算机辅助设计(CAD)转换为控制计算机辅助制造(CAM)机器的数字串。这些数字提供了方向、速度等所需的所有指令。增材制造(3D打印)是计算机辅助制造(CAM)中快速成长的领域,在学校里变得越来越普遍。(参见第17章关于增材制造的更多信息)

2. 移动数字技术

移动数字技术允许学生在任何时间、任何地点进行学习,有助于学生的独立和个性化学习。这类学习在所有学科领域都很重要,不仅仅是设计和技术;你可能会发现整个学校都在使用这些资源。移动数字技术的范例包括:

- 记录设备——音频、图像和视频的数字存储设备,例如,录音笔、便携式MP3播放器、数码相机,可用它们来记录设计过程中的关键时刻。

---

① 增材制造:3D打印的学术名称,通过软件与数控系统将专用的金属材料、非金属材料以及医用生物材料,按照挤压、烧结、熔融、光固化、喷射等方式逐层堆积,制造出实体物品的制造技术。

● 移动计算——掌上电脑,例如,笔记本电脑、上网本、平板电脑和智能手机,可接入互联网,而且可以拿着它们在教室里四处走动。

个人设备提供了一种不同于笔记本电脑和上网本的体验,许多学校正在发展BYOD(bring your own device)项目,它允许学生们携带自己的智能手机、iPod touch、iPad、平板电脑等设备进教室,供课堂使用。

任务10.1　携带个人设备

询问学校有否政策允许学生(和员工)携带个人数字设备进校园,如果有,你会如何在教学中利用这一点呢?

3. 在线技术

这是一个不断扩展的领域,大多数教室现在都有稳定的互联网访问环境。在线技术的范例包括:

● 虚拟学习环境(VLEs)——内容管理系统,用于发布、编辑、创建课堂内容,如测试、作业、成绩、评价或者其他外部资源。虚拟学习环境也可以作为学生和老师互动的社交空间。

● 互联网搜索引擎——软件系统,用于在万维网上搜索信息。

● 电子学习档案工具——可以收集电子证据的线上网站,用于表示和证明学生的能力。

● 社交媒体(web 2.0技术)——基于互联网的博客、维基和社交网络,用于捕捉和分享学生的作品。

● 移动应用(apps)——计算机程序,类似Evernote、Flickr和Kindle,这些应用程序可以在移动设备上运行。

上述清单还远远不够详尽,你会发现数字技术这个领域一直在不断地发展。

本节描述了你在学校可能遇到的一些数字技术,但考虑学生的数字技术素养也很重要。许多学生熟悉计算机,似乎对使用移动设备和社交媒体充满信心,然而数字技术素养不仅仅涉及这些设备的操作。设计和技术学科的数字技术素养着重于发展设计和技术的能力,例如独立工作、团队合作以及解决问题的能力。作为教师,你的工作是指导学生以一种安全恰当的方式使用数字技术,你可以通过向他们演示如何使用来做到这一点。你可以考虑培养学生以下的态度和技能:

- 在网上搜索时,判断网站和搜索结果的合法性。
- 在发布内容时,进行安全有效的沟通。
- 在线上评论时,尊重其他用户。
- 遵守版权规则。
- 保护个人信息的安全。

你还应该鼓励学生要预先计划在计算机上做些什么,无论在教室里还是在家里。比如,如果要进行搜索,他们应该考虑用什么关键词;如果要进行设计,他们应该考虑基本的形状和尺寸,甚至可能要作些测量;如果要详细写出工作计划,他们应该对从哪项工作开始做笔记。这种计划和准备节省了时间,会使学生意识到数字技术可以帮助他们学习和思考,而不是取而代之。

二、为什么使用数字技术

数字技术有望改善学习(Nesta 2012)。通过支持、扩展或转变我们的教学方式,它能帮助学生解决技术难题,增加他们的学习机会(Loveland 2012)。

工业设计与制造的数字技术有助于增加学生对工业中设计和技术的了解,我们可以将工业和商业应用引入课堂,使学生紧跟技术研究与创新的发展。CAD/CAM可以让学生模拟工业设计与制造的过程,通过创建技术上复杂、精确且设计公差适合的图纸和产品来学习工程的概念。

作为设计和技术教师,你应该计划开展鼓励创造性和多样化反应的课堂活动。学生们可以使用传统的设备和手工工具来探索技术难题,这可以让他们评估不同技术的利弊,便于以后在使用传统还是数字技术之间做出恰当的选择。

移动数字技术,如数码相机、平板电脑和智能手机,可以捕捉设计过程的各个方面,以便于日后回顾,从而促进学生自主学习能力的发展。有些移动设备还能让学生快速、方便地获取信息,他们可以利用这些信息提高他们的评估能力和进一步发展他们的设计思想。移动数字技术为学生与学生之间、老师与学生之间的互动提供了一种媒介,例如,学生可以互相评审他们在线上或者在老师的交互式电子白板(IWB)上发布的作品。

在线技术使得教师之外的专家们进入课堂。学生们现在正生活在这样一个世界里:知识不是仅仅被少数人所知,而是会被传播给愿意倾听的人,被许多人所共同拥有和分享。线上资源可以支持、扩展知识和信息的范围,供个人和团体研究使用。

社交媒体工具,如维基和博客,或者类似Diigo,Pinterest,Prezi这样的网站,可以扩展和改变学生们在小组工作和团队项目期间的协作方式。快速又简单的信息分享使学生能够在课内外与同伴协作。当多个学生在社交媒体网站上添加内容时,可以增加更多的信息量,他们还可以模拟设计师在行业中的工作方式。

数字技术还可以帮助许多学生参与设计和技术活动,这些学生在以前可能受身体或教育困难的限制而无法参与进去。例如,视力受损的学生可以通过计算机程序制作尺寸放大的设计产品。身体残疾或操作技能差的学生可以借助计算机来帮助设计和绘图,进行更加精确的绘制和设计,还可以使用计算机控制的机械装置制造出高质量的产品。

在设计和技术课堂中使用数字技术的潜在优势是很大的,然而,需要注意的一点是,数字技术通常不是专门为教学设计的,你需要确认某个设备可以用来做什么,然后决定如何在你的教学中充分利用好它。有必要富有创意和别出心裁,这样有利于使你和学生都活跃起来。

三、计划使用数字技术进行教学

在你开始计划何时以及如何将数字技术融入到你的教学之前,你需要了解学校中有哪些可用的资源和设施。

任务10.2 数字技术的资源

在学校里,了解你所在部门或者学校的其他地方有哪些资源可供你使用。为此,你可以向你的实践导师、部门领导、相关同事,或者向设计或技术或计算机技术人员,询问以下问题:

- 哪些数字技术可用？有多少种？它们在哪？什么时候可用？
- 需要提前预定吗？
- 预定系统是什么？需要提前多久预定？
- 哪些计算机(包括手提电脑)上有设计和技术特定的软件？
- 谁负责维护和保养？
- 如何登录学校的虚拟学习环境(VLE)或局域网？
- 电子安全程序是什么？

一定要记下你发现的内容,并在做课程计划时用作参考。

同样重要的是,你要了解学校和部门在使用数字技术和访问互联网上的政策。管理数字技术使用的程序是什么？是否允许学生公开访问互联网？需要考虑电子安全的哪些方面？有关电子安全的讨论,请参考第三章。

你还需要了解学生们已经掌握了什么,以及他们能够使用CAD/CAM、移动设备和在线技术做什么。很多学生已经是这些数字技术的专家,但你不能确定每个人都是,所以你在规划课程时要考虑到这一点。对你来说,看一些管理指南(比如,英国的全国计算机课程学习计划)是有用的,因为它们可以帮你判断什么是恰当的期望水平,尽管有些学生会超出这个水平。要记住,你不仅在计划让学生们在设计和技术的学习中取得进步,还在计划让他们在数字技术的使用和理解中取得进步。

学校防火墙可以保护计算机免受病毒侵害,它可能会屏蔽你选择使用的网站。你需要熟悉学校政策,以便了解被屏蔽的网站并选择替代方案。为了支持学生在使用互联网和社交媒体时遵守协议,掌握相关的技能,洛夫兰(Loveland 2012)建议实施一个可接受的使用政策(AUP),其中包含数字技术使用的指导原则,例如,遵循版权规则并保证个人信息的安全。可接受的使用政策(AUP)可以在教室里展示,提醒学生注意这些协议。

任务10.3　可接受的使用政策(AUP)

你认为在课堂中使用数字技术的指导原则应该是什么？写一份清单,创建你自己的可接受的使用政策(AUP)。

现在,很多学校都创建了虚拟学习环境(VLE)。虚拟学习环境(VLE)允许教师上传资料并集中存储,起初这样会比较耗时,所以在做计划时要考虑到这一点。但是,这让所有学生无论是在课堂内还是课堂外都能获得课程资料,以支持他们的学习(Loveland 2012)。

电子档案是学生们借助合适的技术创建学习记录,以数字方式工作的常用方式,他们可以使用计算机、数码相机、移动电话以及所有设备中的相关软件和功能进行编辑,以记录活动、学习、结果以及进行和记录评估。你的角色的一部分是鼓励学生决定使用何种技术,何时使用以及如何最有效地使用它。为了做到这一点,你自己必须熟悉这些技术。以下章节考虑设计和技术的各个方面,以及如何将数字技术融入到课程中。

四、使用数字技术进行设计

设计工作包括一系列过程:研究和记录信息,产生想法,建模和测试,以及做出设计决定,数字技术能促进每一项过程,例如:

- 在网站上搜索相关资料和流程以获取灵感和信息。
- 利用视觉媒介去捕捉研究发现。
- 组织和分享研究。

当我们为学生们布置了一个设计概要,或者他们自己发现了问题或机会的时候,通常首先让他们了解更多关于这个特定情形的信息。他们可以通过浏览互联网,搜索线上信息资源来进行研究。博物馆(例如伦敦的V&A博物馆、伦敦设计博物馆)都有过去和现代的设计师、建筑师以及有关工艺的在线档案,可以为学生的设计工作提供灵感。

社会性书签工具可用于支持学生的网络搜索,帮助识别、注释和共享有用的网页和文件。当你发现想要与学生分享的网站和在线资源时,只需将其添加到书签服务(比如Delicious,StumbleUpon和Diigo)中并用适当的词语加以标记即可。

任务10.4　社会性书签

如果你对社会性书签服务的使用不熟悉,请在搜索引擎中搜索"社会性书签",阅读有关信息,了解什么是社会书签,它是如何工作的。然后,选择一个社会性书签网站进行研究和使用。如果你是在学校,问一下是否有一个可以在学校访问的首选的社会性书签网站,以便可以在学校访问它。你有可能需要注册才能使用该站点。

要使用此类网站,请先选择一个你要教授或有兴趣开展的主题,将有用的网页保存到你选择的社交性书签网站并创建标签,确保它们是有用和合适的。

向学生发送你的书签链接,这样他们就可以获得你为课程主题推荐的资源。如果这不可行,可以分享给朋友或同事。

互联网使得学生们可以通过文本、邮件、博客、微博、社交网站进行电子交流,这种交流方式有助于调查研究,比如,在全球线上社区中询问面包配方,或者问他们坐的是哪种类型的椅子,亦或他们的衣服是由哪种面料做的。这不仅有助于培养学生设计和技术中的知识和技能,还有助于培养他们的人际交往能力,以及提升他们对其他文化和价值观的认知。但是,请注意社交媒体网站上可能发生网络欺凌,这在第三章中讨论过。

数据库可用于调查研究,可以被存储在学校服务器、虚拟学习环境(VLE),或者类似于Dropbox、Google Drive、Apple iCloud等基于云计算的程序中,这样学生们就可以在校外访问数据库。以学校所拥有的材料为例,他们可以通过电子表格软件访问学校建立的数据库。学生们在选择工作材料时可以访问材料数据库,它可能包含有关成本、用途、替代建议等信息。一个附有电子元件图表的数据库包含尺寸、形状、用途和属性等信息,可以帮助学生决定将哪一种电子元件集成到为特定用途而设计的电子电路中。

经过研究收集的信息必须进行组织和记录,学生们可以使用在线情绪板应用程序(如Pinterest)记录他们的图像,或者在维基上协同工作。

任务10.5　建立一个设计和技术的维基

　　如果你之前没有用过维基,请在搜索引擎中搜索该词汇,阅读相关内容,了解什么是维基,以及它是如何工作的,然后你需要在一个维基托管网站(如PBWorks、Wikispaces)上注册,遵循维基托管网站上的说明,创建维基并上传信息,供他人访问和修改。

　　至少邀请三名学生或者感兴趣的老师加入你的维基并添加内容,记下你如何在课程中使用维基。

　　当学生们有了设计思路时,他们可以使用计算机辅助设计(CAD)、绘画、艺术或画图软件包来完成这个设计。使用计算机辅助设计(CAD)能让学生们的设计更加准确,更容易按比例绘制,他们可以有针对性地探索不同的形状、大小、比例、颜色和字体,并且可以轻松修改这些设计,不需要没完没了地重新绘制或者起草。计算机辅助设计(CAD)也可以用于为制造生成模板和数据文件。艺术或画图软件包通常用于纺织技术和图形产品中,让学生在做最后的设计决策之前,去探究色彩、字体和图案。这些优势鼓励学生对设计思路进行更多的尝试,对那些绘画能力弱的同学格外有帮助。不过,在使用现有图像时,作为教师,确保学生了解版权的重要性,了解哪些图像能够或者不能复制和使用是非常重要的。

任务10.6　在设计工作中使用计算机辅助设计(CAD)

　　在学校里,了解你的部门使用哪个软件进行设计工作。如果你还不熟悉这个软件,就花点时间去学习它能做什么,考虑它所涉及的功能和技巧,以及这些对你的教学有多重要。这个软件涉及的这些技能和技巧能否令人满意?你还可以采用其他更加有效的方法吗?

　　思考当你使用这个软件抑或是纸笔时,你的"设计"教学是如何根据你所使用的工具的不同而发生变化的。与其他在校学生或教师交流你的想法。

　　在设计时,有些学生会发现,想要坐在黑色屏幕前产生一些想法,就像面对一张白纸时一样困难。布莱姆斯顿(Bramston 2009)建议使用混合媒介来支持学生绘图,例如,将黑白照片扫描到CAD程序中,为学生的设计工作提供一个起点或模板。

电子表格还可以帮助建模和做设计决策,因为学生可以从中看到"因果关系",并提出"如果……会怎么样"式问题。例如,改变食品中的成分以查看其对营养价值或成本的影响。对于纺织品或抗性材料,使用电子表格来调查采用不同材料或成分对成本或重量的影响结果。采用电子表格设计一个生产过程,允许学生进行调整,查看过程变化或生产的产品数量变化如何影响生产的时间或成本。这都会使学生们了解工业生产的过程。

我们可以使用计算机辅助设计(CAD)程序,在没有物理模型的情况下进行建模——它可以产生数字3D模型、屏幕上的模拟或是一些可处理的数据,比如电子表格中的数据。学生可以从屏幕中的3D模型"看到"他们提出的解决方案,并进行修改,以发现如果他们对尺寸、形状、结构或者材料等因素做出不同的决定会发生什么。这就使得学生提出并回答一些复杂的"如果……会怎么样"式问题,有助于他们发展高层次的分析和理解力。用参数化设计工具(PDT)在计算机屏幕上创建设计的部分元件,移动这些元件以检查它们在制造产品时是否能合在一起。学生们通过这种方式建模能直观地看到设计的各个方面,并能测试和分析结果。参数化设计工具(PDT)还支持第12章中讨论的无需制作的设计。

任务10.7　使用CAD/CAM进行建模

　　回顾你之前教的或者观察的一些课程,考虑可以修改哪些地方以使其包含一些基于计算机的建模工作。注释课程并与你的实践导师或其他教师讨论你的想法。

　　如果可能的话,教授修改后的课程计划并对其进行评估,特别要对课堂中发生的学习进行评估。

就研究而言,数字技术使学生能够与其他人分享设计思想,或者进行协作设计。博客或维基鼓励异步"对话",而社交网络空间(如Facebook或Edmodo)则允许学生发表想法和照片,获得更多人的回应。

五、使用数字技术进行计划和制作

在设计和制作时,要求学生计划制作过程,引入计算机辅助制造(CAM)等数字技术,探索原型开发的形式和功能,制造出高质量的产品,以模拟工业设计实践。

学生们在计划制造产品时,经常通过原型化、测试、分析、改进产品或流程这一迭代过程来测试他们的设计思路,这在学校被称为建模。有些学校使用纸板和纸在激光切割机上打造薄片材料结构(例如相框)的原型或模型,学生可以在最终使用丙烯酸树脂制造成品之前试用这个结构。通过这一过程,学生能够学到如何使用计算机辅助设计/制造(CAD/CAM)对设计思路进行模拟、测试、开发,制造预期产品的3D模型,并对正在发生的事情有更好的概念理解。

数字技术可以用于记录学生分析与测试、建模与制造过程的音频、图像和视频,在线网站(如Instructables)可以通过文本和图片的形式记录学生制造过程的不同阶段。这些记录可以被存储下来,有助于学生进行计划、反思和评估。或者把记录的作品发布在网上,这也对评估过程有帮助。

在制造过程中,可以通过多种方式使用计算机辅助制造(CAM),包括:
- 电脑铣床加工木材、金属或塑料。
- 计算机程序帮助雕刻或蚀刻印刷电路板。
- 激光切割机切割纺织品、卡片和塑料。

一个新颖的实例(参见时钟项目网站,拉夫堡大学,无日期),描述了使用激光切割机,为一个STEM项目制造一套包含零件和组件的创新套件,"把工程的概念带进设计和技术课程"(Jones et al. 2013:24)

数字技术能使学生进行批量设计,增进他们对工业中如何使用数字技术大量生产的理解。比如,可以使用激光切割机大量生产纺织产品上的钮扣等标准部件,也可以使用刨刨机制造简单的模具,以用于批量生产锡合金拉链头。

较传统手工制造方法,使用计算机辅助制造(CAM)的一个优点是,学生可以制造出质量更一致的产品,这有助于他们了解商业制造过程和日常用品。

计算机辅助制造(CAM)设备可能是昂贵的,但并不总是需要在学校里使用这种设备。有些学校和公司提供了远程制造服务:学生在学校的计算机辅助设计/制造(CAD/

CAM)软件上完成设计,通过电子邮件把设计发送给提供服务的学校或公司,对方将其加载到他们的数控机床上,制造出产品并寄送给学生。这样做的缺点是学生看不到制造过程,但是他们可以做计算机辅助设计(CAD)工作,获得高质量的产品,并开始了解工业制造是如何运作的。

随着3D打印成为一种建立原型和制造产品的既定工业技术,让学生了解其潜力将变得格外重要,并且3D打印机在中学里日益普及(教育部,2013年)。光学扫描仪可用于记录当前物体的高精度三维尺寸,然后可以通过3D打印创建其复制品。原型产品也可以使用3D打印技术制造,不过这些产品最好是不需要高压或负载,而且对颜色没有什么要求的。随着技术的发展,这些限制很可能会被消除,各种高质量产品的工作将成为可能。

可能对一些学校来说,3D打印机目前的价格比较昂贵,这种情况令人望而却步。但是,你可以考虑利用Reprap和Pwdr等开源方案自制打印机,不过请注意,它们可能需要维修和保养。如果考虑使用3D打印机,会耗费高成本的消耗品(如打印材料),而且生产过程较慢,但是学生们能够自己制造高质量且符合工业标准的产品。你需要权衡一下这些利弊。

在纺织技术中,电脑缝纫和刺绣机器可以从一个电脑设计直接生产出复杂的刺绣件。计算机和打印机也可用于计算机辅助制造(CAM),计算机生成的图案可以用允许平铺式打印的机器打印出来,可以把若干张A4纸拼接在一起制作大型海报或图案(Davies 1999)。

在设计和技术的所有领域,学生可以使用Photoshop等图形软件为他们制造的产品制作包装和宣传材料。像Instructables这样的项目共享网站可用于展示产品说明,例如,与他人分享方法或者制作步骤说明。

六、使用数字技术进行评估和展示

评估可以在学生所在的任何设计和制作活动中进行,它可能包括测试材料,收集用户试验的结果,修改设计、计划或产品。数字技术能为这些过程提供有用的帮助,例如,在测试食品材料时,可以用数字手持式温度计记录加热温度;在收集用户信息时,使用SurveyMonkey等在线调查工具,然后在电子表格中捕获并分析结果;或者,在团队项目中使用Google Drive来共享电子表格。通过使用计算机辅助设计(CAD)可视化建模或计算机辅助制造(CAM)原型制作来分析设计思路,学生能随着工作的进展测试和修改他们的产品。

学生经常被要求提供描述他们工作环境的报告,概述他们所做的工作内容并对其进行评估。电子档案和演示软件可以帮助学生作草图,对其进行编辑,直到满意为止。他们可以在工作的同时生成报告,每周在计算机或者云端存储一次,一直到工作完成,这样,在工作完成的同时报告也将同时完成,而不用再回顾工作来生成报告。报告不一定是纯粹的文字,照片、视频和音频文件也可以存储在媒体共享网站(Flickr、Photobucket、YouTube、Vimeo、Audioboo、Soundcloud)上,并且可以使用超链接或者嵌入代码的形式合并到报告中。演示软件可以将报告与图像、视频和音频整合在一起,使报告和演示更加生动活泼,引人入胜,还能同时培养学生的技能。

很多学生感觉汇报很难,你可以鼓励他们用Prezi等演示软件创建多媒体演示文稿来做汇报。不过请记住,一个好的汇报不应该被当成是学生理解了工作或高质量工作的证据,你仍然需要阅读其工作内容和证据,证明学生的知识和理解取得了进步。

七、课堂管理问题

数字技术下的教与学的管理可能与真实工作领域有所不同,但在某些方面它们是相似的。如同使用其他设备,在使用计算机和计算机辅助制造(CAM)硬件之前,你应该先确保自己知道这些设备的工作原理并且能够熟练使用它们,包括:

- 知道插座和导线在哪儿。
- 检查你要用的软件。
- 核实可能需要的各种密码(如果学生自己有密码,知道如果他们忘记了该怎么办)。
- 检查各种外围设备,如打印机(包括谁来供应纸张)。

重要的一点,你要确保自己知道并遵循学校可能已规定了的病毒防护流程。确保自己知道如何保存学生的工作:是保存在存储设备、主目录、虚拟学习环境(VLE)还是电子档案中?这些准备工作可以帮你相对轻松地开展教学。

你还需要确保自己熟悉各种健康和安全条例,并要进行风险评估,例如,如果计算机辅助制造(CAM)设备位于多尘区或水位附近,你就需要采取特殊的预防措施。所有使用设备都连带着各种各样的导线、插头和电线,你需要确保这些设备不会被拖动或者对学生造成危险,并且保证它们状况良好。你需要检查桌椅的高度和照明水平是否充足,让学生能够在机器上舒适地工作。在使用计算机辅助制造(CAM)设备之前,核实学校和部门的安全使用政策。

在课程中,你需要考虑学生坐在哪里,哪些学生正在使用计算机资源,以及学生之间如何互动。与其他设计和技术工作一样,你必须管理每位学生的体验和活动,让他们达到能满足他们需要的工作水平,并能从中取得进步。这通常意味着计划不同的活动,就像你的其他课程一样:你可能有一些基本任务,期望所有学生都能完成,其他一些任务期望大多数学生能完成,还有一些任务,你知道只有更有能力或数字素养高的学生才能够完成。

有时候你可能要开展全班教学,比如向所有学生演示一款软件。要完成此项工作,你可以预定一间计算机房,也可以通过一组笔记本电脑或者学生的移动设备把他们连接在同一个网络。这样,你就可以面向所有的计算机屏幕演示你正在做的事情,或者将某一台计算机连接到交互式电子白板(IWB)、投影仪和大屏幕,以便让每位学生都能看到。你的学校也可能有计算机网络软件,允许教师查看学生的作品并在班级投影仪上展现。

在使用交互式电子白板时,连接其他周边设备以充分发挥其潜能就很重要。交互式电子白板自2000年开始在学校使用,它最初是为了开展全班说教式教学而设计的,所谓的"交互"指的就是教师和教室前排的学生可以使课程内容以一种更加动态化的方式呈现(Institute of Education 2007)。交互式电子白板可以让你以多种模式展示教学内容,使课程的传播变得更具动态性和吸引力。演示可以集成嵌入式媒体、拖放工具,还可以在多个屏幕之间移动。充分利用交互式电子白板的最佳途径是使用外部制作的内容或者使用周边设备,例如,无线平板可以让学生控制白板上的内容,投票系统可以让所有学生回答老师设定的封闭式问题,还有实物投影仪可以让你在更大的屏幕上呈现你正在桌子上做的事情。

任务10.8　使用交互式电子白板

在学校里,如果你有机会进入一间有交互式电子白板的教室,但你还不熟悉它的使用方式,就请花点时间学习使用它。

如果有的话,弄清楚部门中的老师准备了什么资源,并考虑如何将这些资源整合到你的课程中。再者,你能为其他老师提供可用的资源吗?

为了充分利用交互式电子白板的功能,你将如何把它整合到你的课程中呢?

实物投影仪是一台安装在可移动臂上的网络摄像机,可以将其放置在有需要的地方。网络摄像机拍摄的画面可以被放大投射到交互式电子白板上,所有学生都能看到它。实物投影仪对于设计和技术课来说非常有用,它可以确保每位学生都能清楚地看到老师的演示操作。

有些学校可能会有数字技术资源,但不足以同时供全班同学使用。在这种情况下,你需要计划一些不需要使用数字技术资源但却是某项工作的重要部分的活动。比如,你可以轮流让学生做一些活动,或者让他们分组工作,每个小组都执行不同的活动。以纺织技术为例,一个小组使用热升华打印机打印数字织物的设计图样,而另一个小组通过蜡染的方式制作手工织物图案。各小组可以从时间、资源和最终图案的质量等方面比较不同的技术。如果你采取这种方式教学,请记住不同的学生应该在不同的项目中使用数字技术,并且每次使用数字设备的学生不要相同,因为很可能有一部分学生已经能熟练地使用设备了。

如果可用的资源很有限,你也可以限制学生所做的工作,比如,限制他们的工作量,限制他们花费在计算机辅助设计/制造(CAD/CAM)设备上的时间,或者是可以使用的颜色、形状和材料。

八、评估学生使用数字技术的学习

数字技术的使用影响学生的学习,你需要去评估发生了什么样的学习。如果你已经熟记并让学生清楚关于设计和技术工作的学习目标、成果和标准,而且你已经考虑如何去评估这些课上或课下的目标、成果和标准,那么评估因使用数字技术而发生的学习会变得容易一些。只评估学生完成的工作是不恰当的,因为他们可能在过程中做了很多改变,而这些都可能是学习过程的一部分。

为了进行评估,你需要重新考虑使用数字技术时的教学方式。例如,当学生坐在计算机屏幕前工作时,你需要能够看到他们正在做什么,这样才能判断他们的工作进度,所以,你需要考虑如何让学生坐在计算机前适当的位置,以及你站在教室的哪个位置。当学生在计算机上成对或成组地工作时,你需要能够判断每个学生的贡献程度以及他们之间是如何进行互动的,所以,你需要考虑如何捕捉这些信息,你可以通过观察、倾听、提问或者要求学生做笔记等方式实现。如果鼓励学生定期记录和保存电子作品,你将看到学生是如何得出成果的,而不仅仅是成果本身。当然如果你要求学生在电子档案中记录进度并做出想法注释,这会更容易实现,它能帮你判断学生是否理解了他们所经历的过程中涉及的基本原则和概念。

评估学生取得的成果,意味着你头脑中要清楚你对课程的预期结果,以及数字技术在其中发挥的作用,需要考虑的事项包括:

- 数字技术如何影响你对学生创作的期望?比如:
  ☆ 你期望他们创作得更多?
  ☆ 你期望他们创作得更快?
  ☆ 你期望他们创作出质量更好的产品?质量更好意味着什么?
  ☆ 你期望他们表现出更多的理解,做出更多的决定吗?
- 当学生成对或成组工作时,你如何确定学生的个人成绩?可以通过观察、提问、设置独立任务、家庭作业、记录个人工作日志等方法来完成。
- 评估成绩时,你会使用什么标准?比如,这些是与设计和技术有关,还是与数字技术有关?
- 你如何确保自己评估的是学生设计和技术方面的学习,而不是数字技术的使用和知识?例如,对一个熟悉计算机的学生来说,进行文字和图形处理,完成一个不错的作品会相对容易一些,但你仍需要评估它的内容、理解和适用性。请记住,有些学生使用的是高配置的计算机和软件,而且能够十分熟练地使用计算机,但你主要关注的应该还是他们的工作内容,及工作内容所表现出的学习和认知(Davies 1999)。
- 如何向学生传达你的期望和评估标准?侧重于设计和技术还是数字技术?

你应鼓励学生去自行评估数字技术在工作中的有效性,在教学中,要求他们思考使用数字技术资源是否有助于他们理解工作中涉及的知识、技能或流程,以及是否使他们的工作更具创造性、质量更高、更快或更容易。

任务10.9　评估学生在使用数字技术时的工作

在学校,从部门里找一个结合数字技术开展教学的项目,如果可能的话,你将参与该项目的教学。明确项目进行中和项目结束时需要评估什么,选定哪些评估要依赖于数字技术,哪些与设计和技术有关。如何证明学生在设计和技术方面进行了学习?

为了使评估变得更加容易,你还可以做以下工作:

- 鼓励学生建立个人工作的电子档案,并加以注释,以便他们能更清楚地解释工作进展。
- 与学生讨论他们的工作,倾听他们的意见和观点,在他们工作时进行观察,这会帮你做出判断。
- 鼓励学生回顾和反思个人工作,这样他们才能证明自己所做出的决定和采取的行动正确与否。
- 让学生参与评估,鼓励他们提供证据表明自己可以做些什么。
- 在课堂上记录你与学生的讨论,记录他们的意见和问题,以及你对他们的观察。针对学生们的工作做注释,以提醒自己那些可以表明他们的进步或学习但是没被记下来的活动(Davies 1999)。

九、评估你的课程

虽然不是全部,但大多数的学生在使用互联网和数字技术时都很有动力去学习,因为他们觉得这样的学习更加生动有趣。不过,你也应该经常问问自己,这节课的目的是什么?学生们能学到什么?使用数字技术是实现这些的最好方式吗?如果答案是否定的,不用害怕,数字技术提供了很好的工具,但也不是所有的东西都能用数字技术来教,有时候其他的方式能更有效地促进学习目标的达成。

和所有的教学一样,使用数字技术授课结束后,对其进行反思并评估其有效性会对你是有帮助的。考虑数字技术是否使用得当,是否有助于实现学习目标?数字技术是否可以帮助学生更好地理解设计和制作的一些知识?计算机辅助设计/制造(CAD/CAM)是否能很好地与其他工作结合?

诚实地进行评估,考虑是否可以通过其他方法、软件或者任务来改进学习。工作总是会有改进空间的,随着数字技术的不断发展,持续检查你对数字技术的使用情况并及时更新软件和设备是很重要的一点,这样才能持续为学生提供良好的学习体验。

十、在你的专业工作中使用数字技术

尽管本章不涉及你自己对数字技术的使用,但它可能激发你去探索如何使用数字技术来做课程准备、计划和演示。在《中学设计和技术教学实用指南》中有进一步的指导(Owen-Jackson 2007)。

总结

本章介绍了数字技术在设计和技术教学中的应用及可能带来的一些好处,然而我们希望数字技术仅仅是你的一个起点,你将继续为自己探索使用数字技术的许多其他方式。不过请记住,你是一名设计和技术教师,每当你准备使用数字技术时,数字技术都应该带来一些学习成果以提高学生对设计和技术的学习和理解。对你来说,知道数字技术什么时候不使用,就像知道什么时候适合使用,是一样重要的。

如同所有的设计和技术领域,数字技术将不断地发展和变化,对你而言,跟上可用设备和资源的最新发展是非常重要的。与新技术的发展保持同步可能是相当艰巨的任务,你可以通过联系专业组织机构、阅读相关期刊、熟悉新的软件包以及参与实践来做到这一点。学生往往也是提供建议和支持的源泉,但请记住,你的专长是如何利用这些资源和技术来改进教与学。

第三部分
设计和技术的教学

第 11 章 设计和技术中的学生学习

格温内思·欧文-杰克逊（Gwyneth Owen-Jackson）

介绍

为了有效地规划和教学，你需要对学生在设计和技术中学习的情况有一定的了解——他们是如何学习的以及他们学习的内容是什么。本丛书的核心教材（Capel et al. 2013）中，我们讨论了学生学习的一般理论，这些理论表明了学生是如何学习的以及对神经科学与教育问题的日趋关注。了解这些理论将有助于你更好地理解课堂实践。

本章通过对我们提供的一系列学习活动和学习条件的思考，探讨学生在设计和技术中是如何学习的。它讨论了你在学生学习过程中的作用：安排学生的学习条件以促进他们的学习进步，考虑他们的个性需求，并且支持和鼓励他们在学习中变得越来越独立。这一章还探讨了学生在设计和制作的过程中能够学到什么，即如何运用他们的知识、理解和技能（他们所知道的和可以做到的），解决实际问题的设计和技术的能力。

> ## 学习目标
>
> 学完本章的内容，你应该：
>
> ★ 了解一般的学习理论
> ★ 了解如何支持设计和技术学科的学习
> ★ 理解设计和技术能力的概念
> ★ 认识到发展在学生学习中的重要性
> ★ 了解影响学生学习的因素以及学生个性化的学习需求如何得到支持
> ★ 认识到老师的角色将如何影响设计和技术活动的有效性

在设计和技术学科中,学生不是学习的被动接受者,而是主动的参与者。只有应用他们学习任务中涉及的材料和设备、充分参与到那些可以培养他们的知识技能和实践技能的设计和技术活动中,学生才能获得有效的学习。有人提出(Entwistle 2000),以这种方式应用他们的知识和技能,将会导致深度学习。

一、学习理论

各种学习理论提供了描述和促进学生学习的不同方式。学习理论多的阅读材料可以在很多地方找到(参见本丛书的核心教材,Capel et al.2013),所以在这里我只举例说明它们如何在设计和技术中体现。表11.1列出了主要的学习理论,它们各自的观点以及如何被应用在设计和技术中。

表11.1 设计和技术学习理论

学习理论	关键词	在设计和技术中体现的例子
行为主义	学习导致行为发生变化 学习可以测量 学习依赖于外部奖励	教师示范一个技能,然后学生进行效仿和练习。
建构主义	知识是由个人构建的 学习是一个遵循既定阶段的发展过程	学生在产生设计想法之前研究一个主题
社会建构主义	学习作为一项社会活动,不依赖于分阶段的发展/学习	小组共同研究,探究问题或评估 同侪互评
情境认知	学习过程包括成为一个学习共同体的成员,例如,成为一名设计师 学习是在真实的情境中进行的	邀请在职人员与学生交谈 将学习任务设定在真实情境中,比如与当地企业或行业联系
具身认知	思考与身体行动相关联 课堂上应该有实物资源	在设计时建模

了解这些不同的理论将帮助你了解课堂上正在发生的事情以及进一步计划你的教学。

二、学习风格

学习风格也被称为学习偏好,它描述了学生进行学习时的不同方式。下面列出了各种类型的学习风格,包括:

Kolb[①](1984)——发散、聚合、同化、调节。

Fleming and Mills(1992)——视觉型、听觉型、读/写型、动觉型[②]。

Entwistle(2000)——深层次加工、表层水平。

有关这些以及其他学习方式的更多信息,请参阅"学习设计和技术教学的实用指南"(Owen-Jackson 2007)。一些有关学习风格的理论受到过批评,所以要警惕过度依赖它们。不管怎样,如果你使用了多种教学方法并在活动中给予学生一些选择机会,例如让他们以自己喜欢的方式(可能是列表,图表,思维导图,录音)来做笔记,那么你就是在帮助学生学习。

三、学生应怎样学习设计和技术

教与学之间有着重要的关联,那怎样才是有效或者高质量的学习呢?下面的叙述,虽然写于几年前,但仍然清晰地描述了学生在设计和技术中的学习:

> 良好地学习设计和技术,意味着学生在设计和制造高质量的产品时不断地运用和扩展自己的知识、理解和技能。他们通过调查不同材料的性能,自信地使用越来越多种类的技术、工艺和资源,创意性地设计满足特定需求的产品。学生在组织、规划、制作和完成他们的产品的过程中坚持不懈,在每个阶段对产品进行评估,并根据确定的标准对产品进行测试。无论是作为个人或作为一个团队的一部分,他们都成功地完成了工作。
>
> (OHMCI 1996)

---

① 译者注:大卫·库伯(David Kolb)提出了经验学习圈理论。
② 译者注:动觉,即和身体体态、肌肉运动有关的感觉。

那么在实践中如何实现上述学习呢？学校部门、设计和技术团队的个人成员以及作为一名教师的你应怎样才能保证学生高质量的学习呢？

任务11.1　回顾学习成果

在学校里，看看已经上过或者你将要上的教案。
- 它提供了哪些预期学习效果的信息？
- 这些预期目标如何与以上的陈述相匹配？

与你的实践导师或部门负责人讨论，他或她所认为的高质量学习是怎么样的，如何在本部门中实现。

考虑学生在设计和技术中的学习方式时，采用一些有助于发展他们的知识和技能的活动是有帮助的。在英国和其他地方，已经开展了一些实践，他们主要的学习活动一般都聚焦于学生：

- 分析产品。
- 承担有明确目标的任务，书中提到的"资源任务"（"纳菲尔德设计和技术项目教师指南"）与上述有明确目标的任务类似。
- 从事设计和制作项目，书中提到的"能力任务"（"纳菲尔德设计和技术项目教师指南"）与设计和制作项目类似。

这些可以成为思考如何面向学生展开工作的一种有用方法，下面也将进行讨论。

1. 产品分析

从刚生下来开始，孩子们自然就会好奇，并且会与他们周围的物质世界互动。然而，这种不断探索事物的自然倾向及其运作方式，本身是并不充分的。它需要随着时间的推移而得到发展，以便能够学习到关于调查、研究和评估的更精确的技能，最终能够做出明智的决定，并能在设计和技术的发展方面提出更加考虑周到的观点。因此，应该给予学生更多机会去表现和提高他们的分析能力——即观察、探索、欣赏、移情的能力，这一点很重要。

可以向他们提供一些有助于这类学习的活动：

- 如何更批判性地看待这个世界。

- 如何从产品目的和质量的角度分析产品的适用性——这个产品可能是商业产品，也可能是那些学生自己设计和制作的产品。
- 价值判断是设计和技术的发展基础。
- 如何考虑和技术发展相关的收益和成本。
- 反思实践的重要性——作为自主设计和制作中的一种重要辅助手段。

分析产品可以通过多种方式进行，例如：

- 观察一个由多种材料制成的产品，例如铅笔盒，并找出它们之间的差异。
- 探究一种产品的不同设计，分析并评估它们的质量，例如各种形状、样式和尺寸，或者看看产品是如何随时间发展变化的，例如电热水壶。
- 调查一种食品，并分析其原料和成分。
- 拆开一件衣服，或根据商品的包装，看它是如何构造的。
- 研究一些产品，思考它们是如何被生产制造的。
- 通过使用产品来了解它是如何实现功能的以及为什么符合目标用户的需求。
- 评估产品的环境影响，包括它们的制造、使用和废弃后的处理。

产品分析可以作为一项资源任务、学生设计或制作的一部分，也可以当作设计和技术的社会考察。它可能在很多场合都有需要，比如作为一个介绍性的活动，学生可以在开始设计和/或制作自己的产品之前，分析现有的产品；在一个项目中，产品分析可能成为一个有明确目标的任务或者资源任务，以培养学生特定的知识或技能，比如理解变性淀粉在一系列食品中的使用；在设计和制作项目结束时，学生可以分析他们自己的产品，或者将自己的产品与商业产品作比较。

任务11.2　通过产品分析促进学生的学习

在学校里，看看你即将用于教学的教案：这其中是否包括产品分析？ 如果包括，它被用于什么场合？要实现什么目的？ 如果不包括，考虑一下你可以在哪里介绍产品分析的方法。

为这个活动制定一个课程计划，规划好学习目标、学习成果、学生的活动和资源（见第14章关于课程计划的说明）。

如果可能的话，进行课堂实践，并进一步评估它是如何成功地促进学生完成预期的学习目标的。

产品分析可以帮助学生培养探究的技巧,为了更好地理解这个技巧,除了观察实际产品之外,他们还可以利用书籍、光盘或万维网上的参考资料。为了展现他们的分析能力,应该鼓励他们去发现并有目的地使用相关的研究。刚开始的时候,可能需要很多你的支持和干预,但是你应该鼓励他们逐渐变得独立。一开始可以先通过产品分析的模拟案例向学生展示如何完成这一项任务。然后你可以提供给他们(或最好是和他们一同开发出)问题的框架或清单以及他们可以从事的调研。然后你可以鼓励学生开发一个在需要时可以使用的"问题库"。最初,你可能会引导学生关注一些重点方面,但学生也可能会开始提出自己的问题。通过这种方式,他们会如何学习:

- 组织和开展研究。
- 设定自己的分析标准。
- 选择他们的研究方法。
- 有效利用信息。

总之,他们要学会独立思考,通过以下途径来得到发展:

- 所考虑的材料的种类和复杂性日益增加。
- 发现更多探索领域的能力,包括用户的需求。
- 全面提高研究能力,采用适当的研究以及审慎地对待数据。
- 从描述性的论述发展到更加分析性的论述。
- 不断地将研究成果有意地融入自己的设计和制作中。

2. 目标明确的任务

目标明确的任务或者说资源任务,能够帮助学生学习特定的知识或促进特定方面的理解或技能。然而,需要考虑如何进行这个工作,以确保逐渐产生的学习经验,以促进学生发展:

- 学生已有的知识深度和广度。
- 各种材料、工具和技术应用的熟练程度。
- 利用自己的知识和技能的能力,有效、快速地作出明智的判断,以解决实际问题。

学生对设计和技术中特定的知识、理解和技能的学习通常是教师引导活动的结果。作为教师,你的一部分作用是去决定学生需要具体去学习哪些知识、理解和技能,以及学生如何连贯地构建和逐步发展它们。在一定程度上,国家课程或指导方针可能已经将一些知识、理解和技能贯彻在学生正在学习的考试课程或学校提供的资源中。但是在这些限制之下,你仍有一部分自由去决定你希望学生使用的材料、所用到的工具和设备,以及学习的工艺。你还会希望他们掌握他们所用的材料的技术知识,了解产品制造的方式及原理,所包涵的价值判断以及所作决策的影响。

发展学生的知识和技能的过程可以通过多种方式得到支持,包括:

- 在你明智的提示和提问支持下,学生亲身实践的实验。
- 通过亲身实践的活动,让学生发展、增强、实践和阐明新的知识或技能。
- 鼓励学生跳出他们已有的知识和技能的"舒适区",去应对那些迫使他们进入新领域的挑战。
- 从简单的结构化任务转向更复杂、开放的任务。

在初期,任何关于设计和技术的国家课程或指导方针都需要被解释和转化为一系列有意义且连续的学习经验。作为一种探索手段——对知识、理解和技能做出区分还是有用的,尽管有一些主观性在里面。

3. 知识与理解

设计和技术使学生能够学习程序性知识,也就是关于如何做事的知识,它包括技能、命题、事实性的知识,这是本节的重点。

你需要遵循的国家课程或指导方针可能包含与学生应该学习的知识和理解有关的陈述。然而,这些陈述并不能提供一份教学计划,而是需要由部门和你去决定如何组织学生的学习。

学生发展的知识将涉及:

- 工作的技术方面,例如关于材料、技术、系统的知识。
- 设计策略。
- 产品可以被测试和评估的方式。
- 阅读和理解数据。
- 技术的发展和影响。
- 环境和可持续性问题。

尽管设计和技术中的陈述性知识是没有边界、不断发展的,正如马丁和欧文-杰克逊(2013:70)所指出的,"我们无法一直保证在我们教给学生的命题知识列表中添加新的内容"。尽管有时你可能会认为学生需要大量的技术性知识,但你也应该考虑如何帮助他们了解"他们需要什么知识,如何找到知识,如何评估知识以及如何正确应用他们所拥有的知识"(出处同上)。因此,学生知识的进步不仅体现在他们在材料、技术和技术的影响上的知识的增加,还在于他们对知识何时应用,何时需要新知识以及如何寻求新知识的认识的理解。

4. 技能

学生需要学习各种各样的技能,以便在设计、计划和制造时能够适当地选择和使用它们。有些学生会发现这些技能容易学习,因为他们可能预先有这个意向或在这方面有天赋。而对其他学生而言,学习技能对他们来说比较困难,所以对你而言,思考如何帮助学生学习设计、计划和制造是很有帮助的。

设计包含许多子技能,你需要为学生提供培养这些技能的机会,包括研究、生成想法,完善这些想法,测试和评估它们,以及绘图、草拟、注释或使用适当的软件程序。许多学生觉得很难去创新和产生创意,但你可以教他们相关策略来完成这些(见第4章)。

设计的进步可以通过增加学生工作标准的复杂性,引入相互竞争的价值标准,将工作设定在不熟悉的环境下,扩大那些和设计作品有关的可用信息的范围以及学生寻求更详细的理由和评估来实现。就组织活动开展过程而言,计划可被视为设计的一个子技能。

学生可以通过以下方式制定计划:

- 与同学或与你讨论他们打算如何使用材料、工具、技术和时间。
- 对他们的设计草图进行注释,以表明对材料和技术的使用意图。
- 完成所用材料、工具和技术清单。
- 制作带有零件清单的工作图纸。
- 生成流程图或甘特图以按时间顺序显示工作阶段。
- 保持一个活动日志,可以促进接下来的计划。

与这项工作相关的学习目标可能使学生能够扩大他们的技术词汇、认识到约束条件的重要性、设定截止日期以及在截止日期前完成工作的能力。制作技能可以作为特定的目标、明确的任务或作为设计和制作项目的一部分来教授。一个制作任务可以聚焦在使用到的材料、特定的设备或技术上,并且可以包括手工工具和计算机辅助制造(CAM)。学生制作技能的发展可以通过下列方式体现:

- 学生熟悉更多的工具、设备和工艺。
- 学生自主选择材料、工具/设备和工艺的能力得到发展。
- 学生使用工具/设备和工艺的信心和能力逐渐增强。
- 制造出更复杂的产品。
- 完成的产品具有更好的质量。

当然,学生在设计和技术课程中也会发展其他的技能,比如解决问题、做出决策、团队合作。第12章会讨论团队合作,第15章讨论解决问题的方法。

任务 11.3　发现和分析目标明确的任务

在学校里,通读一份你将要教授的教案,并找出其中所有目标明确的任务。

注意:

- 学生将学习什么具体的知识或技能?
- 如何将焦点问题或资源、任务与其他课程整合在一起?
- 如何评估学生的学习?

任务 11.4　培养学生的技能

考虑技能的某一个方面以及你教授或观察的一组特定的学生。你是如何通过一系列目标明确的任务来培养学生的技能?记下培养的技能以及你认为合适的任务和活动。

与你的实践导师讨论你的想法,以评估它们的可控性。

5. 设计和制作类的任务

通过设计和制作类的作业或能力任务,使学生学会运用他们的知识和能力或发展他们的知识和技能去解决实际问题。在进行设计和制作任务时,学生将会从事调查、生成和发展想法、计划、制作和评估的活动——尽管常常不是以我们这里展示的线性、规范的方法！在完成任务的过程中，他们通过参与这些个别的活动来学习，并且了解这些活动之间常有的复杂的联系方式。此外，为解决实际问题，有目的地利用已有知识和既有条件是至关重要的。大多数设计和制作类作业的目的是帮助学生培养他们的设计和技术能力（本章稍后会进行讨论）。

哈迪和巴莱克斯（Hardy and Barlex 2013）提出了一种不同的思维方式来思考学生在设计和技术方面的学习。他们提出了如下框架：

- 主要是设计。
- 主要是制作。
- 设计和制作。
- 教育和社会中的设计和技术。

这个框架仍然可以运用于产品分析，目标明确的任务或资源任务，以及设计与制作类作业/能力任务，但学生的学习将明确地集中于学生在设计、制作、设计与技术能力、或技术影响方面的知识和技能的发展上。学生的学习将通过这些不同学习方式的合理组合和仔细规划而得到发展。

四、设计与技术能力

除了考虑学生的学习方式，你还需要思考他们正在学习什么。人们普遍认为，设计和技术的学习是为了培养学生的能力。人们用不同的方式描述过设计和技术能力，但一个普遍的共识是：设计和技术的学习所关注的是对知识和技能积极、有目的的应用，将思想转化为行动，以及思想和行为的同步。此外，该学习是基于实践的，依赖于"知"（是什么，命题知识）以及"行"（怎么办，程序性知识）。能力是"一个整体"而不是"孤立的一个个元素"，它并非要求学生在每个单独的活动中分别展示他们的调查、研究、设计、计划和制作的能力，而是把上述这些活动恰当且有目的地结合起来。

为了培养学生的这种能力，教学中必须为学生提供思索的时间和自己亲身实践的空间。学习活动应该适当地促进学生的自主性，这样他们在独立完成工作时会越来越自信，且更乐于在产品制作的过程中反思和评估他们的产品。学生在他们设计和技术的发展的任何阶段都可以通过下述方式证明自己的能力：

- 以创造性和有目的的方式利用他们正在发展中的知识和技能。
- 对工作的形式和方向负责。
- 做出有根据的判断。
- 处理不确定性。
- 根据个人反思修改自己的作品。

任务11.5　培养学生的能力

在学校里,查阅为学生第一学年制定的培养方案,并查阅类似的一群学生在第三学年的培养方案。考虑这些方案的不同之处,情境和活动的差异以及学生的能力是如何展示的。请注意如何鉴定学生第一学年和第三学年的学习能力,两者有什么不同?

教师应该给学生一些机会,让他们学着去谨慎地做出选择,这里我们的关注点是他们程序性知识的发展。比如,学生可能学到各种各样的方式去交流他们的想法,随着这些方式的累积和发展,教师应当鼓励学生使用他们觉得最恰当的方式表达观点。这可能要通过对问题的讨论、画草图、对材料直接的操作甚至使用计算机辅助设计的软件包来实现。这里的重点是,他们学着不断完善他们在某些特定问题情境及设定条件下对知识、理解和技能的运用。这一做法也能使他们成为更加独立和自我批判的思考者和行动者。

五、对学生学习的影响

有一系列的因素会影响学生学习的内容和方式,其中有些是你无法控制的。学习可能受到学生对自身学习能力的信心、对设计和技术的意向,以及性别、文化背景或社会经济背景等因素的影响。虽然你几乎无法对这些影响因素进行控制,但在计划学习活动时,你需要注意并考虑它们,以确保所有学生都可以参与并投入到学习活动中。

动机也是一个影响因素,有动机的学生一般都会学得更多更好,并会在课堂上坚持完成任务。那么动机从哪里来,你可以怎样去激励你所教学生的动机呢?

动机可以是内在的,是驱动学生行动的内在因素,比如在某事上取得成功,产生一种良好的感觉,或者发现工作本身的乐趣。动机也可以是外在的,外在动机来自于外部的奖励,比如想要通过考试或想要获得特定的工作。为了鼓励学生学习,你需要考虑如何最好地激发学生的动机。为此,你需要考虑以下几点:

- 任务的适用性——是否提供适当的挑战?
- 和学生的相关性——任务是否设定在一个有意义的情境中?
- 学习目标的分享和澄清——这项任务的目的是什么?
- 尽早确定成功的标准——记得要抱有较高的期望。
- 将任何问题组织成可控的子任务。
- 有效地监测进展情况且提供有效的反馈,并给出如何推进任务的建议。
- 适当使用奖励和表扬。
- 对学生的作品展示进行适当的评估和激励有助于建立一个学生感到值得付出努力的课堂氛围。
- 热情地教学——学生会对那些对他们所授学科充满热情和知识的教师做出回应。

在本丛书的核心教材中有更多的探讨这些影响的内容(Capel et al.2013)。

六、学生个性化的学习需求

你所教的学生将具有各种各样的个性化的学习需求,而这和一些因素,例如性别、文化或社会背景、身体素质和心理素质等有关。在性别、种族和社会文化需求方面,你需要确保自己了解并能理解你教授的学生,例如了解他们的背景和兴趣。然后,你应该考虑如何满足他们的学习需求,例如计划那些吸引他们兴趣的作业,即那些适合他们所处的情境和挑战他们某些成见的作业(见第15章)。

也有些被正式认定为有特殊教育需求的学生,包括身体条件、心理和行为条件上的困难以及具有特定学习困难的学生。针对有特殊教育需求或残疾的学生,大多数政府已经制定了一套行为守则或类似文件,要求学校按照守则执行。相关文件的副本在你的学校和网络上可以查到。行为守则描述了学校需要做什么来满足这些学生的需要。这可能包括判断和评估他们的需求,制定适当的条例,以满足这些学生的需要,确保广泛实施并消除他们的学习障碍,并要考虑到学生和家长/监护人的意愿。

任务11.6　针对特殊教育需求学生的规定

使用你喜欢的搜索引擎,在线搜索"SEN行为守则",并了解你所在地区的要求。你并不需要知道所要求的每个细节,但你需要熟悉所有这些法律上的要求以及这些要求如何在你的课堂上产生影响。

在针对有特殊教育需求和残疾(SEND)学生的实施条例中规定,学校应该为每个有特殊需求的学生提供个人教育计划或项目(IEP)或教育、健康和护理(EHC)计划。该计划会为学生提供一个大致的纲要,鉴定学生的困难程度,支持的预期成果和制定的条款。图11.1所示为一个IEP的例子。如果你教IEP支持下的学生,需要注意IEP所描述的目标、教学策略和条款规定,你可能需要寻求学校特殊教育需求协调员(SENCO)的支持。

任务11.7　有特殊需求的学生

在学校里,跟你的实践导师,或学校特殊教育需求协调员了解一下:
- 针对有特殊需求的学生的部门政策。
- 如何鉴定有特殊需求的学生,以及在你的学校里什么是"特殊需求"。
- 教师如何找出有特殊需求的学生。
- 你如何帮助班上有特殊需求的学生。

复印一份表格用于随手记下和记录学生的特殊需求及如何满足和评估这些需求。如果你教了一个有特殊需求计划的学生,这个表格上的信息对你有何帮助?

当你正在计划课程时,记得回顾一下这些笔记。

高水平的学生也有个性化的学习需要:他们倾向于更快地学习和理解,展现洞察力,并能够(在知识之间)建立联系,以及将他们学习的内容迁移到新的情境中。当这些学生遇到任务中的挑战或被激发动机的时候,他们也需要你的指导。为高水平学生设计的任务应该建立在为所有学生准备的任务的基础上,为他们提供一些拓展学习或

个人教育计划 2015—2016 姓名 年级	
开始日期 2014年1月13日	回顾日期 2015年3月8日
学生背景和兴趣 学生A喜欢上学,渴望做得好,但有时无法保持他的注意力。 他对数学和音乐有浓厚的兴趣,所以试图在这些基础上进行发展。 父母表示支持。	
需求声明 通信/交互 认知和学习 社会,情感,智力 心理/生理	细节:阿斯伯格综合症 与他交流可能会很困难 仅从表面意义上理解事物 不善于读懂别人 社交技能常常很差
预期成果/目标 1. 改善沟通 2. 改善社会融入	成功的标准 1. 增加学生的信心 2. 更适应课堂交流 3. 提高团队/班级工作的参与度
提供/教学策略 确保语言清晰和恰当。确保与学生A相互理解 为小组工作提供明确的规则和指导方针 继续发展社交技能-学生A可能会使用不合适的声调,面部表情和肢体语言。保持耐心并理解他们。如果出现错误,那么要很好地解释错在哪以及更合适的行为是什么 鼓励其他学生也这样做	
进展回顾: 目标:	
签名: 学校: 父母/监护人: 学生:	日期:

图11.1 个人教育计划的例子

更充实的学习内容。对任务进行拓展意味着他们要学习更多的内容,例如让他们进行额外的研究来拓宽学习,思考他们所处的社会和环境对他们要完成的任务的影响,或者培养更广泛的技能。更充实的任务能使他们更深入地进行学习,例如关于营养素的化学结构以及它们的功能特性。高水平学生需要那些能让他们进行深入思考的任务,需要促进他们去参与解决问题,培养创造力并使用更高层次的思维技能的任务。

高水平的学生可能在设计和技术的各个领域或某一个方面展现出高水平的技能,例如一名学生可能擅长设计或计划,或者仅在纺织品领域突出,而在其他领域则不然。了解每个学生的学习需求将使你能够向他们提供适合的挑战,例如在复杂标准下的设计工作或使用高级技术的纺织品制作。

以第二语言学习的学生也会有个性化的学习需求,需要你考虑如何呈现你的教学,以使他们能够接受。你可以考虑在文字旁边附上图片,使用双语字典,或者如果可能的话,找学生为你翻译。在计划这些学生的学习任务时,不要低估他们的能力,这些学生在使用母语的时候可能是个高效的学习者。

任务11.8　高水平的学生

在学校里,和你的实践导师谈谈如何鉴别高水平的学生以及如何支持他们在设计和技术中的学习。想想你教过的或观察过的课程,并思考是否有学生显示出任何的高水平的迹象。

对于你教授或观察的一堂课,准备一些扩展性的或更充实的学习任务,这会激发高水平学生的兴趣,为他们提供挑战,促进他们进步。

你班上可能还有其他有个性化需求的学生,例如难民儿童,旅行者儿童或被收养的儿童。学校可能会为这些学生提供政策和支持,但是如果没有的话,你需要与学校特殊教育需求协调员交谈,了解个别学生的需求,然后了解如何才能最好地满足他们的需要。

在设计和技术中,教学工作可以通过多种不同方式解决个别化学习需求,如表11.2所示。

表11.2 支持个人需求

任务设置	研究(对表现的评估,第1991单元)表明:男生更喜欢设定在工业环境中的、定义明确的、具有活力的任务;而女生更喜欢设定在家庭环境中的、更加开放和反思性的工作。因此,你可以每次都提供多样的任务或在一段时间内变换一下任务。一个明确的任务是"使用所提供的部件和图纸制作动力车。通过添加有吸引力的图形和其他功能来完善这个动力车"。这个案例明确说明了要做什么。 一个更加开放的任务是"设计并制作一种使用储能的移动车辆"。这为设计和开发工作提供了更多的空间,并为学生提供了更多的个性化选择。 你也可以向不同层次的学生提供相同的任务,例如"为汽车后座的青少年设计和制作游戏"。对于需要额外支持的学生,教师可以通过限制他们必须做出的决定来对他们进行支持,例如让他们为自己(或熟悉的汽车用户)设计游戏,或基于电影/书本人物(他们知道的)进行游戏设计或者完善一个他们已经知道的游戏。 对于需要额外挑战的学生来说,你可以让他们设计一个针对年幼的儿童,年长的乘客或行动困难的乘客(未知的用户)的游戏,或要求游戏设定于一个想象的/未知的世界或者要求游戏在玩的时候也能包括一些学习。另外,教师可以引入一些限制,例如与尺寸、部件数量或成本相关的限制。
资源	为了承担一项任务,一些学生可能需要额外的资源来支持他们: ● 模板和/或切割夹具。 ● 测量和标记指南。 ● 图示标签和/或大量文字,以方便获取材料、工具和技术词汇。 ● 改进工具和设备,以支持那些有特殊运动技能困难的人。 其他学生可能会需要些资源来挑战他们: ● 额外的研究资源,以使工作得以拓展和变得更充实。
支持	有些学生会比其他学生更善于处理不确定性,并且能够在很少或根本没有你干预的情况下取得有效进展。其他学生可能仅简单的需要额外的一些指点、提问,比如:你有没有考虑过这个? 如果发生了……? 你能描述你面临的问题吗? 你的提问技巧在这里变得极为重要(见第十二章)。 一些学生需要更高水平的支持,比如为其定制个性化的目标或每周的目标,把任务分解成更小的板块和定期的反馈和监测。
反应	这部分指的是学生对任务的反应。有的学生在各方面都做出高质量的作品,其他学生可能只擅长制作或设计。有些学生可能会做出看起来质量不高的作品,但可能表明那个学生已经完成了较高水平的学习。因此,在观察学生的作品时,对你而言重要的是要深思发生在其中的学习的程度和类型。

另外,你的计划需要考虑班级中不同的个别化学习需求,例如考虑:

● 学生将坐在哪里,特别是那些有视力或听力障碍的学生。

● 为有视力或听力障碍的学生使用特别的演示设备。

- 学生能够使用的工作区域、工具和设备，以及学生如何在房间中走动。
- 针对一些学生使用专业的工具和设备。
- 使用模板或夹具。
- 文字资源，必要时可使用多种语言、图片、声音——视需要而定。
- 确保时间安排是合适的。

任务11.9　满足学生的个人需求

考虑一下你教过或观察过的一群学生。想想其中的每个学生，他（或她）可能有的特定的学习需求，你如何用上面建议的方式来支持他的需求。记下你的想法和观点。

如果可能的话，在给这群学生上的接下来的几节课中，试着融合这些策略，并评估它们对学生学习的影响。接下来，请考虑一下如何拓展这个策略，以使它适合其他学生群体。

实际上，在大规模的班级里和忙碌的环境中，要实现一个完全个性化的课程是非常困难的。不过，你可以关注一些关键性的问题来支持这样一种理想状态：

- 采用多种类型的教学和学习策略。
- 使用适当的语言和演示技巧。
- 定期监控学生的学习进度，并提供积极和建设性的反馈。
- 愿意以各种方式支持学生个性化的学习需求。

你面临的挑战是在尊重学生的个性化学习需求和对学生在设计和技术中需要发展的核心素养持有清晰的看法，并在这两者之间保持平衡。同样重要的一点是，你不能仅仅根据他们表现出的需求来定义所有学生，这只能作为一种方法，让你知道需要提供什么给学生才能确保他们能够进行学习。你应该意识到所有学生都有复杂的学习需求。

七、教师的角色

本章所考虑的所有方面都表明，教师的作用至关重要，尤其体现在通过提供适当水平的挑战来创造学习机会，让学生通过一系列易于管理的小任务来完成任务。教师需要将本章中讨论的任务类型构建成一个面向学生的连贯而生动的课程,在此过程中,你需要根据你计划的学习过程恰当地使用这些任务类型。

里奇(Ritchie 1996)对这些观点进行了扩展,他强调教师需要根据学生目前遇到的问题的阶段来改变课堂干预的程度和类型。他认为,教师在不同的时间阶段的角色包括给出指导、展示、促进辩论、诱发观点、提供建议、鼓励、关注、澄清、拓宽学生的思路以及挑战现有观点。这意味着有时你会密切参与学生的任务,而在其他时候,你的角色是几乎不进行干预,让他们"继续"下去。

任务11.10　观察教师的干预

观察一位有经验的教师在一个班级里如何开展设计课程和布置任务。注意教师如何与不同的学生互动,并考虑教师进行干预的类型。试着去思考为什么要这么做,以及这对学生的学习有什么帮助。

课后与该教师讨论你的观察和所做的笔记,并将以上的思考与教师的实际意图和结果进行比较。

一个成功的教师会使这个课程顺利进行,但这依赖于教师对学生的了解,教师知道学生在做什么、谁需要帮助、谁需要挑战。在学生需要支持或挑战的情况下,教师必须确定学生需要什么以及如何提供帮助。这对教师要求很高,但是当你逐渐了解你所教的学生并掌握了一系列策略时,你对学生学习需求的回应能力将会提高。作为回报,你将见证学生们的学习和他们正在取得的进步。

总结

贯穿本章的核心主题是需要你采用各种教学策略来帮助所有学生学习,提升他们的设计和技术能力。它强调教师需要在产品分析、目标明确的任务以及设计和制作活动之间建立适当的关联。如果要使学生在设计和技术课程中进行有效地学习,教师就必须为他们提供发展知识、理解和技能的机会,并让他们能够将这些运用在解决有意义的实际问题中。此外,他们需要在设计和技术活动中不断认识到这些活动的价值,并能够基于此做出明智的判断。这种类型的学习不仅对于特定学科具有重要意义,而且也作为一种手段来鼓励学生具有更多样化的态度,培养他们更多样化的能力——这在课堂内外都是十分有价值的。

有人提出(Entwistle 2000),教师可以分为内容聚焦型、活动聚焦型和学习聚焦型。本章强调了理解学生学习的重要性,以及如何利用此理解去开展设计和技术教学。在规划和教学时,关注学科内容或学生活动是很有吸引力的,但是教师应该把重点放在学生学习上,没有对学生学习的关注,就不能称为一个有效的教学活动。

在这个过程中,作为教师的你,在引导活动和让学生有机会自己去处理适当程度的不确定性之间取得一定的平衡是至关重要的。除了课程指导方针或考试规范的限制之外,你应该仔细考虑你希望学生学习什么,如何构造和呈现这些以使所有学生都能受益,以及将如何监控和评估他们学到的东西。

第12章 教授设计和技术

艾利森·哈迪和萨拉·戴维斯（Alison Hardy and Sarah Davies）

介绍

有什么教学策略适用于设计和技术学科？怎样才能帮助学生获得设计和技术的能力？运用技术人员所提供支持的最佳方式是什么？有什么办法能激发学生的兴趣和热情，使之有良好的行为表现？这一章将解答这些问题并提供一些建议。丛书的核心教材还就教学方法和教学风格给出详细的一般性建议。

从历史上看，手工课程主要以教授实用技能为基础，并采用类似于中世纪行会的"师徒制"教学法。要求学生完成一个作品——生产钥匙链、挂衣钩、针垫或海绵蛋糕——并展示出生产一种令人满意的成果所必需的所有技能和工艺（或多或少）(Martin 2013)。合格产品的安全生产依然重要，但这只是设计和技术能力的一个狭义视角。

显然这种传统手工课程的教学模式如今看来是不完善的，因为它所教授的制作技能没有以理解为基础，没有迁移学习能力，也没有培养学生其他的设计和技术技能。当前我们需要的教学策略应符合学科发展的更广泛目标，例如培养学生在不断发展的技术世界中成功参与的能力(Department for Education, 2013)，以及让学生能对设计和技术能力有更广泛的理解。但要记住，方法不能一成不变，你的教学策略在整个职业生涯中需要不断地进行反思更新。

术语注释——我们用教学方法(teaching approaches)来描述你的总体教学观，无论是以学生为中心、以教师为中心，还是建构主义的，等等。我们指的教学策略(teaching strategies)是你在教学过程中使用的具体方法,例如讲授法和演示法[1]。

> ### 学习目标
>
> 学完本章的内容,你应该:
>
> ★ 知道不同的教学方法
>
> ★ 认识三种不同类型的活动——设计活动、制作活动、设计并制作的活动,以及探索技术对社会的影响的活动
>
> ★ 了解一些实际工作中的课堂管理策略
>
> ★ 开始考虑如何与支持团队协作
>
> ★ 知道激励并吸引学生的方法

一、设计和技术学科的教学策略

首先,我们来分析三种教学情境,并讨论可以有效应用的教学策略。你可能会教:

- 整个班级。
- 分组学习的学生。
- 个别学习的学生。

任务12.1 在设计和技术课上发生了什么?

当你阅读以下文本时,请注意表12.1中所示问题。

---

[1] 译者注:对于教学模式、教学方法、教学策略本身有不同的界定。为尊重原文,本文采用了教学方法和教学策略。但是,根据我们平时的使用习惯,本文的"教学方法"更像平时使用的"教学模式",本文的"教学策略"则对应于平时使用的"教学方法",而平时使用的"教学策略",通常主要指"在不同的教学条件下,为达到不同的教学结果所采用的方式、方法、媒体的总和"。例如,协作式教学策略包括:课堂讨论、角色扮演、竞争、协同和伙伴等。

表12.1 设计和技术教学策略

	教师做什么?	学生做什么?	传递了什么关于设计和技术的信息?
全班教学			
小组教学			
个别教学			

1. 全班教学

教师站在教室前,面对着全班同学讲课,被称为"讲授法",这通常被描述为传统的、常见的教学方法,因此很容易被认为是教授整个班级时唯一可行的策略。但在设计和技术课上,还包括演示和建模等其他教学方法。

■ 讲授法

讲授法有时会被贬为"一支粉笔一张嘴",它对学生的个性化需求几乎没什么帮助。然而在以下情况下它是非常有效并且高效的:

- 提供刺激或为话题设定情境,例如展示一个视频片段、学生可以传阅的物品、交互式白板上的演示文稿或使用其他视听材料。
- 通过问答环节来活跃小组或者让小组间相互沟通。
- 设定在课程结束时你想让全班完成的目标。
- 强调安全要点。
- 为参观做准备或接待来访者。
- 总结主题,为作品的评估和展示做好准备。

使用讲授法时,需明确它不是一场讲座,而是要通过与全班学生互动、提问并鼓励他们提出自己的想法和意见。重要的是以目光交流来检视所有学生是否都能聚精会神,并且提出的问题既要具有挑战性又不会让学生们感到困惑。另外,对全班学生说话时尽量不要站着不动,可以在教室里缓缓地走动,但不要让你的走动分散学生注意力。

任务12.2 为什么用讲授法?

思考为什么在上课开始和结束时,最常使用讲授法来帮助教师建立对学生群体的掌控?

记下你观察到或者体验到的所有讲授法的有效应用。

■ 演示法

演示是设计和技术课的核心教学策略,主要用于培养学生的实践技能,它可以作为全班、小组或个别学生的加强或拓展活动。不过,绝大多数的演示法(至少一开始的时候)主要还是用于全班教学。

如果演示法是适用的一种教学策略,那么你要有丰富的学科知识、娴熟、游刃有余、规范化的实践技能(McLain et al. 2013)。要做到游刃有余且准确无误地示范,你最好在上课的教室里预先练习演示的流程。当演示新的工艺而又不够熟悉时,通过预演并请一位同事协助是不可或缺的。只有通过预先的练习,才能确定演示的可行性并确认学校的工具或设备的条件和使用等方面都没有问题,你也能知道演示需要多长时间。

在规划演示时,考虑一下你希望学生们重点关注什么。学生们经常被要求仅看一次演示而要记住太多的内容,结果在后来操作执行中出现了失误。

在进行演示之前,先组织好配件和材料。确保桌椅表面清理干净,因为其他物品会遮挡学生的视线并分散注意力。把你需要的物品放在身边,并按逻辑顺序排列。所有的演示活动应该是:

• 每个人都能看清楚。如果不能让全班同学都看清楚,就把全班分成小组依次进行演示。

• 动作熟练且解说清晰,让学生明白为什么要演示这些工艺,以及他们自己将如何操作。

• 演示有趣味,以吸引每个学生的注意力。

要确保学生足够靠近演示的操作,但其位置不能干扰演示的操作流程。偶尔学生需要站在教师的讲台旁边,用与教师相同的角度去观看并对演示过程进行解说,但这是超出常规的特例。如果学校有一个投影或便携式的网络摄像头,你要弄懂如何使用,因为它可以让学生们通过大屏幕观看工艺演示,而不用盯着讲台看。

在演示过程中让学生参与进来是很重要的,这样可以强化他们的学习效果。通过设计问题可以帮助你实现这一点。你可以提问学生们有关材料或配件的问题,让学生将演示的流程与他们之前可能见过的类似过程加以关联,提问有哪些方法可供选择、判断哪种方法是最佳方案,接下来会发生什么。对正在进行的流程进行讨论并使用图表——可以在交互式白板或PPT演示文稿上预先准备好图表内容,以帮助解释说明所有重要的或复杂的问题。让学生投入其中的一个好办法就是让他们帮忙。他们可以参与项目,在需要时读取数据,并重复刚演示过的某些任务或工艺。学生还可以对下一步应该做什么提出建议,或者使用事先准备好的任务单来逐项记录。

演示结束时,总结要点,然后安排学生们回到座位。演示后让学生尽快应用这项工艺显然是一个帮助强化演示效果的好办法,因此要尽量留出足够的时间来进行这一活动,并在班级走动巡视,以便于给予必要的帮助。如果你已经做好了提示或任务单,要提醒他们使用。如有可能,考虑制作一个简短的演示视频,这样学生们就可以在缺课或者遗忘某些工艺特征时,再回看学习。

鼓励学生成为自主学习者,能够驾驭各种获取知识和技能的方法,而不是把老师作为一切知识的来源,这一点很重要。有观点认为,设计和技术学科需要相当广泛的知识和理解,因此永远不能指望一个老师可以提供一切所需要的东西。项目学习中的个性化需求的存在也许会使面向全班的教学无法令所有人满意,但运用得当时,它仍能够激发学习热情,明确主题方向,提高师生的时间利用效率。也许最重要的是,全班教学可以赋予一种"群体认同"来帮助学生确立群体归属。

如果你要组织全班教学,需要考虑的是班上不同学生的能力范围、理解水平和动机差异,以使可能缺乏人情味的全班教学能兼顾个性化。因此你需要考虑怎样安排座位,如何使用资源,提出什么问题以及你要叫谁来回答。

在《中学设计和技术教学实用指南》一书中讨论了通过建模和校外环境进行的全班教学(Owen-Jackson 2007)。

2. 教授团队或小组的学生

我们在这里使用"团队合作"(teamwork)一词来描述一种以结果为导向的分工合

作方式(Baines et al. 2008),用"小组协作"(group work)一词来描述一种以过程为中心的协商合作方式。团队合作和小组协作在设计和技术学科中各自采用不同的教学策略:团队合作涉及学生们在一段时间或几节课内分工合作完成一项任务;而小组协作通常是指一个简短、主题明确的某项合作活动或设计活动中的部分合作。

不管怎么说,在设计和技术课上很少看到团队合作。部分原因是因为普遍的观念认为孩子们在项目结束时应该带点成果回家(Spendlove 2013)。这种让学生为得到家长称赞而制作"有自豪感的、想带回家炫耀的"作品的教学目标,往往导致在教学方式上忽视了拓展主题而聚焦于个人意见。这样的设计项目与校外那些由团队成员各司其职来开发产品的开发设计项目具有截然不同的特征。

■ 团队合作

在鼓励合作计划、责任分担和任务分配的工作任务中,团队的每一个成员都是很有意义的。要求学生们一道为某个设计问题而工作,使得他们有机会分配到研究任务,基于一个团队提出并验证想法,并且将在一个小型生产线上分批生产最终的设计。在这种情况下,必须谨慎行事,尤其在评估活动时,要将项目的不同方面归功于那些表现出色的学生。不管团队合作的目的是什么,都需要牢记几点:

- 仔细考虑每个团队的组成:
  ☆基于友情分组是最合适的吗?
  ☆如果不是,应该采用什么标准来组建更有效的团队?
  ☆分组是为一个项目而设立的临时团队,还是一个长期的需要监管的团队组织?
- 在你的计划中,需要考虑团队在项目的每个阶段达到什么目标,以及如何支持他们完成目标。例如,你可以教他们如何使用甘特图,它可以确保每个团队都能通过短期战略来实现更长期的目标。
- 在课程规划中,一旦学生小组开始工作,你就得及时巡视每个小组。巡视时确保每个小组都在你的视线之内。他们必须知道即使老师处于教室的其他位置,他们的活动进度也会受到监督。

■ 小组协作

分组的学生可以很好地完成许多活动,但是组织分组需要特别注意,因为学生们在没有帮助的情况下并不总能一起有效地工作。

头脑风暴是一种用于在固定时间内让小组成员生成尽可能多的想法的常用方法。如果精心设计,头脑风暴会促进相互信任与平等合作,但你需要确立以下规则:

- 每条建议都写下来。
- 基于已经写在纸上的文字来激发其他的想法。
- 没有谁的建议被优先讨论。
- 没有谁的建议会被忽视或受到批评。

STEP(1993)

对于低龄的初中生来说,在思维有待发展和深化之前,最初的头脑风暴大约5分钟就足够了。这一设计策略被称为"4×4"模式(Department for Education and Science,2004:118),用来帮助学生互相激发想法,鼓励他们发掘其他学生的想法。"4×4"模式是一项在每4分钟内产生4个想法的活动。它包括以下内容:

- 每个学生在A4纸中心画一个长约6厘米×8厘米的矩形,然后用垂线和水平线将矩形周围的面积分成4个区域(见图12.1)。

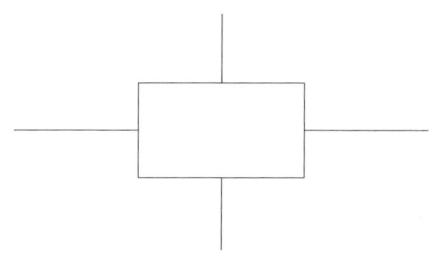

图12.1　4×4模式示例

- 给学生们4分钟时间,让他们在中间空格内画出并标注各自的设计想法。
- 让每个学生把已画好的标注图传递给小组的下一位同学。
- 给1分钟的时间阅读传递过来的标注图,然后在3分钟的时间内在图表的左上方空白处拓展这个想法。提醒他们要考虑材料和结构。
- 4分钟结束后,图纸将被传递给该小组的下一位成员,重复这个过程,学生们会在右上方空白处绘画。这样继续下去直到这张图纸返回发起人手里,完成对最初想法的4次拓展。
- 发起人可以修订这4块拓展建议,选择接受或拒绝这些建议。

这项小组活动可以帮助学生提升设计技能,而且是在没有任何口头讨论的情况下完成的——而不是我们平常小组协作的形式。

通过小组协作,学生有机会发展理性辩论和参与对话式讨论的能力(Reznitskay et al 2009)。但是讨论议程需安排严密且时间尽量短,特别是当学生不习惯这种活动方式时。小组讨论的具体好处是:

- 让学生在向更广泛的听众展示想法之前,先将他们自己的想法做威胁性较低的彻查。
- 汇集思想能帮助发展尚未成型的观点。
- 有助于考虑不同的经验和文化群体的价值观。

诸如"12分钟讨论"技术提供了可用于学生共同解决一项设计问题的架构。在这一策略中,学生分为4人一组,每人花1分钟来描述他们目前的设计工作,其余3名学生有2分钟的时间来进行"评论、建议、评估和建设性地批评"(DfES,2004:367);最后每名学生都将形成一系列行动要点来帮助他们推进自己的工作。小组协作可能被有效的应用场合包括:

- 产品分析或评估。
- 问题识别。
- 想法生成。
- 探索技术解决方案中隐含的价值观。

在支持学生关于科技对社区、经济和环境的影响的批判性理解方面,讨论尤其有价值。由于学生必须仔细思考那些超出眼前需要的问题以进行产品开发,并且要从不同的角度思考问题,这样的讨论比头脑风暴产生的想法多得多。要想使这种讨论具有价值和意义,就需要对这类讨论的质量以及对学生自发的组织水平提出很高的要求。例如,设计一个解决方案而不用考虑它是不是解决问题的最佳方案,这对于学生而言太简单了。像"赢家和输家"(DfES 2004)这样的活动要求学生思考他们所设计作品的意义,如果设计被实现,谁可能是"赢家",谁是"输家"。

如果要取得成功,小组协作需要精心组织。我们举出了一些具体实例,但对于学生们来说,为小组协作制定活动规则是很有价值的。如果打算运用小组协作的策略,你需要考虑以下几点:

- 分组:你将如何组织小组?(见Capel等,2013:376提出的一些建议。)
- 座位:你如何安排座位以便开展小组活动?

- 介绍:你将怎么解释活动的目的？当他们对活动有共同理解时,小组协作才能成功(Huber和Huber 2008)。
- 你的角色:在小组协作中你做什么？汉密尔顿(Hamilton 2007)阐述了协作活动中有四种不同的交流对话模式,认为"开放式对话互动"(ibid:41)在那些思想活跃并相互信任的小组中表现最为突出。开放式对话互动取决于教师允许学生主导讨论的程度。小组协作中的其他师生互动方式,包括教师鼓励学生使用技术语言(有限的对话互动),或教师提出问题引导讨论方向(开放式权威导向的互动)。

3. 个别教学

有很多方法可以调整你的教学使之适应学生的自身优势和需求,包括设置相应的设计情境,限制或允许他们根据自身的需求做出设计决定,或者允许学生以与他们能力水平相匹配的方法对项目设计做出反馈。最后一种方法俗称为"成果差异化",这并不被视为最佳的实践方法,因为它可能导致一些学生做出不适当的设计决策,而当他们决策错误时会遭致挫败感。

在初中,通常由设计和技术部门规定学生的活动情境,虽然这些规定是通过一些国家或地方的课程要求发布的。例如在英格兰的国家课程要求中提出了若干学生活动情境:"家庭的和当地的情境【例如家庭、健康、休闲和文化】和工业情境【例如工程、制造、建筑、食品、能源、农业(包括园艺)和时尚】"(Department for Education, 2013:2)。在威尔士则要求他们在另外一些情境下活动(Department for Children, Education, Lifelong Learning and Skills, 2008:12)。考虑到你所在的学校位置和周边产业,可以为个别学生提供机会,让他们发挥自身优势来设计产品以解决当下和未来的需求。

在会考阶段,对学生的作品设计细节和成品制作的考查都是以学生个人为单位进行的。有了足够的经验,你将更能准确地判断学生个人的长处和能力是否符合某一个设计情境的要求,但即便如此,对于新的学生小组,他们的想法和计划应该被审核。这似乎是显而易见的,判断一项独特的设计对学生个体来说是过于谨慎还是过于冒险的,直截了当的方法就是与他们交流沟通！以下是对个别教学有帮助的策略:
- 在学生制作和评估设计时,规划出时间与他们一一交谈,确保他们对于要做的东西已经深思熟虑。
- 鼓励学生依靠自己,独立思考。不要代替他们工作,要给他们提示和思路,鼓励他们运用规划技术和设计工具(如图像画板(image boards))来自己进行规划和决策。

- 鼓励他们去实验部分项目,检验设计中比较复杂的要素。

在制作的过程中,尤其是在出现问题时,学生们需要得到教师单独的技术帮助和改进建议,能帮他们拯救一个失败作品的实用建议尤其受欢迎,不过,如果教师在他们选择设计目标时就给予关注,就可以减少这种干预的需求。坐在学生身边,与他们一道完成计划,而不要袖手旁观。需要确保:

- 他们对想完成的作品的规划是合理的。
- 这个计划在材料、时间和他们已掌握的技术(或在有效时间内可以学会的技术)方面都是可行的。
- 目标计划要基于前期的工作基础,但是也不能过于保守,因为太保守也可能导致失败。

在任务12.1中,我们建议阅读不同的教学技能时最重要的是思考以下三点:老师要做什么?学生们要做什么?这门学科的教学中传递了什么信息?前两个问题很重要,因为当计划使用特定的教学策略时,有必要仔细考虑实施的细节(参见第11章的计划部分)。例如,当你在辅导个别学生的同时,其他的学生在做什么?教学是否能在要求的时间内保持全班的注意力?在他们遇到困难时能否自己解决?这些细节需要在课上提前向全班说明,以便你与个别学生的讨论不会被一些问询所打断。整堂课教师任务与学生任务的详细的规划都需要加以考虑。

第三个问题也很重要。一个主题的教授方式往往会产生增值效应:通过选择一系列你可以权衡其设计和技术的构成要素的活动,不仅教授实际产品需要的知识和技能,还能拓展他们的技术知识,并考虑相关的社会、环境和经济问题与制约因素。

二、面向设计和技术能力的教学

长久以来,激励学生具有自主性——能够规划、调查并开展他们自己项目的研究,是设计和技术教育的部分宗旨。有观点认为,设计和技术项目的活动鼓励人们"创造和动手做",而不仅仅是"知道和理解"。这种能力在生活的许多方面都是重要的,特别是在工商业领域。设计和技术教学的核心,也就是学生的设计和技术能力的发展,在设计和制作类任务中常常出现:

- 尽管任务框架可以减少相当多的可能遭受的失败和挫折,但是它仍不能预测出准确的结果。
- 根据客观现实和学生主观认同的需要,他们应尽其所能,并对项目的实施进展负责。

然而,管理一群12岁大的孩子与年龄稍长的自选小组学生相比,所要应对的问题有相当大的区别。对于年龄较小的学生,任务通常由教师来选择,一般会突出相关课程或学习指导方面的内容,学习的方向和结果要比典型考试要求中的开放式评价更受控,因此可以逐步引入技能和知识的学习。其缺点在于教师控制了更多的教学内容和时间,降低了学习者的自主性,然而却有助于教师控制下的学生学习和项目进展的管理。显然,这取决于教学指示的水平和开放程度。学生先前的经验和你预期的学习目标,将在很大程度上决定你的教学方法。如果要让设计和技术课的教学有意义,那么任务必须建立在学生先前活动的基础上——一个新的项目必须提供新的挑战,至少要在一般水平上得到先前活动的支撑。学生们不应该在设计过程中"走过场",结果学不到什么新技能或新想法。这在运行"轮转(carousel)"体系的学校中尤为重要,因为学生们在每个设计和技术的不同领域会经历几周的学习。如果相关部门没有精心策划这些任务,那么学生们即使运用不同的材料,也还是在简单地重复着相同的经验与挑战。这对于他们在设计和技术课上理解规范、理解用户需求、制定设计工作策略、解决问题以及调整决策等方面建立起相关的知识和技能几乎没有什么帮助。

1. 发展设计和技术能力的活动

设计和技术课上的教学难点之一在于学生必须在每个任务或项目中进行设计和制作。巴莱克斯(2011)建议用一种选项式方法,对四种活动进行组合:

- 仅制作而无设计。
- 仅设计而无制作。
- 既有设计又有制作。
- 探索科技与社会的关系。

(Barlex 2011: 12)

上述四种方法提供了新的选择,并可能挑战你对设计和技术活动的偏见:学生一定得做出他们设计的一切吗?学生是否可以作为一个团队来规划和制作你提供了图纸的复杂产品？是否应该鼓励学生透过设计和活动来考虑科技发展对社会的影响？（见Barlex(2011)和Barlex和Trebell(2008)）

所有这些方法在教学中都存在一个"鸡和蛋"的问题：学生可能明白自己想做什么，但由于没有所需的知识或技能而无法实现。更关键的是，学生也许不能对某个问题做出相应的回答，因为他们对相关的设备或技术一无所知。对这些学生来说，解决技术问题只不过是运用他们的常识而已。那么最好的方法是什么呢？是否应该教授学生们那些孤立的(以后会证明有用但眼下几乎没有直接价值的)技能呢？还是教授学生们在项目中"正需要的"技能——在他们满意于所学的东西有用时，却没有搭建起知识的连贯结构，更没有意识到应该了解相关新的知识并在将来将知识迁移到工作中？最好的办法是设置一个中间课程，精心策划并选择那些强调运用特定技能和工艺的短期活动或主题明确的任务，再结合较长周期的设计与任务，让学生通过不断地积累经验来培养与发展技术能力。

在这些周期较长的活动中，应该教授学生新的技能和知识，正如主题明确的任务需要有意义并处于适当的环境中一样，有时也会出现为学生的需要而教授技能的情况，但由于这样做可能会损失一部分活动的意义，因而结果可能不令人满意。教学要在主题明确的任务、主要设计活动、主要制作活动和设计并制作的任务之间互相穿插进行，使学生的设计和技术能力逐步得到发展。

任务12.3　为学生学而教

阅读第11章关于学生学习的内容，把你认为学生在设计和技术实践中应该学到的东西写下来：首先在没有设计只有制作的活动中；然后在有设计和制作的活动中。你该怎样利用这些写下来的内容对你的教学组织提出建议？

2. 组织设计和分配任务

教授设计和分配任务的策略之一是考虑学生该怎样作出设计决策。巴莱克斯(2011:13)确定了五个关键的决策区域，如图12.2所示。

(1) 概念的：设计的总体目的，想要制作的产品类别。

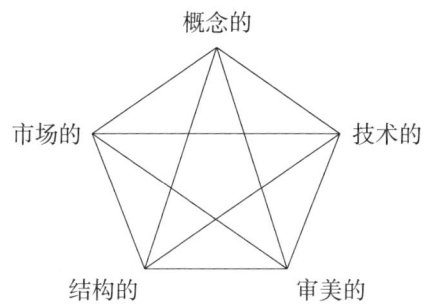

图12.2 五角形设计决策(来源:Barlex 2007)

(2)技术的:将如何实现这个设计。
(3)审美的:设计产品的外观如何。
(4)结构的:怎样将所设计的搭建组合起来。
(5)市场的:该设计面向的用户是谁,用在哪些场所,如何进行销售。

通过在项目开始前制定一些设计决策,教师可以管理全班的活动,激发学生的兴趣和进行差异性设计的规划。例如教师可以根据本地的真实情境来确定设计目的,例如针对学生的上学行程,创建一个设计概要(概念的),并决定可用的材料(技术的)的尺寸,如尼龙面料和一个可缝制的照明设备。基于这些真实情境并使用这些材料进行的设计概要可能是设计成一种可穿戴式产品,从而让孩子们在上学途中更加安全。这种设计决策的解决方案在初中阶段十分可行,但随着学生的成长,他们需要参与更加开放性的项目活动——在这些项目中,他们可以使用这个设计五角形来管理他们自己的决策。

任务12.4 要学生去设计、制作还是设计并制作?

在学校里,你可能会使用其他老师和你自己计划的项目和任务,考虑一下每种任务所采用的方法:学生是否有机会做出许多设计决策?是否大多数的决策都考虑到了审美?初中阶段有多少项目可以让学生确立设计的概念,或者总是让他们做一个设计概要?

你可能会发现许多任务被认定为"无需设计的制作活动"。如果是这样,问问你自己如何在这种活动中培养学生的设计和技术能力?

在教授设计的课上,你将学到许多书中所讲到的"设计流程"。然而这种把设计过程理解为一种简单的线性活动的观点遭致了许多批评,认为从"需求分析"到"想法"到"规范说明"到"产品"到"产品评估"的线性活动,潜在地限制了"真正的创造力发展"(Spendlove 2012:47)。设计流程不是线性的,而是一个复杂的活动,是对新的可行解决方案和当前想法的不断循环往复的评估,并渗透于每一阶段每个部分的活动中(见第4章)。斯彭德洛夫(Spendlove)认为教师的角色是挑战"设计是一个一成不变的流程"的概念,提供由学习过程引发的创造力的、设计师式的和真实的经验。基于这种相对不足的描述,许多设计和制作项目将包含以下活动:

- 对从实景照、书籍、杂志和互联网,或者从人们/用户那里获取的信息进行研究。
- 调查和运用材料、流程进行试验等。
- 明确说明所选解决方案必须满足的标准。
- 为所选的解决方案建言献策,为一个设计想法建模。
- 优化想法,以确定一个所选解决方案的细节。
- 规划该解决方案的制作或生产过程。
- 制作产品。
- 评估或测试产品。

(Barlex 1987:18)

对于设计阶段的另一种更直观的观点,请参阅设计委员会的双钻石设计过程模型,该模型分为四个不同的阶段:发现、定义、开发和发表(Design Council 2007)。

你的教学技能需要整合上述列表中的活动,同时考虑可获得的材料、设备和时间的局限性。然而,即便有了精心策划的任务单元,生动的介绍,精心准备的用以强化技能和体现教师备课效果的资源,以及对各种活动的协调方案,而没有重视在长期任务中对短期目标的分配,那仍将会产生令人失望的结果。每节课都应该有清晰的目标。通过帮助学生了解他们在整个项目中需要完成的策略要点是什么,教师才能引导学生获得成功。这并不意味着所有的学生都应该以一种僵化和无差别的方式来做同样的事情,教师应该意识到学生可能在活动的某个部分走岔路,而忽视了关注整个任务。所以你的角色是帮助他们保持专注并指导他们取得成功。

三、与其他成人一起工作

设计和技术部门通常都有全职或兼职的技术人员,这些都是很有帮助的教职员工。教室里的其他人员可能包括课程助理(有时也称为学习助手或助教)、设计人员/制造者或访客。

技术人员的工作范围通常在设计和技术的耐用材料领域,他们负责准备设备、材料和学习环境。一些学校还雇佣了食品技术的专业技术员工来提供设备维护、材料订购、课程准备、洗衣和打扫卫生等方面的支持。技术人员可以为课程准备材料和设备。但是,要注意如何利用这些准备;如果上课时间紧张,你可以要求技术人员设置设备、预先切割或称量材料,但要确定你并非总是如此。学生们要学会自己选择合适的设备,切割和称量材料,所以你必须确保为他们提供了这些机会。

技术人员往往在操作机械和工具方面技能娴熟、经验丰富,并乐于为实践课程提供帮助,这是一个宝贵的资源,但请记住,你是老师,你主导着课程。

任务12.5　观察部门技术人员

安排一天时间自始至终跟随部门技术人员工作,你可能会观察到他们需要做的任务包括:
- 设备或材料的订购。
- 管理任务。
- 为实习课准备资源。
- 课程开始时摆放好设备材料,结束时打扫清洁。
- 设备安全检查和维护工作。
- 在课程中提供支持。

和技术人员讨论他们承担的其他任务,以及部门员工如何帮助技术人员高效地完成工作。

那么如何与技术人员合作呢?大多数部门都有一份预约表,详细说明了在哪一天的课程中你需要的具体特定设备或材料。你要确保技术人员每周都能得到该预约表,并且对于重要任务给出特别说明。这看起来似乎是常识,但是试想一下,如果你的课程详细计划是在周末完成的,那么技术人员是无法在周一早上为你的第一节课提供帮助。与同事以及学生建立有效的关系是所有教师都需要发展的一个重要方面。与技术人员建立良好的协作关系对于教和学的质量都有很重要的促进作用。

课堂助教可以用来支持个别学生的学习,对你而言,他们极为可贵。学生提出的个别需求决定了课堂助教的任务。例如对于有身体条件限制的学生,助教可以与学生一道完成或替学生完成某些操作任务。对于有学习困难的学生,助教可以读遍说明或简化工作表。作为教师,你与助教一起讨论他们的角色,理解彼此的想法非常重要。

随着设计和技术从一节课到另一节课的反复操作,课堂助教完全有可能了解下节课的大致内容,并熟悉整个项目的总体方向。此外,课堂助教也将支持学生的其他学科学习,并且可以给该生提供一些能够在其他课程学习中获得成功的建议。

有很多专业人员,如工程师、设计师、厨师和建筑师,他们可以在几周时间里为一个项目提供特定的服务或支持该项目,他们与校外的技术的联系可以提供具体的意图和相关主题(STEMNET 2014)。他们的意见要求应当与技术人员、课程助教同样受到重视,以使其最大限度地发挥影响力,因此需确保你在教学中和这些人合作时能有充分的计划和时间准备。你得为访客做准备,例如:你希望他们在教室里呆多久?你是否希望他们讲几句,做个展示,或带来一些资源?你也需要让学生准备好。你想让他们做一些准备工作吗?你能向他们解释下一节课谁将来听课和为什么听吗?

不要忘记和你的学校及访客一起审核关于儿童保护的程序,包括要在接待处的访客签名册上签名备案。

任务12.6　为教学做准备

想想你观察过或所上过的课,列出你或上课老师必须做的所有准备工作。你需要做哪些工作来确保已经拥有了这堂课的"主导权",哪些工作可能是由技术人员完成的?

在上课前,你是如何安排其他人员如课堂助理的工作的?

四、管理学生

在对新教师的调查中显示,课堂管理和纪律是首要关心的问题。难以回避的问题是"我能管好课堂吗?"请记住,不管怎样,课堂管理都不能与教学方法割裂开来,也不能脱离学校普遍面对的问题——态度和价值观。在任务12.1的要求中,你已经明确了在给全班、小组或个人上课时你所承担的角色。对你而言,每种情况下你的行为都应该成为学生期望的榜样。如果和整个小组同学说话,你是在倾听还是在说教他们? 当加入一个你主导的小组时,你会不让其他人加入吗? 教师是学生行为的榜样(Cowley,2010)。

帮助学生确立良好行为的方法之一就是让学生知道你对他们的期望,要在你的课堂上建立起有效的行为习惯。

任务12.7　课堂例行程序

从对同事上课的观察中,记下在课堂的"例行程序"部分里发生了什么:
- 学生们在教室外排队吗? 书包和外套放在了哪里?
- 教师是如何组织登记的?
- 如何分发和收集资源?
- 课程如何结束,学生们怎样离开的?

要确保你遵从了所在学校或部门对这些例行程序制定的标准规程。

早在20多年前,基里亚库(Kyriacou 1991:82)就通过观察研究得出了那些不得不让教师处理的学生们最常出现的不良行为,如今仍然普遍存在。这些行为如下:
- 讲话过多或不合时宜的说话。
- 吵闹。
- 不尊重老师。
- 没有按要求完成功课。
- 无正当理由离席。
- 妨碍其他学生。

- 上课迟到。

遗憾的是,建立和维护课堂纪律并没有"金科玉律"。不过大多数老师都会给出以下建议:

- 设立你能接受的行为和礼貌的基本标准。
- 坚守原则并付诸行动。
- 了解对遵守/违反规定的行为的处理办法(奖励和惩罚)。
- 避免冲突。
- 找出学校和部门对违规学生的处理办法,并严格执行。

如果你惯用的师生交流方式与学校的习惯不同,那么学生们就不知道在课堂上该如何回应,这并不是说你做错了,而是学生们要花费更长的时间去理解基本规则,甚至根本不能理解。尝试改变学校的规则,甚至违背校方和有关部门的规范和惯例是错误的做法。

规范和惯例可以在多个层面上发挥作用。例如,我们通常会要求学生们课前要在教室外排队等待老师发出进入教室的指令。如果想更改这项规定很显然是不明智的,因为排队有两个目的:一是为了安全起见,尤其是当学生们进入实验室时;二是为课程定下了基调——你可以提醒他们把设备从包里拿出来,你可以叫他们的名字,或者让他们阅读你写在黑板上的指示要求。作为一名实习教师,重要的是要遵循所教课程的实践规范,并确保在教学中坚持如一。

对教师而言,管理学生的困难时段是在上课的开始和结束,以及课上活动间的过渡。现在我们来看看这些。

1. 开始上课

为帮助减少不良行为的萌生,切记:

- 在上课之前到教室门口迎候他们,再请他们进来。
- 务必保持教室安静,开始上课之前,让学生将书包放好,脱下外套。
- 视线不时地巡视全班,以检查学生是否集中注意力,并鼓励学生提问(在实践活动中尤为重要)。
- 与尽可能多的学生一一进行眼神交流。
- 课程介绍或开场白要简短——尝试一下无声胜有声的开场。

- 确保首个学生活动清晰明了。
- 明确活动的顺序,知晓"接下来会发生什么"。
- 让迟到者入座。不要让他们打断你的流程,但事后要了解他们为什么迟到了。

2. 课上活动之间的过渡

当让学生从一项活动转入另一项活动,或从一处位置转到另一处位置,例如转为观看演示时,不当行为就有了可乘之机,因此你需要考虑如何处理这种过渡。处理这些过渡的方法包括:

- 在你结束讲授之前,明确已经准备好了接下来的一切。
- 提醒每个人在规定时间内结束手头的事情,并计划好对那些还没完成的学生说什么。
- 对学生发出"转向前方"或"进入讨论小组"的指令——如果这已经是一个既定的惯例,就很容易了。

在每学年开始时,许多教师都会花大量的时间来建立课堂规则和流程。初期这会消耗时间,但久而久之,将会提高你的教学效率。作为一名实习老师,你可能还没去建立这些规则,但可以凭借现有的课堂规则来帮助你。很快就会习惯成自然了,但开始时所有的事情都一定要深思熟虑且计划明确。

3. 上课结束

在上课结束时你仍要建立惯例,这才是明智的,但在实践课上,你需要留出充足的时间来整理资源并打扫干净,这非常重要。令人惊讶的是,对于11岁的学生和那些年长几岁的学生来说,预留时间长短就有很大的差异!你要考虑以下几点:

- 思考如何在上课结束时预先做好一些"收尾工作"。也许你亲自去收取部分工具,或者让提早完成的学生去帮助其他人。
- 不要试图自己在收尾阶段做太多的事情:你需要巡视整个教室,确保每个人都在为课程的结束做好准备。
- 如果事情所花时间超出你的预期,不要急于去做你计划好的每件事。
- 下课之前你可以进行全班总结,先让大家安静下来,并对此给予鼓励和表扬。
- 控制退场的秩序,确保由你来宣布下课。

4. 教室的环境

创建适合的课堂环境也有帮助。学生需要感到安全和受尊重,这将有助于建立和发展良好的人际关系。要做到这样的一种办法就是快速熟记并在课堂上叫出他们的名字。你可以制定一个座位表,要求学生们对号入座,亲自分发学生作业的同时,用一秒钟时间看看拿到作业的每个学生。作为一名新老师,告诉学生这样做是为了熟记他们的名字时,他们会理解这些并知道你对他们感兴趣。良好的社会关系大大有助于教学,有助于实现良好的课堂管理。

任务12.8 熟记学生的名字

画一张你将任教班级的教室示意图,标出座位位置。然后写下座位对应的学生姓名,并且在你上课时参考这张示意图。

和学校里的其他教职工交流,请教他们用什么方法来熟记学生名字。要努力记住你所教班级的学生姓名。如果一种记忆方法不管用,那就试试另一种,直到找到某种适合你的有效方法。

你在课堂上的行为表现也对建立良好的学习环境有帮助。要表现得自信却不傲慢,要坚定、公正、有礼。要表现出你尊重学生,但要明确你们的师生身分定位。建立良好的课堂环境可能很难,而且对于怎么实现也没有简单的建议——但是做好充分的准备将有助于你课堂上轻松而自信,学生们会对此有良好的反应。

5. 应对课堂管理问题

绝大多数学校都有良好的教学组织和纪律。设计和技术学科对大多数学生都有吸引力,尤其是那些发现课程的实用特性的学生。然而不可避免地你会碰到一些学生的行为令人难以接受。你的语音、非言语沟通以及教室中的站位,这些教学策略能够帮助你维持良好的课堂纪律。

■ 你的语音

将你的语音视为一种教学工具,它可能是非常有效的。你的发声可以表达出一系列的情绪:冷静、紧迫、热情和不满。在与学生交谈时,试着改变你的音调,因为这会让他们保持关注。你的语速也很重要,在解释、演示或提问时,你需要放慢语速。当鼓励学生加快工作速度或下课离开时,说话快些会表达出一种紧迫感。

你的声线投射(projection of voice)①显然很重要,另外你需要努力去根据不同情境改变你的声音。有时你会选择轻声地说话,比如让学生安静下来,或者和个别学生交谈。其他时候,比如当学生着手实践任务时,可能需要用大嗓门来给出教学指令或唤起注意。练习发声时尽量不要压低声音,提高音量时尽量不要提高音调,否则你会觉得自己在尖叫。这需要练习,而大声讲话的同时保持降低音调是可以做到的。

任务12.9　用你的语音

将自己阅读课文或平常说话声音录下来。如果你以前没有听过自己声音,那么你可能对所听到的感到吃惊。你会觉得听到的与预想的完全不同。这是因为你听到了你的声音回到了你耳朵里,而不是像往常一样声音是发出去的。

现在一边练习你声音的音调、语速和声线投射,一边录下来。试着让你的声音听起来有趣、冷静、紧迫、命令性。你是否得到了想要的声音?继续练习直到觉得可以"用"你的声音。

最后,不仅要考虑你的音调,还要考虑你使用的语言。说出你希望学生按你所要求要做的事,用"谢谢"来结束一个要求。例如,"请回到你的座位,山姆,谢谢";而不是"你能回到你的座位吗,山姆"? 用肯定语"把你的行李放在地板上"而不是"不要把你的行李放在桌子上"。如果提出批评,应该是批评学生的行为而不是批评学生本身,比如说,"做的一件蠢事"比"你这个人真愚蠢"要好。参见考利(Cowley 2010)提出的关于如何表达期望和指令的用语要求。

■ 非言语交流

除了你的声音之外,你还可以通过其他方式与学生沟通,例如通过面部表情和身体姿势。 要注意使用这些,并尽量使它们配合你的言语表达,例如当严厉批评学生时不能微笑,因为这会传递混乱信息。当你跟他们谈话时,要与学生进行目光接触,不断

---

① 译者注:指用适当的声线,配合口腔和鼻腔的共鸣,将声线投射出去,令别人清晰地收听。适当的音调能在口腔和鼻腔间产生最佳的共鸣效果,声线便能容易清晰地投射出去。这是一种通过发音引起尊重和注意力的技巧。

地"扫视"教室,让学生看到你在注视他们,这样他们就会明白你知悉所发生的一切!有时让学生知道你严密注视着他们,将会遏止一切不正当行为的发生。用你的身体姿势表现出你是开放的、平易近人的,将你的手臂放在身体两侧或身后,而不是在你身前防御性地交叉着。

任务12.10　你的非语言交流

请你的实践导师来观察你任教的一节课并重点关注你的非言语交流。

针对他(或她)所做的听课笔记与实践导师讨论如何通过非言语交流方面的改善来提高你的班级管理能力。

■ **你在教室中的站位**

在教室中你所站的位置可以作为你班级管理的一个辅助。在设计和技术课上,尤其是实践活动中,很容易做到四处走动,而不是局限在讲台或黑板前。不要站在一个地方一动不动,让学生们不停地来找你,这样你就动不了了——得告诉学生你要来找他们。试着在教室里有目的地巡视。关注学生,看是否需要走近并帮助某个学生。倾听全班学生的声音并走到你认为可能太吵或者注意力不集中的地方,你的出现会令他们安静下来或者让他们回归到任务中。你要一直保持自己站在合适的位置,这样就不会背对任何一个学生,要做到你可以看到全班学生,他们也可以看到你并听到你的声音。

不过最重要的是运用常识。教学是一项"人的职业",与人打交道时,你可以忘记所有的清规戒律,但却不能无视人之常情。

总结

本章传达的主要信息是良好的教学和良好的课堂管理紧密相关。如果你的教学方式生动有趣,适应学生的能力水平,就会激发他们的学习动机,就能营造目标明确的课堂氛围,有效地管理学生和教学设备。对于关注如何管理学生行为的老师来说,最佳建议是要做到让课程有吸引力且教学组织良好(Cowley 2010)。

你和学生之间的关系也很重要。需要做到:你要了解每一个学生,知道怎样最有效地与他们沟通。学生会为他们喜欢的老师而努力学习——遗憾的是如何得到学生喜欢并无灵丹妙药,但是如果你冷静从容、坚韧如一、富有魅力并充满积极自信的态度,就有机会赢得学生的喜爱。

以下总结可作为组织教学的注意事项清单。对于每一节课,确保做到:

- 准备并检查你需要的所有资源,包括有用的吸引学生的材料。
- 制定将全班学生带入教室,让他们安坐下来投入学习的课堂规程。
- 考虑课程的导入以及如何迅速地吸引学生参与并投入活动。
- 在计划中清楚地列出你跟学生要在每项活动中做什么,并估算出每项活动所需时间。
- 仔细考虑如何从一个活动转换为另一个活动。
- 允许小组中不同学生有不同的需求。
- 预先演练所有的示范工作,并试用你希望学生掌握的所有实用工艺。
- 想好你在教学指导时要说些什么。
- 决定如何分配和回收资源。
- 计划好课程的结尾,预留一定时间做常规清理和全班总结。
- 形成一套评价的规程,以系统全面地来观察课上一些学生的进步。
- 考虑好布置什么家庭作业,无论是全班作业还是个人作业都应该适当。

如果对这些注意事项熟稔于心,你将不再需要书面指引。但你需要坚持不断地做这些检查,因为它有助于组织好教学活动,让你的教学更为自信从容。

第13章 设计和技术的评价

苏珊·V·麦克拉伦(Susan V. McLaren)

介绍

就像设计师考虑问题一样,反复评估和批判性分析是至关重要的,评价是规划、教学、学习和评估的核心。以上这些方面是相互依存的,体现了学习过程的整体性和周期性,所以我们既不应该孤立地考虑评价,也不能仅把它作为教学与学习计划的目的地,它应该是学习该如何开展的追随者、检查者、验证者、提醒者和未来引导者。评价过程可以帮助教师判断教什么内容,以及学生的理解和技能是否得到了巩固和发展。本章涉及的内容有:

- 与评估相关的术语
- 进行评价的原因
- 什么是评价,以及如何进行评价
- 评价过程的参与者
- 记录和交流评价内容

学习目标

学完本章的内容,你应该:

★ 了解不同形式的评价
★ 理解进行评价的原因
★ 理解评价对学习过程的重要性
★ 了解设计和技术中使用的评价方法

一、与评价相关的术语

为了了解评价,你需要了解用于描述评价的不同术语,例如形成性评价和总结性评价、自我评价和同行评价、诊断和自我比较、基于标准和常模参照。学习性评价(Assessment for Learning)以研究为导向,旨在挑战传统的评价思维,针对评价目的和评价过程,提供了针对研究者、关注学习的评价方法。这引入了更多的术语:为了学习的评价(assessment for learning),作为学习的评价(assessment as learning)和学习的评价(assessment of learning)(Black et al. 2007)。本节将帮助你理解这些术语的含义。

1. 形成性评价

形成性评价的主要目的是改善学习。它也可以作为为了学习的评价,一方面可以帮助你收集关于学生的技能、知识和态度的信息,这是一个持续进行的过程,另一方面也可以帮助你向学生提供提示、支持和学习支架。它关注的重点在于:与计划的学习目标或学习成果明确相关的过程、知识、技能和态度。因此,评价将与确定的成功标准有关,而成功标准则由特定的学习意愿决定。形成性评价被认为是"立即发生的",有时是非正式的,它具有及时性、频繁性和前瞻性。

作为学习的评价与形成性自我评价有关,鼓励学生促进思维可视化,使他们对自己的学习方式有更多的理解。将评价作为学习使用,可以使学生更深入地了解学习过程中所需要的元认知技能(了解自己的思维过程),这是学习进步和有意义的学习所需要的。教学生如何认识自己的优势,找出学习或工作中需要进一步发展的地方,反思自己的学习,并决定下一步怎么做。作为学习的评价的总体目标是让学生能够进行"可持续的评价"。能够设定个人目标、对自己的学习负责,并无需他人帮助,有能力评价自己的学习和成绩。作为学习的评价旨在培养自我效能感,有时称为自我调节能力,在设计和技术中尤其有用,因为学生经常面对一些需要设计的困难场景,比如遇到难以解决的问题,需要在网上搜索信息。这种基于项目的学习给学生的决策制定和实施过程提供了高度自主性,学生自己落实并发展想法。反过来,这要求他们能够评价他们已经做的以及需要做的。

2. 自我评价

和同行评价一样,自我评价也是形成性评价的一种类型。和你预料的一样,它们分别指的是学生评价自己和学生评价他人。在使用自我评价或同行评价时,教师需要开展活动,鼓励学生对自己或同伴不同阶段的项目工作提出有意义的评论,这个我们在稍后进一步讨论。参与自我评价和同行评价对学生的成长型思维的发展有很大帮助,学生不怕失败、有毅力、积极上进并普遍有动力去学习。

3. 诊断性评价

诊断性评价也与形成性评价有关,它侧重于分析学生为什么会失败。如果形成性评价确定了学生学习中可能存在的不足,那么你需要确定为什么会发生这种情况,以便尝试纠正它。学生学习存在不足的原因有很多种,可能是简单的误解、语言障碍或其他学习困难。设计和技术涉及特定的学习方法和学习风格,学生在设计和技术中可能会遇到在其他学科中不存在的障碍。另一方面,学生在其他科目中存在的学习困难,在设计和技术中可能不明显。

4. 总结性评价

总结性评价也被称为学习的评价,这是外部的资格认证机构最常采用的评价类型。粗略地说,总结性评价是在特定的时间对学生的知识或技能做出及时的判断。它通常使用回顾性的过程,来测试已经学到的东西,比如单元结束时的内部测验或考试,学期末的外部考试或项目工作。

当它作为为了学习的评价的一部分时,总结性评价也可以用于前馈,并能帮助学生识别他们的强项和需要解决的弱点。这在设计和技术中特别有用,在设计和技术中,学生们可以围绕不同的专业领域进行学习,学生在一个领域得到的总结性评价可以显示其在另一个领域的工作发展状况。教师也可以通过仔细考虑学生哪些学得好、哪些存在困难来进行总结性评价,以评估他自己的教学。

5. 基于标准的评价

通常使用外部设置的标准来评价学生的表现。这些标准通常确定了学生在特定年龄和教育阶段需要达到的期望值,例如外部设置的国家考试描述了特定水平或不同年级期望的绩效、知识和结果。然后根据标准对每个学生进行评价——学生能不能做到某些事,学生知不知道某些知识。

总结性评价采用标准参照的测量系统,通常用数值进行分级或评分。数值结果提供了一种系统的记录学生成绩的方法,可以用来:

- 测量一个学生在一段时间内的发展情况。
- 监测学生小组的进展——例如一个有特点的班级或年级,也可是一组男生或一组女生,或一组少数民族学生。
- 通过监测学生的成就来监测教师个人的表现。
- 监测一个学科部门的表现。
- 衡量一个学校的成绩。

因此,对学生、教师和整个学校来说,总结性评价可能是"利益攸关"的。

尽管其结果具有很大的价值,仍然需要谨慎对待。评价工具必须经过精心设计,才能有效、可靠,能够经得起审查。如果你计划进行总结性评价,可以考虑使用商业性的总结性评价,或者在得到总结性评价的结果时,考虑使用的方法是否适用于正在评价的学习。在设计和技术中,考虑评价是否能将要评的绩效的质量、思维和推理、创新、知识、理解和技能可视化,也是非常重要的。外部审查人员能够用等级或百分比来判断学生掌握的知识或技能吗?Kimbell 和 Stables(2007)的进一步探索将帮助你理解这些问题。

6. 常模参照评价

这种类型的评价也用于总结性评价,特别是 GCSE 和 A level 等国家考试。它指的是制定这样一个"标准":比较学生表现的差异,或者针对特定人群的表现进行排名。但这种评价并不能使学生理解自身的状况。

7. 自我对比评价

自我对比评价是学生和自己之前成绩相对比的评价。学生与自己最好的个人成绩进行比较,经常被运动员用来观察自己的表现,或者是玩家在一个游戏中的成绩。它可以用来鼓励学生提高他们的知识或技能,例如教学前后测试。它也可以用来衡量一些"软"技能,比如自信:学生是否觉得他们比以前更有自信做演讲? 与作为学习的评价相结合时,自我对比评价是特别有用的(参见 Carol Dweck's mindset approaches, Dweck 2012)。

二、评价政策

设计和技术中的评价政策,将与学校的政策和会考阶段考试委员会的具体要求相联系。你需要熟悉部门评价政策和系统,因为它会告诉你何时收集评价数据、收集哪些数据。总之,评价政策应该遵循:

- 在学科内进行。
- 通过精心策划的一系列学生体验活动,监察学生能力的发展。
- 因材施教,强调适合不同学生的不同评价程序。
- 清晰地分析学生的优势和发展方面,从而明确目标和进行下一步行动。

任务13.1 学校评价政策

在学校里获得学校和部门的评价政策、各级工作人员指导文件的复印件。确定建议的评价过程。
- 不同的政策有什么区别? 区分每种政策存在什么差别?
- 部门政策中是否清楚地解释了评价程序?
- 标出需要的评价类型和建议的评价类型。所有年级都是一样的吗? 所有的年级组都一样吗?

根据政策提供的信息,建立一个学年时间表,包括即时和持续的、中期和长期的评价记录和报告。当你在学校时,可以参考这些内容。

三、为什么要进行评价

你需要理解评价的类型,还需要理解你在学校里需要做的事情,但更重要的是要理解评价的目的,这将帮助你决定进行评价的时间、内容和方法,需要投入的时间和精力,理解为什么教师需要进行评价,以及如何在设计和技术中应用评价。作为教师,我们的工作涉及为了学习、进步、成绩和成就而教学。如果合理利用,评价可以提供适当的信息、奖励学生的成功、激发动力。但如果利用得不好,可能会对学生的发展产生破坏性的、消极的影响。评价的不同阶段有不同的目的。

教师进行连续的形成性评价时,能够:
- 随时确定学生是否在按预期进行学习。
- 分析某个学生的优点和缺点。
- 深入了解个人的学习偏好和学习动机。
- 为某个学生或学生群体的发展指明下一步的工作。

从长远来看,形成性和总结性评价的作用是:
- 帮助教师反思自己的计划、教学和评价。
- 监测学生在学习成果方面的进展情况,包括来自考试机构、国家方针、国家或地方的学习计划。
- 向学生、家长、同事、学校领导或其他机构反馈某个学生或学生群体学习的进展情况。
- 为学生和家长提供未来目标、发展和职业路线的指导。

但是,评价不仅是为了让老师和学生了解学习情况,它还有其他的目的。学校通过分析学生成绩数据,来监测学生、工作人员和整个学校的情况。来自部门、全校和外部评估机构的数据提供了有关评价标准的信息,并用于:
- 确定学生表现的发展趋势。
- 评估和反馈学校的有效性。
- 评价部门教学的有效性。
- 为学校和部门制定目标,用于学校和部门的发展规划。

此外,还可以对不同的学生群体进行比较,以确保所有的学生都能达到标准,或者在不同的学校中,所有的学生都能获得"良好的"教育。学校领导需要收集、分析和报告评估数据,你可能要参与这些工作。作为一名教师,收集和分析评估数据并进行反馈是很重要的,找出你的教学中可能影响学生学习的问题和优缺点。每所学校都会制定进行评价、记录和报告流程和方法的指导方针,鼓励全校采取统一的方法,确保所有教师和家长都能根据期望和时间表得到通知。

当你开始评价学生的工作时,需要通过评价的目的,来选择适当的评价方法。你还需要确定评价的重点和依据,以及将如何进行评价。

四、评价什么

我们不建议抛开"怎样进行评价"而仅仅对"评价什么"进行讨论,毕竟,你的目标是设计一个有意义、可操作的过程。这一节说明了评价的"内容"和"方法"之间的密切联系。学习的目的,用于判断学习质量、深度或保证的指标,以及用于评价过程实施的策略是相互关联的。

作为一名教师,你将设计具体的学生学习体验活动(见第十四章)。你设计的学习活动,会帮助你确定一个有意义的评价框架,阐明你希望学生学习什么,以及他们将如何进行展示。培养学生的设计和技术能力过程中,你要寻找评价的依据,这些依据能够反映学生学习中的知识、技能和态度。

明确评价的内容非常重要,因此你关注的结果、依据以及评价标准(有时称为成功标准)应与学生分享。应使用他们能理解的语言,清楚地说明你期望他们学习什么,以及什么依据将被用于做出评价。这可以通过与学生分享"我们正在学习……"来实现:

- 发现设计的机会和挑战。
- 为不同情景设计一系列不同的解决方案。
- 分析情景是否达到规范标准;确定约束条件。
- 提出与最初的摘要、规范相关的想法。
- 运用创造性思维策略来设计摘要。
- 提出明确而合理的建议;反思别人的建议。
- 分析和评估想法和建议。
- 分析和评估现有的产品、系统和环境。
- 欣赏设计决策的影响,以及设计活动的结果对社会、环境和经济的影响。
- 选择适合受众、适合设计目标的沟通方式。
- 在目标用户、功能、设计因素等方面,证明设计决策的合理性。

任务13.2　设计评估学习目的

想想你教过或观察过的一个设计和技术的项目,其中哪些学习目的可让你选择应用到项目中。现在考虑一下评价的是什么,例如当你评价"发现设计的机会"时,你到底要找什么?成功的标准是什么?通过学生的态度、知识和技能的发展,有什么证据可以确定学习真正发生了?

同样,当我们考虑在设计和技术中所做的评价时,有必要确定关键的学习目的。评价可能涉及使用到的技能、流程、结果和技能,如决策和团队合作等。再次,说明活动的目的和被评估的内容,可以被解释为"我们正在学习……":

- 计划产生的流程。
- 选择并使用适当的材料、制定方法和流程。
- 应用问题解决的策略来克服遇到的问题。
- 有信心、有能力使用设备、技术和程序。
- 安全地工作,适当照顾他人,了解健康和安全的程序。
- 审查、评估并实施质量监控和程序测试。
- 创造/实现高质量的成果。

当考虑要评价什么时,你也需要清楚你是否在评价学生的知识、技能或设计和技术能力。对具体知识或技能的评价通常很简单,但是能力的评价更为复杂。能力不仅要求学生知道某件事或能做某事,而且还要求他们在适当的时候能够恰当地应用。这也要求学生了解什么时候需要新的知识或技能,并知道如何获得它们。此外,还将涉及其他技能,如问题解决、分析、决策和证明。但是在进行评价时,不应该把它们相互独立,要求学生有一起做这些事情的能力。这在英国的第一个国家课程文件中得到了认可,该文件说:"……评价学生表现的方法……理想情况下应该是从整体考虑的"(DES / WO 1988)。

学生的能力可以通过他们参与的工作来体现,如他们工作过程的档案袋,或你和他们在工作期间进行的形成性评价。你可以进行设计,为学生制定具体的活动时间,让他们"停下来思考"(APU 1991),以便在过程中记录他们的想法,而不仅仅是在项目结束时。

在会考阶段,考评机构根据自己的情况,提供了设计合理学习体验活动的规范。明确规定了要评估的内容。你应该熟悉考试要求,并确保你设计的评价向学生表明了学习要求,提供了基于学习目标的进度、成绩和成就的判断证据。

任务13.3　考试评估

从学校或资格认证评价机构网站获得学校的考试规范。仔细阅读,并确定评价所需的依据。这些依据与课程的学习成果有怎样的关系?在课程中是否收集了一系列的证据,或者全部是由课程结束时的最终评价来确定的?学习的内容和评价的内容有直接、明确的关系么?

请阅读提供的所有指导文件,来明确教师教学的评价。

同样需要注意的是,为了有效地开展评价工作,你应该具备坚实的学科知识基础。研究表明,如果一个教师缺乏牢固的学科知识,形成性反馈的重点往往落在学习过程中的社交和管理的方面,而不是学习的设计、制造或技术知识(Compton and Harwood 2003; Fox-Turnbull 2006; Moreland and Jones 2000)。

五、评价方法

评价的时候通常不会只用一种方法,评价的方法有很多。形成性评价侧重于个人和群体的学习过程,来确定何时需要支持和挑战。它聚焦于为教师和学生提供信息的方法,帮助他们了解学习的进程以及接下来的步骤。使用一系列不同的评价方法可以提供不同的信息,这将有助于你更全面地了解学生及其能力。

一些形成性的评价策略包括:
- 发起或参与全体活动,以激发讨论。
- 问答环节。
- 在学生工作的时候进行观察,听他们讨论的内容。
- 用一对一对话或提问来鼓励学生解释他们的想法和决策。

- 要求设定"课堂反馈条"①,这要求学生记下他们学习到的东西和他们乐意花更多时间或精力的东西。
- 要求学生设定自己的学习目标,或者确定自己的优势和发展领域。
- 布置家庭作业,用于评价学生的知识和理解。
- 学生的作品集,包括书面作业、笔记、图画、注释、计划、照片。
- 学生的实践作品,可能是模型、测试件或成品。

任务13.4　课堂内的评价

在学校里,根据你的专业领域,观察一堂由经验丰富的教师所教授的设计和技术课程,特别注意其中进行的评价。
- 在整个课程中,你有多少机会进行形成性评价?
- 你观察到了怎样的形成性评价方法?包括自我评价和同行评价。
- 教师有多少机会记录这些信息?

在设计和技术课程中,有很多自然生成的评价的机会,所以要利用这些机会,和预设的评价一起,全面了解学生的知识、理解和技能。通常,一个包括注释草图、图像和模型的设计"旅程",提供了从想象到实现的思维证据。这些证据与观察和对话相结合,有助于展示学生的知识和能力,例如在陌生的情景中,运用之前学到的技能、技术和程序。同样,在课程中提问可以让你评价之前的学习内容如何影响学生的设计、制作和评价。因此,评价的证据来源广泛,有口头、书面、图形、电子档案、考试、原型和最终产品等。

---

① 译者注:课堂反馈条(exit ticket),是一种课堂形成性评价的小技巧,这种技巧可以了解学生在思考什么以及他们在课程结束时学到了什么。在学生离开之前(休息、午餐、一天结束、下一堂课,或正在过渡到另一个学科),他们向教师递交一张填写了问题答案、解决方案或对他们学到的东西的反馈的小纸条。课堂反馈条可以帮助教师评价学生是否掌握了所教的内容,并计划下一课或单元的教学。

任务 13.5　探索评价策略

建立一个 Pinterest①或类似的账户,探索和收集 AIFL(Assessment is for Learning) / AFL(Assessment for Learning)的想法和方法,旨在吸引学生对学习和评价进行思考。例如,搜索 AIFL 课堂反馈条、"两颗星星和一个愿望"、交通信号灯、学习博客。

想想你会怎么处理通过这些方法收集到的信息,以及为什么这是一个有用的方法。

六、谁来评价

教师不是唯一的评价者,评价涉及教师、学生及其同伴。一旦理解了不同的评价目的,那么显然,它成为所有参与学习活动的人之间协商合作的证据。

如前所述,当学生参与评估时,与他们分享学习的目的、判断成功的标准和期望值是必要的。可以概述评价标准、参考表和指导方针,并提供信息,为他们的评价过程提供支架。或者,你也可以让学生通过课堂讨论来决定完成具体学习目标的标准。同行评价和自我评价过程中也涉及学生。可以通过解释循证依据,提供范例材料,使得学生通过质询、批判和发现自己工作的优点和不足来促进评价。

1. 同行评价

同行评价是指学生互相评价对方的工作,这为学生提供了机会,让他们了解评价标准,了解他人的观点和价值观,习得评价和反思的技能。

常用的同行评价技术包括:

- "两颗星星和一个愿望",指学生检查同伴的工作,并找出两个成功的点,说明原因;以及一个需要改进的地方,并提出如何实现。
- "加、减,下一步是什么",学生找出一个做得好的点,一个要改进的点,并提出下

---

① 译者注:Pinterest 采用的是瀑布流的形式展现图片内容,无需用户翻页,新的图片不断自动加载在页面底端,让用户不断地发现新的图片。Pinterest 堪称图片版的 Twitter,网民可以将感兴趣的图片在 Pinterest 保存,其他网友可以关注,也可以转发图片。

一步需要做的事情。

- 德博诺（De Bon 1985）的"思想帽子"给每个学生一个特定的角度，评论他人的工作，例如评估者、创造者。通过让学生承担不同帽子所代表的身分，从不同的视角进行评价。
- 学生的作品展示可以促进同行评价，这对未来的工作质量有积极的影响。展示中如果有提示或者问题则效果最佳，这鼓励对样品进行批评性观察，避免学生把它作为复制的样板。

你也可以鼓励学生进行非正式的同伴支持，知道什么时候该征求意见、什么时候听、什么时候作出回应，这是促进学生发展的一项宝贵技能。

然而，同行评价需要认真对待，将评论聚焦于工作、学习过程和成功标准，而不是同伴的个性上。如果使用的是口头反馈，那么观察讨论是很有用的，例如在临时设计的批评环节中，作为某个环节的启动者，或一个项目的全权参与者。教师应该对有意义的批评语言进行建模，学生可以使用语言库或主干句子，避免重复乏味的评论，如"非常好"。需要提醒学生，评价应该与确定的成功标准联系起来。

在使用同行评价时，你也需要考虑接收者对评估的期望。学生可以选择是否接受反馈，你需要决定评价对工作和学习的重要程度。同样重要的是，要认识到，所有参与者之间都需要信任和信心，来使同行评价不具有威胁性，当然这需要时间去发展。

同行评价的技能和同伴学习，能够对学生的自我评价过程产生积极的影响。通过评价一个同伴，学生在自己的工作中，可以对成功的标准有更深刻的认识，对评估标准的"外表""声音""品味""感觉"等方面的知识有所了解，并实施一个类似的过程，或者采取一种策略来评价他们自己的工作或学习。

2. 自我评价

自我评价是学生评价自己的工作，这需要进行练习。你需要考虑如何引入自我评价的方面，以便学生逐步建立所需的技能。可能包括的策略有：

- 整合自我评价支架任务到短期关键任务中。
- 提供一种模式，要求学生在不同的阶段，对他们的学习过程作出个人反应，或鼓励他们通过子任务来监督自己的进度。
- 提供一个"写作/报告框架"，一个更结构化的书面或口头的自我评价指南，同时可以逐渐减少提示和问题,让学生在自我评价中承担更多的责任。

- 采用教师建模的电子文件夹,可以将电子评论贴在被评估的文字或音频文件旁边。
- 要求学生完成一个初步的自我评价表;教师添加一个评价意见,让学生进行回应。

你也可以在学生的工作中与学生进行讨论或提出问题,鼓励学生进行自我评价。可以激发自我评价的问题包括:

- 和我讲讲你正在进行的设计,它将如何工作?
- 你有什么问题要克服?你怎么遇到这个问题的?你是怎么应对的?你到目前为止最满意的是什么?为什么?
- 你想更多地知道些什么?
- 接下来你要做什么?

这个过程也让学生将自我评价发展为一种积极的经验,通过解释他们的工作、分享他们的学习以及同其他人一起检查问题,他们可以展示自己的知识和理解,并对自己的进步负责。

还应该强调将学习嵌入到设计和制作过程中的重要性,避免自我评价和评估只针对最终作品。

设计和技术的本质和设计师思维表明,自我评价应该在学生发展中起主要作用。另外,独立学习要求每个学生都要有自我评价技能。这些技能有助于学生:

- 根据方法、时间表和最后期限,来规划自己的任务、子任务和整个项目。
- 检查他们的进展,并从质量、技能、应用知识的角度评判他们的设计成果。
- 确定优势和需要发展的地方。
- 努力审查和评估他人的工作。
- 在自己的学习和项目上拥有更大的自主权。
- 自我激励、重视韧性和毅力。
- 发展终身学习和就业技能。

面对某些需要消耗大量时间的、复杂的考试评价,自我评价尤其有用。自我评价是一个需要教授的学习过程。如果学生以前不能控制自己的工作或学习,并且没有得到关于发展自我评估技能的指导,那么他就不能主导自己的工作,所以学生在初中阶段建立这样的技能非常重要。

尝试改变自我评价的模式,根据学习的需求、学生的偏好或自我评价的目的区分其不同。重要的是,自我评价的过程不应退化为不需要理解其价值的例行工作。自我评价技术作为构成任何教学的因素,是设计和技术学习中的一个基本组成部分,而不是作为附录、障碍或浪费时间的存在。

任务13.6　同行和自我评价

想想你教过或观察过的一个教学单元:
- 学习意图和预期成果与学生交流了吗?
- 成功的标准交流了吗?
- 采取了什么方法来确保学生理解预期的内容,以及如何评价学习情况?
有什么方法能使评价过程提高学生的学习能力?

七、考试评价

虽然所有的考试课程通常都必须符合政府制定的要求,但各资格认证评价机构可以自由地选择他们认为合适的内容加以应用,因此他们的要求不尽相同,各部门需要仔细考虑这些,包括学生的需要、可用的资源和设施、学校的政策和社会的期望。资格认证评价机构的选择将直接影响你的教学内容、教学方法、自己和他人的评价内容。

在设计和技术中,大多数考试使用两种评价形式:课程结束时的书面论文和课程作业项目。你需要通过解释标准来引导学生完成考试评价,并检查学生需要达到的水平和作品的类型。因此,你对所需评价方法、评价标准和评价依据的了解,会对学生的考试结果产生相当大的影响。为了帮助你了解,资格认证评价机构发布了一系列支持材料,包括:

- 在不同水平评价的范例材料。
- 以前的考卷、附带答案。
- 审查员和主要评价人员的报告,指出在所有考试和课程作业评价中做得好和不好的地方,陈述必须解决的问题,并注意有效的实践练习。

- 调节会议记录。

在学校进行的课程考试,必须遵守标准化和调节程序,以确保和维护标准。标准化通常是指教师在开始评价整个班级或年级组之前,共同协商达成一致的标准。调节是指教师认同评价的质量、等级或评分的依据,以及评分后的工作。这些可以确保评价和判断的一致性,根据标准进行的评价不完全是单独一个教师的主观评价。虽然他们是资格认证评价机构保证质量的重要正式方面,但标准化和调节也是一个有用的过程,整个部门一起讨论学生作品案例,对作品的评价达成共识。一旦达成一致意见,编制一个部门内所有领域的档案袋是非常有用的,其中应该包含特定年级、等级、成就所要求达到的标准和期望值。这有利于向所有参与评价过程的教师说明成功的标准,也包括学校的新成员、学校的其他教师、家长、地方当局和学生。这种资源文件需要对评价标准作出注释,指出涉及学习过程中隐性内容的证据,例如学生所表现出的自主性程度、学习需求和需要考虑到的调整。

任务13.7　考试评估程序

在学校里,向一位经验丰富的设计和技术老师请教,他曾教过的考试课程。问题:
- 谁参与考试评价过程?
- 在评价过程的每个阶段都会发生什么?
- 每个阶段何时发生?

由此,制定一个流程图或时间表,可以在必要时参考。

在从事教学工作几年之后,你可能会成为所在专业领域的考官、审核者或阅卷人。这不是一件简单的工作,虽然在你的教学工作量之外,但能让你了解考试的结构、考试委员会的期望值,以及其他学校和中心的情况。标准化的审核的过程,对于考官和阅卷人以及资格认证评价机构的信誉、有效性和可靠性至关重要,每年都会受到许多争议和监督。

八、记录和沟通评估

为了有效地计划和进行教学,监控学生的学习非常重要,因此,准确地、详细地记录成绩和学习进度是非常重要的。正如本章开头提到的,因为种种原因,评价数据在学校中变得越来越重要,因此所有教师都需要建立可靠的记录和保存评价数据的技术:

- 易于操作和更新。
- 其他教师和同事能够轻松进行阅读和理解。
- 记录评价所需的依据,以帮助进行评估和撰写报告。
- 提供单独的学生经验和成就的报告。
- 允许部门审核评估的数据。
- 帮助部门和学校有目的地收集评估数据。

这在设计和技术中尤为重要,在一年里,学生可能和不同的教师一起学习。在学校使用"旋转木马"系统的情况下,学生在设计和技术的不同领域内学习,应该在每个领域记录学生的成绩和发展,最终提供学生在学科中的整体表现。

可能会有一个部门系统,每个教师可以以特定的格式上传自己正在做的记录。你需要熟悉在部门、学校层级上使用的系统,来记录、监控出勤率和成绩,并制作报告。但是,你的职责是保存学生在课堂上所做的工作记录和成绩。如果没有这样统一的格式,那就设计一个记录课程内容的系统,可以包含作业,并给出每个学生的完成情况。有关示例,请参见图13.1。

九年级-第二组 话题:受设计师影响的促销物品					
	4月2日	4月9日	4月16日	4月23日	4月30日
Subhti Azmeeh	∧	∧	/	/	∧
Leyla Harris	O	/	/	A	O
John Nicholls	/	∧	/	/	/
Anabel Roberts	∧	∧	/	/	∧
Chris Roberts	/	/	∧	∧	/
	简介——理论	设计开发	制作	制作	评价

符号:∧ 学习目标完全实现;/ 学习目标部分实现;O 学习目标没有实现;A 缺席。

图13.1 教师记录范例

或者,如果部门认同了学生工作的评分方法,那么你需要记录学生每周的成绩。然而这只是一部分,你需要保留更多的信息,因为每个学生都会做不同的工作。你可能会记录:

Subhti——蓝色徽章,框架/中心切割/装饰,需要帮助进行切割和锉削。

Leyla——红色的熊,框架/中心切割/装饰。

John——黄色的阳光,框架/中心切割/装饰,需要帮助进行评估。

Anabel——粉红色的马,框架/中心切割/装饰。

Chris——黄色的阳光,框架切割完成,但没有装饰。

你的记录还需要及时更新,反馈的数据会帮助你和学生、家长和学校同事进行沟通。

1. 向学生反馈评价结果

向学生传达评价的主要方式之一是形成性评价反馈。你给的反馈意见应该有意义,应该把重点放在怎样进行改进以及如何进一步发展。因此,这个术语有时称为"前馈"而不是"反馈"。

可以采用不同的形式进行反馈,例如口头反馈、学生作业的批注、便笺、进行活动期间计算机屏幕上的注释、学习日志或博客。它可以包含评论、优缺点、对下一阶段的学习提出的建议、学生要考虑的问题,或仅仅是完成工作的等级或分数。然而,研究表明,如果教师只是用一个等级或数字来进行"标记",大多数学生(和家长)往往只将自己的等级或分数与他人相比较,而不考虑为什么,也无法从中学习(Black et al. 2007)。同样,在书面评语和评分相结合的情况下,学生可以直接看到评分,也不会对评论有太多的关注。仅仅接受成绩,导致评估过程不会促进学习。然而,有力的证据表明,只给予学生评论的情况下,他们才最有可能对评论内容感兴趣,并依据教师提供的目标或提示采取下一步行动。有效的反馈有三个组成部分:

- 关于顺利进展的建设性评论。
- 需要注意哪些改进。
- 就如何实现这一改进提供指导。

这很耗费时间,你需要找到应对的方法。例如,你可以:

- 请学生在课堂中记下口头反馈。

- 在课上使用便笺进行注释,并记下日期。
- 对课堂反馈进行录音。
- 随着学生设计的推进进行评价,来分散评价的工作量。

反馈应明确地与学习目的相联系,不应该提供没有意义的评论,如"做得不错!";或者一些简单的提示,如"标题呢?""请使用标尺";或者提供无关的评论,如当任务的目的是如何基于仿生学,提出儿童教育玩具的创意,而评价却是"很整洁"。在这个例子中,建设性的反馈可以聚焦于生成想法的策略、想法的适用性、如何使用生物仿生学来推动想法、产生想法的范围、绘图或注释的质量。

向学生反馈评价结果、进行奖励的其他方法可使用:展示墙、庆祝会、部门网站和授予成功标记。公众对成就的认可可以激发学生的积极性,并给予所需要的一种理解,但这确实需要谨慎地处理,以避免学生依赖外部动机。

动机和毅力是游戏文化的副产品,在教室你可以进行效仿。成功的奖励和激励制度能鼓励"玩家"自愿地承担越来越多的挑战。通过学校系统奖励积极成果的方式与其类似,例如记功分、表扬或"公开授徽章"(Open Badging)。这经常被中学教师所忽视,但受到学生和家长的高度重视。使用这种奖励制度时,不要仅仅只简单地选择最佳的作品进行表扬,即使不是最好的作品,也要表扬学生的努力和进步。学生可能尝试过一个厉害的想法,并通过尝试克服遇到的困难,学到了更多。

德威克(Dweck 2006)提出,评价反馈传达给学生的方式可以影响他们的发展。她建议使用语言和动作传递消息,告诉学生如何针对自己进行思考。一些反馈信息鼓励学生发展"成长性"思维,比如"你正在进步,我对你的进步很感兴趣"。具有成长性思维的学生将努力获得更多成果,因为他们相信自己的成就是自己辛勤工作的结果,而那些思维固定的人不太可能去尝试,因为他们认为自己成就的水平是预先确定的,无论他们如何做,都不能改变它。另一方面,如果对学生的反馈是,"你有固定的特征,我正在判断",他们可能会产生一种"固定"的心态。例如,赞扬学生能够快速完成任务,可能会导致学生在之后的、需要更长时间完成的任务中感到沮丧和失败,并且让学生感觉"我很慢,我不够聪明去完成这个任务"。 德威克(2006)认为,对学生的赞扬和反馈应提及他们的韧性、努力、毅力,并鼓励他们接受从错误、失败、挫折中学到的东西,敦促学生应对更高的挑战。

评价通常决定了学生下一步要做什么,因此关于目标设定的沟通非常重要。教师应给予学生明确的信息,说明下一步需要关注的内容、完成目标的时间安排,以及为实现目标需要做些什么。例如,如果一个学生为一个纺织产品提出了一些设计思路,你可以鼓励学生更多地了解构成的技术。目的是为学生的每个设计理念提供不同的技术支持,下一节课,你可以提供一些具体的资源来进行必要的研究。定期使用目标设置的方式,鼓励学生在确定自己的学习发展需求、选择应对策略时变得更加独立。

在积极的体系中,评价可以激励和鼓励学生,并创造一个有目的的学习环境。

任务13.8　通过反馈进行沟通

挑选你教过或观察过的学生完成的一个作品。使用上面讨论的原则,为这名学生草拟反馈意见,确保你的反馈对学生有意义。请注意,你可能需要参考学习目的、成功标准或证书授予机构的规范。

与实践导师讨论你的意见草稿。

2. 向家长或监护人反馈评价结果

在大多数国家,法律通常要求学校每年向家长或监护人报告,有些学校则会更频繁地提供报告。学校报告是学生成绩和发展的重要记录,是学校与学生家长、监护人之间的正式沟通。每所学校都会制定指导方针,包括评价、记录和向家长或监护人报告的流程和方法,鼓励整个学校统一方法。部门进行记录和报告的政策方针,将与全校的政策和证书授予机构的具体要求相联系(见任务13.1)。

正式报告的格式将由学校设计。有些学校使用计算机化的数据库报表,聚焦评价的关键领域,同时允许教师根据自己的评论来个性化报告。一些学校可能会将数据和评论相结合,家长和老师都可以访问数据库,可以实现家庭与学校间的持续交流,然后生成正式的报告。

在设计和技术中,学校报告经常包括学生在不同领域的工作总结,通常需要不同的教师一起完成。该报告可能包括总结性考试、测试或课程作业的各种数据,以及关于学生工作、进度和具体学习目标的定性陈述。

通常也在面对面的家长会上向家长或监护人进行反馈,家长会一般由学校每年或定期安排。你需要为家长会做好准备,保证你知道每个学生是谁(可以通过学校的摄影记录了解),他正在做什么以及你对他的评价是什么。尽量保持积极的态度,父母或监护人喜欢听到对他们孩子的称赞,但要务必提出你担忧的地方。父母或监护人有时会惊讶于孩子的良好表现,如果工作没有完成,他们会给予支持。父母或监护人可能会和你分享你不知道的家里的问题。但是,家长会通常是公开的会议,因此请在交流时,对你的评论保持敏感。

3. 向同事反馈评价结果

同事们可能会需要你对学生的评价,例如,当学生在设计和技术的不同领域进行学习时,其他老师负责编写报告,这时,他们就会需要你对学生的评价,就像你也需要他们的评价来完成自己的报告一样。包括其他辅助角色,如辅导员或年级组长,在完成自己的报告时也可能需要你的评价。因此,重要的是,你要记录最新的情况,并在完成报告的最后期限前完成任务。

任务13.9　记录评价

在学校里,询问设计和技术的同事,你是否可以看一看他们的学生评价记录。请注意记录的信息类型和记录方式。这些信息对你有用吗?还有什么遗漏吗?

做笔记,并在自己编写学生评价记录时参考。

总结

评价应该支持学生的学习,教师应该清楚地提出学习目的,并与学生分享学习目的。教师和学生之间应该针对"怎样算成功的学习"建立共同的理解。重要的是,学习和评价之间的关系是由评价的内容、进行评价时使用的证据、收集证据的方法、传达有意义反馈的方法来决定的。

本章介绍了进行评价的原因、评价的内容、方式和涉及的对象。还提到了如何利用评价结果,如何对其进行沟通和分享。重点是评价学生的发展以及在改善教学方面发挥的作用。评价是学习过程不可或缺的一部分,涉及到包括学生自己在内的许多人。

虽然规定的评价要求可能会有所改变,但评价的理由、使用的方法及评价对学生及教师成长的重要性,不应被改变。良好的评价实践有助于开展有效的教学。

第14章 设计和技术的教学计划

格温内思·欧文-杰克逊(Gwyneth Owen-Jackson)

介绍

当你观察课堂教学时,虽然觉得该堂课教学看起来简单流畅,但你只是看到了一个优秀教师实践的一部分。优秀教师所做的大多数工作——计划和准备是看不见的,但这些工作恰恰是促成有效课堂教学实践的关键。职前教师常常认为计划是一项耗时又麻烦,却又是必须要做的任务,以满足指导教师和实践导师的要求。但事实远非如此,课程计划是一项复杂的、需要智力和创造性的活动。

既然计划如此重要,那么直到现在才讨论似乎有些奇怪。但是为了使计划更有效率,你需要储备关于学科教学的大量知识,例如学生的学习方法,你的教学策略,课堂管理和评估等。这些在前面的章节中都已经讨论过了,现在你的计划中可以包括这些。

课程计划很重要,因为它不仅能帮助你为教学做好准备,向指导教师和实践导师展示你的课堂实践,使你更有自信,而且在课程规划中培养你的理解和技能,有助于发展你对教学的理解和技能。马顿(Mutton)等人(2011:402)指出,"学习如何计划……对教学专业知识的发展有重要贡献。"因此,花时间学习如何计划与备课是值得的。

在学校里,教学计划或教案是重要的文件,是被用来为管理机构、学校领导、政府检查人员和家长提供课堂实践的依据。这些文件对新成员也很有用,因为能给予新成员指导和帮助,展示教学内容。

教学的计划分为不同层次:长期,包括一年或若干年;中期,涵盖了一学期或一个单元;短期来看,就是个别课程。本章将以此顺序讨论这些不同层次的计划。然而,作为一名职前教师,你将以相反的顺序学习如何计划,先从计划个别课程开始,然后计划课程单元，最后是学期计划。这样做的原因是，制定学期计划和单元计划需要对学科内容、学校知识、学生学习方式和可用资源有深刻的认识和理解。当你具有一些计划个别课程的经验时，你就会为中期和长期计划做好准备。

学习目标

学完本章的内容，你应该：

★ 了解课程计划和准备的相关内容
★ 知道如何与部门同事一起制定一个教学计划或课程单元
★ 能够制定有效的设计和技术课程计划
★ 能够评估你的课程

一、长期计划

长期计划，或课程体系规划，包含一个或几个学年，因此，可能分为初中阶段和会考阶段规划，或学校中每个年级都有一个教学计划。教学计划的内容通常源于针对初中阶段的国家课程要求或指导，以及会考阶段考试规范。教学计划没有模板，其包含的细节也会有所不同。

对于设计和技术学科，初中阶段的长期计划通常是合作制定的，需要来自不同领域的专业教师认可整体结构和大纲内容。表14.1中是一个针对初中阶段（11—14岁）的教学计划的例子，尽管有些学校可能不止三个学期或可能只有两个学期。（参见第二章，小学规划的一个例子。）

相关部门必须确保初中生的教学计划涵盖所有要求或指导纲要，因此可能会有一份"映射"文件，显示该计划是否符合要求（见表14.2）。

表14.1　长期计划的例子

	第一学期	第二学期	第三学期
七年级	食品 营养——水果和蔬菜	耐用材料 使用塑料——动物园纪念品	纺织品 天然纤维和纺织品——赈济物品
八年级	系统和控制 印刷电路板(PCBs)——招牌	纺织品 人造纤维——容器	食品 原料属性——点心/面包
九年级	纺织品 电子纺织品——T恤	食品 食品问题——世界上的食品	耐用材料 使用木材——促销商品

通过这样的映射,每个年级都知道各自的课程需要关注和评估的内容。但这并不意味着课程要求的其他方面不会被关注,例如,所有的九年级课题都要求学生有创造性的想法,但是"映射文件"显示了哪个部分是教学和评估的重点。这份文件还将强调,如果任何要求都没达到,那这门课可能需要重修。

表14.2　工作计划与课程要求的映射方案

国家课程要求(英国 2014)	初中项目		
设计	七年级	八年级	九年级
使用研究和探索	材料技术	纺织品技术	食品技术
识别并解决设计问题	纺织品技术	电子与控制技术	食品技术
编制说明	材料技术	食品技术	材料技术
激发创造性思维	纺织品技术	电子与控制技术	材料技术
发展并交流想法	材料技术	食品技术	纺织品技术

在会考阶段,学期计划将以考试规范为依据,并由部门内的专家撰写。该规范会列出要学习的内容,而制定学期计划是为了确保教学内容的结构化和连贯性。为了做到这一点,你需要具备广博的学科知识,这样你才能了解学生们在开始学习更复杂的知识和技能之前需要知道什么,或者能够做什么。

任务14.1　审查学期计划

查看学校关于初中生或高中生一整年的学期计划。

对照相关的课程指南或考试规范,看看你是否能将该计划与要求相对应。

教学计划由各部门共同制定,确保学生学习的平衡和连贯性。然而,教学计划省略了细节,它只是为制定更详细的计划提供了基础。

二、中期计划

中期计划,或课程单元计划,是几周或一学期教学的计划。在设计和技术学科中,计划通常与项目或者设计和制作的作业有关,并由专业教师来制定。当你开始撰写课程单元时,要知道课程单元与教学计划中的哪一点相对应,并且要了解学生已有的知识,以及接下来学生将要学习的内容,以确保学习计划的连续性且能顺利实施。在设计和技术学科中,对于不同的学生群体而言,课程单元可能是不同的,因为许多学校都有一个"旋转木马"系统,每个小组都以不同的顺序体验课程单元。根据表14.2可以看出,如果你做的是纺织品课程单元的计划,这可能是学生第一次在中学接触设计和技术(9月开始),学生可能从材料技术(MT)(1月开始)中获得了一些研究的经验、规范并产生了一些想法,或者学生可能在食品技术(FT)中学到了一些经验并进行过产品分析和评估(5月开始)。因此,课程单元需要考虑这些不同的起点,以确保学生学习的连续性和进步,而不是简单地重复使用不同的材料。

部门通常对课程单元有固定的格式要求。虽然不同的学校、部门的具体要求可能有所不同,但其内容大致相同,包括以下部分:

- 持续时间——一个课程单元将涵盖多少课程/星期,每个课程的长度也可以给出,例如:"12周,1课/周,50分钟"。
- 重点内容/主题——重点内容和项目的标题。
- 课程链接或规范——课程单元是如何满足规定课程或考试规范的要求的。这点可能被包括也可能不被包括。

- 目标——其指代范围很广,包括学生学习内容,课程单元的目的以及学生最终学习效果。例如,学生将形成自己的说明书,知道如何准备和装配组件来实现功能。
- 学习目标——有时被称为学习意图,这些目标明确地描述了学生们将学习的东西。它们帮助定义课程单元的内容以及评估方式,通常以文字形式描述学生们将要知道的、理解的或能够完成的任务的结果。例如:

☆学生们将了解硬木和软木的定义,以及每一个对应的例子。

☆学生们会知道如何使用缝纫机。

重要的是,这些学习目标表明了学生将从课堂中学到什么,而不是说明他们在课程中要做些什么。举个例子,学习的目的不是要求学生做一个烛台,而是让学生学习如何对铝切割和成形。许多职前教师发现这一点很难做到,而且一开始你可能会觉得先计划学习活动更容易,然后才会想到学生们从中能学到什么。一旦你对此熟练之后,试着首先思考你想让学生学习什么,然后计划适当的活动。

任务14.2　写学习目标

下面的陈述取自学生的课程计划。重新修改,说明学生能学到什么内容:
- 学生们将把元件焊接到他们的印刷电路板上。
- 学生们将准备好材料,准备制作他们的盒子。
- 学生们会做披萨。
- 学生们将为他们的产品写一个说明。
- 学生们将完成他们的镶饰设计。

这类目标被吉鲁(Giroux 1979)描述为"微观目标",它详细描述了我们希望学生学习的具体内容。他认为,学校也应该制定"宏观目标",这将给学生们一个更广阔的视野。宏观目标涉及微观目标、学生学习的内容、校外生活以及学习的价值或目的。例如,从微观目标"学生将知道硬木和软木的定义"可以进一步表述成宏观目标"学生将了解使用硬木对环境的影响以及硬木和其他材料相比的优缺点。"这是设计和技术的一个重要思想,因为我们希望学生能够获得技术意识和能力。

- 学习结果——这表明学生们将展示学习目标是否达成。例如,如果学习目标是学生应该知道某个设计师或某个时期的工作和影响,那么学习成果可能是一次展示或一份报告。从这个学习结果中,你将能够评估学生们达到预定的学习目标的程度。

- 内容纲要——这说明每节课要教授的知识和技能,通常以大纲形式展现。
- 教学策略——指教学中会使用到的策略,在课程单元中应该表明,随着时间的推移,将会使用多种策略。
- 提升/帮助——一般来说,这将描述高成就学生能得到多少提升或充实,以及低成就的学生或那些有个人学习需要的学生,将如何得到帮助(见第11章)。
- 与其他科目/跨课程技能的联系——指出哪些地方可以与其他科目联系,或者学生有机会发展更一般的技能(见第15章)。
- 评估——评估机会显示学生何时进步以及如何监控。评估应与计划的学习目标和结果相联系,用到的评估方法应给出(见第13章)。
- 资源——列出所有需要的资源。在实践课程中,它应该包括学生可能需要的全套工具、设备、材料或原料。
- 家庭作业——什么时候布置家庭作业并收作业。

课程单元通常是通过任务形式来进行设计,需要仔细有效地规划。你可以根据学习目标,确定任务的形式。结构严密的任务将有特定的要求或限制,例如学生可以被要求设计和制作一个由丙烯酸材料制成的相框,放置一张10厘米×12厘米的照片,并可以自由站立。这可能被计划为一系列集中的任务,学生将学习特定的材料、工具或技术,同时被允许部分自由地进行设计。作为一名教师,你对结构严密的活动有更大的控制权,因为材料、工具和技术是固定且安排好的。一个更开放的活动将要求学生设计并制作一个作品,以展示他们所选择的设计师或年代的风格,学生进行研究,做出适当的设计,选择合适的材料、工具和技术,并仔细计划他们的任务。这意味着你的控制能力会下降,而且可能无法预测学生们会做什么。但在这种情况下,学习目标很可能会更关注发展学生的设计和技术能力,也就是将知识和技能应用到一项新任务中或发展更广泛的技能(见第15章)。图14.1所示为一个中期计划的例子的表样。

使用当地/地区原料设计、制作食品,并遵守健康的饮食要求
年级——9年级
持续时间——四周,每周两节课

（续表）

链接至国家课程标准（威尔士）
• 设计——利用一个给定的设计摘要；使用app上合适的信息资源来产生并提出新的想法；具有创造力和创新性；应用知识和理解；建模并改善设计想法；评估设计想法
• 制作——培养技能；动手或利用机器设备并掌握一系列的操作步骤；评估他们的产品
• 食品——利用一系列的技巧、技术和设备；计划并安全且卫生地完成经济实惠的烹饪任务；将现有的饮食信息与不同群体的营养要求相匹配；考虑到食物的可持续性
• 健康和安全
目标
让学生有机会：
• 进一步开发且提升学生在7/8年级所学到的制作技巧
• 根据材料特性深入了解原料
• 探索当地/地区原料
• 独立工作或小组合作
• 评价他们自己的任务
• 利用感性的方法评估并理解产品特性
• 理解健康饮食和均衡饮食的原则
• 理解消费者做出的食品选择
教学目标
本单元学习结束后学生将：
• 知道当地和区域产品的不同之处
• 知道一些感官分析技术，能够利用并实施这些技术
• 知道如何改进食谱以满足饮食指导的要求
• 能够计划实践工作，安全且在规定时间内完成任务
• 能够使用一系列的工具/设备并掌握其操作步骤（根据选定的食谱）|
学习结果
1——当地/区域的产品海报
2/3/4——经过营养分析得出实践结果
4——食谱、描述/调整和营养分析的小册子

周	可能的活动	评价	包括——供拓展学习的链接	资源
1	项目简介——概要分析当地/地区的农产品——分别指什么
健康饮食——营养，不同群体的需求（小组任务）
家庭作业——研究当地/区域农产品 | 工作单

讨论
展示农产品的海报 | 不同的工作单

低成就的学生的模板
读写能力——展示的关键词
计算能力——营养分析
地理——理解当地/区域 | 工作单
展示农产品
幻灯片
Youtube视频
营养分析软件
低成就的学生的模板 |

第14章　设计和技术的教学计划 / 253

(续表)

2	实践计划——选择食谱,做好准备并进行营养分析 实践——自己的选择 家庭作业——评估实践任务和农产品	食谱选择指南 营养分析 教师观察学生任务进展情况与结果	低成就的学生的食谱选择指南 低成就的学生的营养分析模板 有天赋的学生的扩展册子 低成就的学生的评估模板 必要的话提供实践帮助 读写能力链接——评估词汇 计算能力——营养分析	食谱书/卡片 互联网 工作单 标准的实践设备,原料,围裙,亚麻布
3	健康的饮食——改进食谱,感官分析 再次计划实践活动 实践活动——自己的选择 家庭作业——产品的营养分析和评估	食谱改进 食谱选择 教师观察学生任务进展情况与结果	低成就的学生的食谱模板 有天赋的学生的扩展册子 低成就的学生的食谱选择指南 必要的话提供实践帮助 家庭作业模板册子 营养分析计算=营养链接+感官分析方法	食谱书/卡片 电脑 食物样品 玻璃杯和水 搭好的展摊 工作单 标准的实践设备,原料,围裙,亚麻布
4	实践活动——自己的选择 利用最终选择的当地/区域农产品展示发现的结果 食谱小册子,营养分析和当地食物	教师观察学生任务进展情况与结果 展示——有质量且有一定的复杂性,农产品选择及调整	必要的话提供实践帮助 展示模板 读写能力和计算能力链接——小册子	标准的实践设备,原料,围裙,亚麻布 数码相机 学生作业纸

图 14.1 中期计划

任务 14.3 撰写中期计划

在你的专业领域中,选择一个你十分了解的主题,并为一个班的学生计划他们在初中一年级的一个课程单元。

采用图 14.1 所示的样板,或使用你自己学校的样板。

向你的实践导师或指导教师展示你计划的课程单元,并询问他们是否合适且可行。

课程单元应该指出,学生的学习将有连续性并不断进步。这是通过多种方式实现的:
- 确保内容连贯,这样学生就能看到课程之间的联系。
- 将内容结构化,使学生在已有知识的基础上,继续发展他们的学习、知识和技能。
- 确保工作的复杂性和挑战性。
- 为学生的学习提供评估机会,以便监控进展。

在设计和技术课程中,学生将在这几个方面有所进步,例如学生可以发展他们的技术、知识、对价值观和技术发展对社会影响的理解,以及与设计、研究、制作、评估有关的技能策略。当然,将这些都融入到一个课程单元有些困难,因此,当计划一个课程单元时,重要的是要清楚学生需要学习什么。理解学生学习的进步也需要你对这个主题有深入的了解,这样才能知道进步是什么,怎样促进学生进步。

课程单元提供了一些具体的教学内容,但是很难用课程单元来指导教学。个别课程计划是根据课程单元进行设计的,但它包含更多的细节。

三、短期计划

个别课程的计划可能从你自己的计划开始。课程计划的目标是多种多样的,作为一名职前教师,个别课程的计划能让你的指导教师或实践导师看到你的思考和发展方式。更重要的是,一个课程计划将帮助你思考:
- 你想让学生学习什么内容。
- 如何以结构化且连贯的方式呈现信息。
- 帮助学生学习的最好方法是什么。
- 如何激励和吸引学生。
- 如何监控学生的进步。
- 你需要哪些资源。
- 你需要做什么准备。

从这一系列思考中可以看出,为了顺利地进行计划,你需要有广博的知识和技能,包括:

- 深入的学科知识,理解学科中的重点知识,学科的不同方面如何相互联系,以及学习这些新的知识需要哪些知识和技能作为基础。因此审查和扩充学科知识是你的教师准备课程中的一个重要部分。
- 对课程或考试要求的了解,包括来自外部来源的知识和部门计划中所包含的内容。
- 了解有效的教学方法,采用类比和隐喻的方法使学生能够理解概念和技能。
- 哪些资源是可用的,哪些是最有效的。
- 了解学生是如何学习的,是什么激励着他们,以及学习是如何发展的。
- 一些针对你所要教授的学生的特定知识,如他们已经学到了什么,他们需要知道什么,他们的个人学习需求是什么。

这可能会使课程计划看起来很难完成,但是,通过实践,你会学会制定课程计划并兼顾这些因素。

作为一名职前教师,你需要为你的所有课程撰写计划,供实践导师或指导教师查看。这既是为了促进你的进步,也是因为班主任需要了解你所教授的内容,对每堂课负责。班主任也可以在关于学生、教学内容或你计划的学习活动方面给你提供一些好的建议。准备接受对于你计划的建议和中肯的批评,并努力在可操作性和创意之间取得平衡。警告——任何关于安全的建议都应该遵守(关于健康和安全的观点在第3章中讨论)。

你的课程计划应该体现你对课程计划中所涉及到的内容十分了解,并且已经将它们考虑在内,你有很好的学科知识,并且你已经为课程做好了充分的准备。为了提供这些信息,你的计划必须详细,可以在教师笔记的基础上进行补充。

课程计划的风格和设计有许多不同之处;在选择适合你的要求的课程计划之前,先借鉴你的培训机构、其他老师和学生使用的课程计划。你也可能需要和你的实践导师和指导教师讨论怎样的课程计划才是合适的。然而,大多数的课程计划格式将包括以下内容。

任务14.4 观察老师做什么

仔细观察一位有经验的教师讲授两节课,一节是理论课,一节是实践课。在每节课中,列出老师在课堂上做的事情。特别要注意的是:

- 在课程开始之前。
- 这节课是怎么介绍的。
- 教师和学生们进行什么活动。
- 学生如何从一个活动转移到另一个活动。
- 如何安排时间。
- 使用了哪些资源。
- 如何监控学生的学习情况。
- 这节课是如何结束的。

你的观察笔记会让你对你需要计划的内容有所了解。个别课程计划所要求的许多要素与中期计划的内容相似,但有不同的视角和更详细的内容。

背景——班级中学生的年龄段以及学生数目。事实上,这可能是你的计划中的一个主要因素,因为学生的年龄和数量决定了你使用的策略、资源,以及你和学生可以做什么。你不能以同样的方式给17个学生和25个学生上课。同样的,教授12岁和16岁的学生时方法也应有所不同,对每一个组别你需要有相应的计划。

另外,有一些关于这门课额外的提醒信息是很有用的,例如,女孩和男孩的数量,班级的总体水平,以及个别学生的特殊需要(见第11章,讨论个别学生的需要)。学校有学生的数据,例如他们小学阶段的成绩、以前的设计和技术课程中取得的成绩,以及他们期望的成绩,所以一定要让你的实践导师或部门负责人了解这些信息。

背景信息可能还包括要在哪间教室教授课程。如果你没有一个固定的教学地点,并且在不同的教室授课,这一点尤其重要,因为每个教室都有自己的限制或要求。例如,在理论课程中,教室是用于个人学习还是小组学习?是所有学生都有计算机吗?教室里有交互式白板还是只有白板?在实践课程中,教室里有什么机器和设备,有空间提供给学生做一些设计或书面作业吗?这些因素会影响你的计划,因此你需要尽可能清楚地知道你将在哪里授课,以及你的学生情况。

最后，记录这节课在课程单元中的位置，比如"第五单元第3课"，或者你可以记录每一个课程计划的日期，以及课程的实际时间，"下午1:15—2:25"。

课程目标——你可能有也可能没有针对个别课程的目标。请记住，这些是对学生们所能实现的内容的宽泛的陈述。你可以根据与特定课程的学习目标相关的课程单元列出目标。

课程或规范的链接——大多数课程将与国家课程指南或考试规范联系在一起，以表明你的工作是符合要求的。但是不要试图包含太多的链接，在一个单独的课程中你可能只会涉及一二个方面。建议你回到最初的文档中，以确保你所标识的链接是与课程相关且适当的，而且你要清楚哪些内容是有用的。

与其他科目/跨学科课程的链接——这些可以在课程单元中概述，但在个别课程计划中你需要提供详细信息（见第15章）。在你的课程计划中写下这些链接，记住在设计内容和活动时要考虑到这些链接，并建立明确的联系。如果你不这样做，就很容易在课程实施过程中疏漏了这些学习的机会。

学习目标——当描述课程的要求时，你希望学生们在课程结束时知道、理解或能够做到的内容应该包含在个别课程计划中。要写出有效的学习目标是很难的，一开始你可能需要一些指导和练习。在设计和技术学科中，因为大部分的工作都是实践性的，所以很容易把学习目标当成学生在课堂上做的事情，而不是学生将学到什么；尽量避免这个错误。例如：

• 学生们将用不同的面料进行实验，以发现哪一种绝缘效果最好——陈述学生将要做什么。

• 学生们将会知道绝缘面料的特点，并且能够说出至少两种绝缘面料——陈述你想让学生学习的内容。

根据课程的长度，对可实现的目标保持现实的态度：二三个学习目标已经足够了。学习目标将决定结果、内容、教学策略和你选择的评估方式，因为所有这些都应该有助于实现学习目标。

与学生分享学习目标是一种很好的做法，这样学生就能知道他们可以期望什么，以及他们被期望做什么(Hattie 2012)。然而，你需要仔细地计划何时与他们分享学习目标。在课程开始时(和学生分享学习目标)可能会帮助学生了解工作的目的，但是如果课程是实践性的，例如，在一节测试油酥松饼中的脂肪有何影响的实践课上，一开始就告诉他们将要学哪些内容,就会让这节课变得毫无意义。你可以在一开始告诉他们将会知道脂肪在糕点中的作用,但直到最后,才细加区别地让他们知道不同的脂肪是如何影响糕点的酥脆的。

还要考虑一下,你要如何以学生能理解的方式与他们分享学习目标。你可能需要改变使用的语言或者让学生向你解释目标,描述这些目标与他们正在进行的任务的相关性或重要性,或者识别关键词(Sammons et al.2014)。

学习目标在一些学校中被称为学习意图、学习成果或WALT(we are learning to,我们学习的目的)。

学习成果——学习成果是指学生将通过什么来证明他们在学习。学习成果可能包括书面工作、实践工作、一次展示,你可以试着有所创新。例如,书面工作可以是报纸文章、信息或说明书、报告或网站,展示可以代替书面作业,这些不仅可以允许学生展示他们的知识,而且还能培养更广泛的技能。

当你设想你所期望的结果时,记住,一个班级将会包含不同阶段的学生,他们的能力和兴趣都是不同的,你需要考虑到这一点(见第11章)。一种方法是把学习成果写成三个不同的层面:

- 所有学生——你期望班上每个学生都能达到的成果。
- 大多数学生——大多数学生能达到的成果——但一些能力较差的学生,或那些有特殊学习需求的学生,可能不能达到。
- 一些学生——你期望高能力学生所能达到的成果。

一个不同层面的学习成果的例子是:

- 所有学生都能说出规范是什么,并且列出至少三个相关的点。
- 大多数学生将能够编写一个规范来处理所有相关的问题。
- 一些学生将能够编写一个规范来处理所有相关的问题,并考虑到它的限制。

一些学校使用的布鲁姆教学分类(Bloom 1956)来区分学习成果。该分类学是一种认知(思维)、情感(情绪)和操作(实践)技能的层次结构。虽然有人持不同观点,但该分类学被广泛应用于教育,特别是在认知技能方面,尽管操作技能也与设计和技术有关。最初的理论目前也有了一些发展,如表14.3所示。

表14.3 布鲁姆教学分类法

	Bloom教学分类法（1956）	Anderson和Krathwohl分类（2001）	基于Bloom的Dave（1975）分类
	认知的	认知的	操作的
低阶思维技巧 ↓	知识 理解 应用	记忆 理解 应用	模仿 操作 精确
高阶思维技巧 ↓	分析 综合 评估	分析 评价 创造	思想表达 内化 —

在这一分类中，教育家们已经设计出适合于不同层次的词汇和问题。一个例子如表14.4所示。

表14.4 学习目标中的关键词

认知技能	关键词	操作技能	关键词
知识	列出,指出,标注	模仿	复制
理解	解释,总结,分类	操作	重造,实施
应用	应用,发展,选择	精确	展示,精通
分析	分析,比较,对比	思想表达	构造,适应
综合	创造,设计	内化	设计,管理,预测
评估	评估,辩护		

这些关键词可以用来描述不同水平的学习成果，例如，你可以让一些学生说出或列出给定材料的性质，同时要求其他人比较这些词。

任务14.5　学习目标和布鲁姆分类

根据下列每一个学习目标,写出针对三个层面的学习成果:所有学生、大多数学生和部分学生。如果这种布鲁姆分类有帮助就使用它,否则就去网上查找更多的学习目标分类。

- 学生知道如何将元器件焊到电路板上。
- 学生在连接材料时理解精确测量的重要性。
- 学生知道标准比萨中的营养成分。
- 学生知道说明书的作用。
- 学生知道怎样应用贴花。

但是,设定不同的学习目标时,注意不要对学生期望过低或过高。如果你为每个学生设定了学习目标,可能会限制他们发挥自己的长处,这将阻碍他们的学习,或者如果他们不能达到目标,可能会灰心失望。所以首先要接受你实践导师或同事的忠告,目标设定需要仔细权衡。你也可以设法鼓励学生展示他们能够达成的最好成果,例如提问:

- 你能说出…?
- 很好,你能解释一下…?
- 现在,你能预测...?

或者你可以要求学生自己设定目标。这有助于满足他们的个人需求而且很容易做到,尤其是在学生参与实践活动的时候。首先你可能需要提供支持和指导并督促学生设定目标,使其切合实际。你同样需要做过程记录,以便监督他们的目标和完成情况。

学习成果也是WALT的成功标准。

课程内容——教学计划应该是你准备教什么的简要说明。它不是一个脚本,也不必包含你可能安排的活动的所有细节,细节可以记录在教师的笔记中。要考虑的主要问题是,在教师的指导下,经过本单元的学习,希望学生在原有基础上掌握什么样的知识或技能,并为接下来的学习做好准备。如果课程与国家课程或考试规范相关联,那么需要检查一下已有的规范文件,明确这些要求是什么。虽然要求可能是模糊的,例如北爱尔兰的技术和设计课程(2007年)指出,学生应该学会:"制造——选择和应用符合目标的材料;安全使用系列工具和操作程序,精准的演示操作,产品合格。"你需要说明哪些材料是合适的,学生将如何有机会选择材料以及怎样确定"适合的目标"。尽管之前经验丰富的教师的指导会有帮助,但你还是要利用自己的学科知识来制定教学内容规划。

　　课程内容需要考虑到学生的需求、兴趣和能力。尝试选择一些对男女生都有吸引力的内容，并从他们的兴趣出发，例如一些时髦的玩具或衣服。你可能正在教来自不同社会文化或种族背景的学生，因此要规划与他们相关的学习内容，例如融入传统材料、织物装饰或食品。你可能会教一些母语与学校语言不同的学生，所以需要考虑如何让他们听懂内容，这可以通过图片、图表和翻译慢慢积累学生的词汇量。

　　在规划内容时，考虑是否可以利用本地工厂和企业。询问学校是否与该地区的公司建立了联系，如有联系，确定是否可以利用。如果没有，是否有联系方式或者其他的任何讯息。还有一些有用的商业资源，或者一些参加全国性竞赛的机会，但是请认真考虑，确保它们符合你的需要。

　　选择合适的内容只是计划的首要部分，你还要组织课程结构顺序并确定如何呈现内容。课程内容应该是连贯的，可以看到你为学生规划的"学习历程"，并且内容应该为学生"逐层展开"，这样它才有意义。课程通常采用类似的结构：

　　● 简介——设计一个简短的介绍性活动，旨在让学生关注接下来的学习内容。请记住，学生每天会上多个不同的课程，你的课可能是学生当天的第四个科目，或者继上次的设计和技术课程之后已时隔一周，你需要通过介绍迅速构建之前的知识。你可能会组织一次测试、配对讨论、个人反思或目标设定。在忙碌的实践课程中，很容易忽略预先计划的课程导入，但即使是这样，简介也有利于将学生的注意力集中在他们要做的事情上。如果在课程开始的时候，指出目前的学习如何建立在他们之前所做的事情上的，为他们提供一种持续的感觉，这对学生同样是有帮助的。

　　● 学习活动——大部分的时间将花在学生参与主要的学习活动中，你必须决定如何最好地组织这些课程并将它们呈现给学生。安排一系列有目的的活动，并规划好时间，以便学生能够恰好完成任务而不会有空闲，但是不要安排过多的活动让课程变得分散。通过这些活动帮助学生迅速集中注意力和调动他们的积极性。同样，在实践课的计划上不要让学生仅仅是"应付"操作，而是完成有时间限制的任务和目标。请记住，课程的内容应该为学生提供实现学习目标的机会，把你的计划集中在这些方面。

　　● 在规划不同的活动时，要考虑到学生注意力集中的时间和上课的节奏。一般来说，一项活动的持续时间不应超过学生的实足年龄加2，例如，11岁至12岁的学生可以在13分钟内持续地专注于一项活动。备课时考虑这一点可以减少学生因为分心或无聊做出不当行为的风险。

- 总结——总结学生的学习,帮助他们分析在课堂中取得的成绩,并思考下一步的计划是很重要的。

除了计划课程的每一部分,你还需要计划学生如何从一个活动过渡到下一个活动。你可以组织一个简短的导入性或者集体性活动,例如,向学生提问到目前为止他们做过的事情或者询问他们对下一个话题的了解。过渡需要详细规划,如果你的课程计划中安排学生们"观看示范",这意味着什么?你需要考虑:给学生什么样的指导,学生们思考的方向,如何确保所有学生都能看到,在示范结束后他们怎么回到自己的任务里去(见第12章)。

老师的笔记——这些能够在课上提供额外的帮助,而且可以让你的指导教师和实践导师更清楚你打算教什么。教师的笔记可以包含诸如:

- 所涉及的知识,例如哪些食物含有维生素 A,不同种类木材的特质,编织的各种方法,电阻器的颜色和值。
- 你想教授或巩固的专业术语。
- 你想要介绍或延伸的关键词或概念。
- 在课堂上基于各种观点你将会问的问题。
- 你将写在黑板上的要点——如果你希望学生来回答,这对他们会有帮助。例如,在思维导图中,你可以检查自己的笔记,确保它们涵盖了所有要点。

准备好这些笔记后,你可能会发现,在课堂上并不需要随时使用它们,而是放在一旁。如果你"忘词"或者忘记了要问的问题,它可以帮助你回忆。它是一个有用的检查表,确保你涵盖了想要教授的所有要点。

教学策略——除了内容外,你还需要计划你和学生在课堂上做什么。学校可能指定了一些策略,你的实践导师可能也有他的想法,但对你来说,发展教学技能的最好方法是制定你自己的策略(见第12章)。

学习目标和内容可能会影响你选择的策略,例如,如果想让学生知道可持续性与材料的使用和选择有关,你可能会使用讨论组让学生们来研究和辩论使用硬木或回收的纺织品制作玩具,或者为他们设置角色扮演的场景。如果想培养学生的读写能力或交际能力,你可以要求他们进行一项研究并展示他们的研究成果。如果想让他们发展实用技能,你可以组织实践活动。

规划个体需求——在制定学习目标、内容和策略时,你需要反复地检查,确保所有学生都能理解。你可能会有一些这样的学生,例如,自闭症或有阅读、情感、行为或语言障碍,这些生理缺陷限制了他们的行为。这里不可能涵盖所有可能遇到的问题,这些建议都是一般性的。在学校里,从特殊教育需求协调员(SENCO special educational needs coordinator)或其他教师那里了解学生的具体学习需求,并在此基础上制定计划。确保你知道可能会对计划产生影响的任何具体的要求,例如,你可能需要考虑:

- 学生坐在哪里。
- 学生可以或不可以使用哪些工具和设备。
- 任何用于支持学生学习的特殊教具。
- 对工作表或其他资源的调整,以便学生能够使用它们。
- 调整任务,学生有机会尝试。

也可能有一些能力高的学生,他们需要额外的挑战;你的计划也要考虑到他们的需求。有关个人学习需求的讨论,请参见第11章。

你的教学越富有想象力和趣味性,学生就越有可能投入学习(见 Egan 1997)。

课时——计划好内容和活动,你需要确保在可用的时间内一切都是可行的。计划表上的时间安排,说明你已经考虑了课程的进度和结构。你的计划可以显示具体的时间,例如:

1:15 学生就座,开始导入性活动和点名。

1:20 有关包装的问答环节。

1:30 学生观看录像。

任务 14.6　让课程变得有趣

回忆学生时代经历,想想今天你还记得的一课。是什么令这一课难忘?
- 有精彩的介绍吗?
- 有外聘的演讲者吗?
- 你参加了有趣的活动吗?
- 这和你感兴趣的事有关吗?
- 如何利用这些知识来帮助你规划自己的课程呢?

或者你可以使用：

5分钟学生就座，开始导入性活动和点名。

10分钟有关包装的问答环节。

15分钟学生观看视频……

在最初的时候，时间很难精确把控，因为你可能不知道活动需要多长时间，并且不同的班级时间也不同。你的实践导师会帮助你了解你教的每一个班级，之后时间控制会越来越精确。你同样可以安排扩展任务，既可以在课堂中也可以在课程结束之后布置，以防学生的学习速度比你预期的要快。但如果他们花的时间比你预期的更长，可以纳入下一堂课的计划中。

在结束时留出足够的时间来布置作业，复习功课（全体会议），并说明接下来要做什么。在实践课中，留出时间清理垃圾和检查设备；需要多长时间取决于具体类别或正在进行的工作。最后，如果时间允许的话，活动计划中留出一定的时间余地，不要过于紧凑。仓促会导致设备没有得到适当地检查或妥善地放置，房间不整洁，任务没有讨论或家庭作业没有布置。

评估的机会——评估可以是正式的，例如提前准备的测试或评估活动，也可以是非正式的，例如向学生提问或者组织讨论。在你的计划中，试着找出所有评估的机会，例如课上回答问题可以作为学生的课堂表现或平时成绩。评估应该与学习目标联系起来，展现你将如何检测学生是否达到了这些目标。确保计划的内容和活动可以为学生提供展示他们所学知识的机会，并且这将是你提供合适的评价的证据。有些学校需要学生每节课或规定间隔时间内进步的依据，所以别忘了记录你对所有学生的评价（见第13章）。

家庭作业——每节课的作业可能包括在课程单元中，也可能取决于每节课的进度。然而你可以决定什么时候做家庭作业，它并不总是在课程结束之后。你可以先布置作业，因为能让学生了解课文的内容。如果家庭作业与课内做的某件事有关，那就可以在上课的时候做。

家庭作业应该始终与学生正在学习的任务相关，扩展课堂任务，应用它或开始一项新的学习。学生们也应该认识到作业是有价值的，所以记住要把它收集起来，批阅，给出反馈意见返回，并在上课的时候引用。

资源——一旦计划好了内容和活动，你就可以考虑所需的资源。这些可能很简单,比如纸张和备用笔,或者已经在教室里的资源,比如工具和设备,但是在你的计划中也要说明这一点。你可能需要提前准备一些资源,比如材料,或者与同事商定使用有互动白板的教室。你可能需要在上课前准备或检查资源,这是课前准备的内容。

健康和安全问题——这在实践课程中尤为重要,在这种情况下也可能需要进行风险评估,见第3章。

计划与另一个成年人一起工作——可能有机会与课堂助理一起工作。如果是这样的话,在计划和准备课程的时候,尽量找时间和课堂助理沟通。这有两个目的:一是可以确保课堂助理了解学习目标和结果,以便可以更好地为学生提供支持;二是课堂助理可能会对特定的学生提供建议或指导,这将帮助你计划一个更有效的课程。另外,要确保每个人都清楚自己在课堂上的角色,每个人应该做些什么,这样就不会让你或学生感到困惑。

部门中可能会有专门管理教室设备的技术人员。如果是这样的话,在计划课程时一定要和技术人员交流。技术人员可以提供健康和安全等方面的指导,所以要乐于听取他/她的意见。在第12章中,有更多关于在课堂上与成年人一起工作的例子。

你现在会发现,在规划一个课程时,有比看起来更多的事情需要考虑。图14.2显示了一个学生是如何将所有这些方面结合起来的,并且可以作为一个模板。

任务14.7　制定课程计划

选择一节你没有把握上好的课,可以是因为学科内容、教学领域或学生群体的原因。借鉴学校的模板或使用图14.2作为模板,写一个教学计划。

如果可能的话,教这一课并进行评估,特别是在学生的学习方面,你是如何展现教学内容以及如何将它们更好地组织在一起的。详细的课程计划对你的帮助有多大?你会觉得更加胸有成竹吗?有没有什么情况使你不得不偏离自己的计划?课堂上有没有什么内容是你没有提前准备的或者准备不够充分的?这对你以后的课程计划有怎样的影响?

四、规划设计和制作课程

设计和制作任务最初是作为一个单元来计划。所以,每堂课都应该有一个计划。如果学生们都在做相同的任务(这种任务有时发生在初中),那么计划就相对简单了,而且你对每堂课所发生的事情都有一定程度的控制力。然而,当每一个学生都设计和制作他们自己的作品时,课程规划就相对困难了,因为:

- 每个学生设计的复杂性是不同的,即使他们都在按照相同的设计大纲工作。
- 学生的能力差异很大。
- 不同学生的进步速度会有所不同。
- 缺勤,即使是一个星期也会有很大的影响。

即便是最高效和专业的教师,在计划、监测个体进步、为每个学生提供恰当的支持和拓展方面都会大费周章。重要的是你要计划每一节课,而不是让学生"执行工作"。有一个好的方法,例如,从现在的每节课开始,总结发生了的事情,需要做的事情,学生应该处在什么阶段,以及在这堂课中你对他们的期望。你可能为个别学生设立了特定的目标,或者他们为自己设定了目标,你可以每节课提醒他们。计划你预期需要的资源。记住,在每堂课结束时,也要规划好时间,回顾这节课所讲的内容并介绍接下来要做的事情。

工作任务也可能和作业结合。在课堂的前期阶段,先学习重点难点,提供阅读的资料或者花时间练习特定的草图技术或者推进设计任务。之后,学生们可以通过日志等手段推进他们的研究或评估自己的工作。

任务可以兼具启发性和趣味性,让学生学到与那种固定任务的课堂中不同的技能。然而,你需要为按时并且很好地完成任务做好规划和准备。

五、规划课堂管理

这往往是学生和新任教师都关心的问题,许多管理问题可以提前规划。回顾任务14.4,你观察到的哪些活动涉及班级管理?

从上课的那一刻开始计划你将如何管理班级。例如,学生将如何进入教室?他们会在外面排队等待你的指令吗？他们吃完午饭后会单独闲逛吗？你需要确认是否有学校或部门的政策要求或者允许的做法。如果没有，你可以决定你想要他们做什么，然后制定计划并准备。知道如何放置学生的外套和书包也是一个重要的管理和安全问题。最后，借鉴其他教师的做法并制定自己的管理方案。你可能需要在课程计划中包含对时间的安排。

班级:9班 日期:11/13/2014 记录:
出勤:21—12名女生,9名男生 课时:3/8
2个高水平的学生
3个特殊教育需求/个别教育计划
聚焦领域:纺织类 时间:10:30—11:30
话题:毛绒玩具——最终的设计教室:63

教学目标	制作一个毛绒玩具 改进设计方案 准确测量技能、剪裁缝制布料、刺绣
前序/后序知识	初步设计和练习刺绣 会做毛绒玩具
学习目标	学生将会: 知道最终的设计目的 能够证明他们的设计是有针对性的和具体的 知道怎样详细地描述他们的任务
学习成果	所有人——他们的设计至少符合最终的设计要求的两点,在他们的作业中至少有两个注释。 大多数人——识别所需信息的关键点,设计符合规范,对关键点有注释。 部分人——明确所需的关键点信息并说明其设计的合理性,设计符合规范,能够提出替代方案,介绍自己的成品,展示面料、颜色、设计和缝制技术。
差别	支持——写作模板与范例 扩展——PPT介绍,向大家展示自己的成品
跨课程链接	读写能力——使用技术术语,使用不同的写作形式
健康和安全	低风险
除了教师以外其他人的角色	不适用的

(续表)

时间	教师活动	学生活动	资源	评估方式
	介绍/开始			
10:30	欢迎学生并点名	开展活动,分发最终设计要点表,两人一组思考安全性是什么意思,我们需要考虑什么?	工作表	检查说明书知识
10:35	活动	学生的想法:关于最终的设计每个小组分享一种观点	交互式电子白板播放幻灯片	检查要求知识
10:45	在课堂上讨论最终设计的需求列表	整个课堂讨论		
10:55	分享关于最终设计想法的例子	独立完成最终设计方案的草图和注释	A3纸,彩色铅笔	观察和讨论检测学生的理解
11:20	在整个过程中给予帮助	每个人:写自己的名字+今天所学的东西		记录——检查注释
11:25	家庭作业要求学生们把他们的需求写下来。	在日记中记录家庭作业	交互式电子白板——家庭作业和需求列表	
11:30	学生下课	学生打扫卫生		
	拓展学习	完成家庭作业——请于2015年1月1日(星期一)交回所需材料。		

图14.2 课程计划示例

已经在计划之内的活动,你需要考虑如何让学生在教室里开展:他们是坐在他们选择的地方,还是你会引导他们去其他地方?他们在自己的好友组工作还是你会设立小组?如果你准备演示什么或正在播放一个视频,学生们坐在哪里或站在哪里?是否有足够的空间让他们都能看到?你需要示范什么,所有的东西都准备好了吗?

在一堂实践课中,你需考虑学生如何获得和使用这些材料、工具和设备。在这里你应该查阅学校规定。是否对学生有开放的途径？你可以负责分发设备和材料吗？学生可以使用所有工具、设备和材料，还是有些限制？设备和材料存放在什么地方，学生们是在存放它们的地方存取它们，还是需要把它们带到教室里？考虑教室周围的安全问题和学生在教室的走动。如果设备有限，他们正在等待，学生会做什么；上课时可能会出现什么问题？深思熟虑，所有这些问题都是可以计划的，这会有助于你的课程更顺利地进行。

除了计划学生将要做什么、在哪里做，还要想想你将要做什么，你需要把自己放在哪。虽然可能会发生你预想之外的事情，但你需要考虑何时以及如何在教室里走动。

给课程一个顺利的结尾：考虑如何清理资源，谁来检查它们？你什么时候布置作业，你需要检查学生的笔记吗？在食物实践课程中，学生们会把食物带走吗？或者你需要安排他们什么时候收集食物（重要的是，如果课程结束时食物很烫的话）？

通过将这些管理问题计划到你的课程中，你会感到更加安全和更有自信，你知道课程将如何运行，这将使你能够更集中精力讲授这门课。

六、管理学生行为

不管你是多么好的老师，总会遇到学生行为不当的时候。有时，不良行为是由于学生感到厌倦或困惑，这就是为什么你的课程计划可以帮助减少这类事件的原因。不良行为的原因和表现方式是多方面的。最恼火的一些行为可能是因为一些最普通的事情，例如在整个课堂中，学生都在低水平上讨论。这是可能发生的，你要考虑好如何处理不良行为。

你还需要事先决定哪些行为是可以接受的，哪些是不能接受的，不同的教师对此可能持有不同的看法。你可以列一个错误行为的清单，你可以决定如何处理各种行为，例如，一个学生不停地讲话，你可以列出一个处理这个问题的步骤，从对全班的一般警告开始，然后向这个学生发出警告，让全班同学听到，让同学们保持安静，把讲话的同学带到教室外面谈话，在休息或午餐时间让他们待在教室里。你也可以把事件按等级排列，就像任务14.8中的那样，这样就不会有更多琐碎的不当的行为导致学生被赶去见校长！

> **任务14.8　学生行为管理计划**
>
> 列出在教室中可能发生的不当行为类型。作为表1。
>
> 列出你处理不当行为的策略。这些可能是你自己的经验或是部门或学校政策和规定的延伸。作为表2。
>
> 回到表1中，把行为不当的类型按等级顺序排列，从最轻到最坏。作为表3。
>
> 回到表2，将此列表中的策略与表3中的每一种不当行为相匹配。
>
> 这将为你的学科管理计划提供一个大纲。和你的实践导师讨论这个问题，并思考你的纪律管理计划在课堂上的实用性。

学校有行为管理规范，会有对不当行为进行处罚的程序。确保在制定你的行为管理策略时遵循了这个程序。第12章中有更多关于课堂管理和学生行为的内容。

七、提前规划

如果可能的话，提前一周规划你的课程，因为这会给你和其他人足够的时间来琢磨这个计划。在第一周很容易完成，然后在每周的最后一天尝试计划下周的课程。这个时候，课程还记在你的脑子里。如果有学生缺席，做好记录确保这是最新的，如果一个学生没有完成任务，你可以提醒自己确保他们完成之后再进行下一步。如果你认为你有什么需要回顾的内容，可能是以下一节课的引言部分。

如果可以的话，和班主任、实践导师或其他同事讨论一下这个计划。这个讨论非常有助于你加深理解和丰富经验，但是尽量避免简单地重复其他老师所做事或者对别人言听计从，不加思考。哈蒂(Hattie 2012)认为，协同规划有利于所有的老师，虽然它并不总是有规律地发生。

八、备课

完成了所有这些规划之后，你仍然没有为上课做好准备！课堂还有一些需要准备的方面，主要是资源。检查你需要的资源是否可用。你可能要使用的教科书，如果学校只有一套，确认其他教师是否计划使用它们。如果你计划使用作业单，给自己时间准备这些或确保有其他的备份。如果学校有复印服务，你可能需要提前好几天申请影印服务。

有些资源，如计算机、视频/DVD设备，可能需要提前预约。清楚如何预约并且留出时间去做这件事情，总是临时让专门的设备管理人员为你的课做准备工作，别人会很恼火。尽可能给别人多一点提示，使得别人有时间做好组织工作。

如果你打算让学生使用教室里的机械和工具，请检查是否有足够的数量。如果不够，从另一个教室借用或相应地修改你的计划。检查机器、工具和所有设备是否安全，例如凿子已经磨尖了，或者所有的烤箱都能用。确认你自己是否知道如何使用学生使用的机器、工具和设备。确保你知道如何进行"修理"，例如更换锯条或缝纫机针，处理不亮灯的烤箱或不运行的计算机程序。如果有什么你不知道，课前抓紧时间熟悉它，必要时寻求其他教师的帮助。如果你使用的是小件物品，请确保有足够数量，或与技术人员、负责订购的人员协商，例如清洗液、发光二极管、棉花卷、焊料。

在课堂上，如果有你不熟悉的设备，如电子点名设备、数据投影机、交互式电子白板，你应确保有时间学习如何熟练并自信地使用它们。检查白板是否干净，可以使用。确保你有足够的写字板并且它们能正常工作！如果有一个你不熟悉的软件程序，应花些时间来学习它，这样你就可以满怀信心地使用它。

你可能需要为课程内容做准备，例如重读你自己的笔记或学校课本，回顾或更新你的知识。你应该熟悉教材的使用，这样你就可以自信地对学生说，"看第53页的图表……"注意，学校有时会有不同版本的教材，那么，在这个版本第53页的内容可能在另一个版本的第55页。这是需要检查的，因为可能导致课堂中断。

你可能需要预先观看学生喜欢的电视节目，或者检查要使用的网站，以便你知道该指出什么或问什么问题。你可能还要做一些其他的准备，例如在课前重新布置教室里的课桌椅。你可能需要为学生设置好显示器或开启其他设备。要确保你有多余的书、纸、钢笔或铅笔给那些忘了带的人。这些任务对于创造适当的教学物理环境是很重要的。

所有这些准备，虽然费时，但有助于你的课程更顺利地进行。这将让你感到更安全和自信，让学生感到你是有组织的，学生知道你在做什么，有助于学生对你的信任（Hattie 2012），反过来又有助于产生更有效的学习。

九、上课

教学在第12章中已经讨论过,但值得注意的是,虽然你已经计划好了一堂课,并将你的计划作为你上课的基础,但还是需要灵活变通。也许你已经计划好了小组讨论的任务,但是发现这个小组太吵了,不能认真讨论,所以你需要考虑另一种方式来达到同样或类似的结果。或者,你可能会发现你设置了学生觉得太难的任务,在这种情况下,你可能需要打断他们,回到另一个他们能够继续进行的层面。同样,你可能发现他们完成任务的速度比你预期的要快,你需要以某种方式对他们进行扩展训练。所以,虽然已经计划好了你的课程,但要准备好对教室里的学生作出回应。考尔德黑德(Calderhead 1994:11)将课程计划称为地图,"让教师了解路线,但总是留下偶然和必要的看似绕道的选项"。

如果你在课上有一些改变,请尽快记录下来,这样你就不会忘记,可以把这些反馈到你的评估中去。

十、课程评估

评估是规划中的重要组成部分。在你为学生们计划下一堂课之前,你应该问自己以下几点:

- 学习目标实现了吗?我怎么知道?
- 时间是否合适?课程的节奏是否良好?
- 内容是否在适当的水平上?
- 教学策略合适吗?
- 学生活动是否适当?
- 资源利用得好吗?
- 健康和安全问题是否处理得当?

从答案中你可以确定学生获得了什么成绩,以及他们下一步要做什么才能取得进步。你可能需要记录个别学生的情况,例如那些缺席的学生,那些没有完成任务或看起来没有理解的学生,或者那些做得比你的期望更好的学生,你可以在下一堂课中计划如何处理这些个人需求。

你可能会发现你给不同的班级上同样的课。在这种情况下,评估也很重要,因为你不太可能以同样的方式教同样的课程,并有同样的反应和结果。你需要对课程进行调整,例如修改时间、增加或减少要覆盖的工作量或使用不同的方法。

像计划课程一样,评估需要时间,但有助于发展你的实践,使你成为一个更有效率的教师。不要把评估当作一个简单的例行检查表:我们该反思一下是什么在起作用,为什么?什么事情不太顺利,为什么?学生们学到了什么——以及你是如何知道的。随着时间的推移,你的评估会帮助你知道什么是有用的,什么是不可行的,帮助你建立一个知识技能库,你可以在课堂上随时使用它。

总结

本章包含了很多知识点。然而,如果说周密的计划是有效学习的关键,我相信它是值得花时间去做的。我也相信课程规划是一项富有挑战性和创造性的活动,是设计和技术教师应该喜欢的。课程规划吸收了广泛的知识,使你能够创造性地思考如何呈现内容,使用什么资源,计划什么样的学生活动,你越有创造力,你和你的学生就越能享受到课程的乐趣。

将教学归于天赋我持谨慎的看法,但我认为爱迪生对天赋的描述适用于规划课程,那就是"1%灵感加99%汗水"。

第四部分

提升你的教学

第15章 建立与其他学科的联系

露西·博尔索弗和格温内思·欧文-杰克逊(Lucy Bolsover and Gwyneth Owen-Jackson)

介绍

设计和技术学科的教学需要进行广泛的工作,教学结束后还有很多遗留的任务。学生学习使用一系列材料、零部件和原料制作产品仍然是设计和技术学科核心和重要的内容。然而,现在学科的内容远不仅于此,需要考虑所有与设计和技术活动有关的事项:识别设计的应用场合和对产品改进的需求、研究、评估、测试、作出判断和决策(有时是复杂的),通过建模、绘画、写作和口头表达进行交流,产品制作等。学生在设计和技术学科中的学习具有实用性和知识性,是实践和理论的结合,为了使知识得到应用,这个学科的独特之处在于既吸纳学校课程体系中的其他学科和主题,也有助于推动这些学科和主题的开展。

英格兰和威尔士将设计和技术课程纳入国家课程后,多个国家也同样跟进,这就完全确立了学科的地位。设计和技术使学生体验到真正的智力活动和实践活动的融合:你所知道的转换成你所做的,以及你所做的转换成你所知道的。虽然现实中的过程远比这要复杂得多,这使得理论和实践得到联系,促进了跨课程的学习。学生在设计和技术的学习中,利用了数学、科学、计算机、艺术、地理、公民等学科中的概念(DATA 2014)。同样,在设计和技术学科的学习中,也发展了一系列可以被其他学科应用的知识和技能。

本章探讨在设计和技术的教学工作中如何吸取其他学科的知识和技能,探究设计和技术学科中可能发生的跨课程学习,提供一些教学中体现跨课程学习的指导。

> **学习目标**
>
> 学完本章的内容,你应该:
>
> ★ 了解在学校课程体系中,设计和技术学科与其他学科之间的联系
> ★ 了解设计和技术如何有助于学生的跨课程学习以及学校整体事务
> ★ 知道如何将跨课程工作纳入设计和技术课程

一、与其他学科的联系

设计和技术课程具有自己的知识和技能,其中一部分在本书第4—9章中已经介绍,但也有一部分借鉴和联系了其他学科领域的知识。这些联系有些是预先计划的,有些则是在学生的实际工作中产生。因此,作为一名设计和技术学科的教师,不能只考虑自己专业领域或者设计和技术学科本身的知识和技能,而需要有更广阔的跨课程的视角。这里,我们对教学过程中与其他学科的联系给出一些建议。

1. 科学与数学

自从有了设计和技术这个学科,有人认为它是"应用科学",也有人不同意这一观点,认为这个学科虽然分立但与其他学科有关联(Barlex 2007)。我们认为设计和技术的工作和科学之间存在着明确的联系。例如,材料技术基于负载、力、速度、机械效率、力矩;食品技术基于营养和食品科学;电子设备基于电路和电流。我们认为这一工作正如 Gardner(1994:5)在20多年前所指出的,"技术和科学是双向互动的;这种互动主义的观点认为科学家和技术人员是一个互惠互利,各自从对方那里学习的团体"。英国科学协会也认为:

> 在21世纪的科学课堂中,每个学生都能够具备自己思考的能力。问题解决、批判性思维、能够开展独立研究、与他人合作、自信地交流思想的能力是英国所有STEM项目的课程目标。
>
> (British Science Association 2010)

他们列出的这些素养是每个设计和技术学科的设计与制作项目中所必需的。

设计和技术学科与数学也有明确的联系。设计和技术工作涉及到测量、估值、使用公式、成本核算、比率和百分比。学生需要自信地在设计和技术课程中使用数算技能,这对于强化和拓展他们的学习非常重要。

设计和技术与科学和数学的联系使得许多国家推出了一项称为STEM的计划——科学、技术、工程与数学学科协同工作。现在在日本,科技(Sci-Tech)的概念是全球问题研究的前沿,位于泰国的亚洲技术研究所则专业从事先进的技术和工程研究。然而,推行STEM计划的一个动因是经济而非教育:英格兰前大学和科学部长,戴维·威利茨(David Willetts)表示:欢迎科学与设计之间的合作,它将有助于"推动经济增长"(Willetts 2013)。还有人指出:"到2018年,每20份全球就业岗位,将有一份与STEM相关,届时总计将有280万个相关工作岗位(Connections Learning undated:2)。推行STEM计划的另一个动因是政治,正如一份报纸头条所指出,"学校里的儿童需要接受网络战的训练",并且其进一步阐述,"英国目前巨大的网络空间安全技术短缺的问题将通过鼓励年轻人从事科学、技术、工程和数学(STEM)方面的事业来解决(Curtis 2014)。

有人建议将STEM课程之间的联系延伸至其他学科。前任总检察长,迈克尔·汤姆林森(Michael Tomlinson)爵士说:"……在英语课程中同样可以选择文本和作品,学习与STEM相关的内容"(Gurney-Read 2014)。

因为STEM既有优点又有不足,所以不同的学校获得的成功参差不齐。STEM的优点在于设计、技术以及关联的学科共同支持学生的学习,它使得设计和技术相关的工作与工商业的发展现状更加贴近。一些与STEM相关的难题包括,如果概念在不同的学科教学中不一致,将会导致学生的困惑,或者如果学习发生在不同步的时间,学生无法建立相互之间的联系。对于教师而言,也有一些现实的限制,例如很难找到时间与同事联系,以确保所教授的知识是正确的和适当的,并且学生的工作是发展、不断进步而不是重复的。有些老师可能对某些知识领域缺乏自信,这使得他们不情愿接受STEM教学。

任务15.1　在学校里开展STEM工作

如果要求你在学校里开展STEM工作,你应该怎么做?你将如何在设计和技术与科学、数学间建立联系?

如果你想了解其他人的工作,请在搜索引擎用STEM检索,浏览其他网站或查看以下机构中的相关内容:
- 新加坡南洋理工大学
- 韩国高等科学研究所
- 悉尼科技大学
- 麻省理工学院

建立与科学和数学的联系,需要健全你在这些领域的专业知识。例如,食品技术教师不仅要了解食品制作的实际技能和营养知识,还要了解营养物质的化学成分,以及这一技术研究与开发的前沿领域,例如纳米技术、补品、保健营养品和药妆。他们应该从更广泛视角了解职业,不仅涉及食物,而且包括科学和技术。同样需要拓展学科知识的还包括材料技术、纺织技术和电子技术的教师。

然而,这些联系并不都是单向的:科学和数学教师应该考虑如何将学生的设计和技术学习纳入其中。他们或许也要考虑设计和技术的教学方法,这些方法大多数是学生基于项目的学习:

- 横向思维(优于"跳出盒子思考")[1]。
- 批判性地思考未解答的问题。
- 制定自己的研究方案。
- 使用广泛(教室内部和外部)的资源从事研究,包括人。
- 在尝试和实验中学习。
- 收集、分析和使用数据。
- 富有想象力与创意性的工作。
- 单独和协同工作。

---

[1] 译者注:横向思维是指突破问题的结构范围,从其他领域的事物、事实中得到启示而产生新想法的思维方式。横向思维倾向于探求解决问题的所有的不同方法,常常在创造性活动中起作用。"跳出盒子思考"意思与横向思维相同,作者的意思从术语角度,横向思维用在本文中更为合适。

●解决问题。

这些工作方式也许在设计和技术学科中是常见的,但未必一定发生在其他学科中。通过分享关于教学的想法,你不仅可以发展自己这一领域的知识和技能,同样也可以将你的知识和实践分享给其他人。

2. 计算机科学

在设计和技术方面的学习能够强化学生对于周围世界的认识,增进理解。计算机科学或计算技术也是如此。计算机科学要学习的不仅包括使用计算机的技能,而且也包括支持它的理论与实践,例如硬件和软件设计,编程和应用。

在许多人的概念中,设计和技术意味着"计算机",在设计和技术方面,很多情况下都需要使用计算机技术(见第10章),不仅于此。很多国家的计算机科学不是一个单独的课程,同时也是设计和技术的一部分,所以教师需要考虑与计算机学科的关系。例如,使用三维(3D)打印机、激光刀和机器人。特别是在电子和控制技术领域(见第5章),可以建立与计算机研究/编程之间的联系。

计算机科学以及设计和技术都是跨学科的,在学校里你应该和计算机科学的同事交流,以确保两方面的工作互补,避免出现教学的重复或矛盾。与STEM一样,虽然做这件事需要花费很多时间,但会给你和学生都带来好处。

如果你不擅长计算机,那么可以用以下的方式发展自己的知识和技能:

●了解商业公司提供的培训;许多硬件和软件厂商也提供培训课程。

●在英国,自1985年以来,英国教育培训与技术(BETT)展会每年都有展出,约有100个国家和地区的有代表性的数百家公司展示他们的产品。这个展会有很多教育从业者参加,可以发现有利于专业发展的宝贵资源。

●阅读相关的期刊和报纸。

任务15.2　设计和技术学科与计算机科学

在学校里,跟计算技术/计算机科学的任课教师交流,询问他们教学生哪种编程语言。

如果可能,查看计算机科学的工作计划,看看哪些可以与设计和技术相联系。

3. 与其他学科的联系

设计和技术中涉及的不同领域的工作也有可能与其他学科建立联系,如历史、地理、语言等。例如,可以从历史发展的角度分析产品,对于同样的问题和需求,学生们可以考虑世界上不同地区的人们的反应有何差异,或者可以考虑食物从何而来。学生所学习的外语可以派上用处,通过外语,他们把学习和自己的经历联系起来,增加词汇量和文化意识。

任务 15.3 与其他科目建立联系

表 15.1 显示了设计和技术与其他学科之间的一些可能的联系。检查你专业领域的一个工作方案,绘制一个类似的表格,标识主题中所有潜在的学科联系。你可能需要你的指导教师或实践导师的帮助。

表 15.1 与其他科目的链接的一个例子

领域	主题	跨课程联系的例子
食品技术	膨松剂 面包/烘焙食品—膨松剂的科学原理 不同成分的功能	化学/生物学—膨松剂的科学原理 宗教教育(RE)、地理、历史—宗教、文化、地理和历史对不同国家面包/烘焙食品消费的影响。 语言—不同的面包/烘焙食品消耗及其对应的语言—增加技术词汇和感官分析词汇 数学—比率和比例、称重、产品尺寸/增加/比较

表格完成后,考虑如何计划课程以确保建立这些联系。你会涉及什么内容? 需要做哪些准备工作? 是否需要和其他学科的老师联系?

二、发展跨课程技能

目前,大多数国家都有一个学校必须遵守的国家课程或课程指导。这些课程通常侧重于要教授的学科。但学生的学习还有其他一些不与特定学科关联的内容,这些内容需要依赖所有学科的学习,这是学习的跨课程要素。这些也可能被称作核心技能、关键技能、软技能或学校整体事务。这些技能渗透于整个课程,实际上贯穿于生活之中而不仅限于学校。

2014年,经济学人周刊发表了题为"学习曲线"的报告,其中指出:

> 即使在最富有的国家,只有不到一半的在校学生在为了未来职业或学业做准备,其结果是,高等教育机构和雇主经常发现在学生可以进入进一步阶段的学习或工作之前,自己成为再培训的机构。
>
> (Economist Intelligence Unit 2014:1)

他们提到的技能不仅仅是基本的读写和数学技能,也包括在教育中经常被称作"非认知技能"的跨课程技能。这些技能包括:

- 读写能力
- 计算能力
- 反思和批评性评估
- 问题解决和决策
- 创造性思维
- 创业精神
- 文化理解和全球公民身分

1. 读写能力

读写能力,通常被理解为包括阅读、写作、口头表达和听力的能力,这些能力是学习的基础,并整合在所有学科当中。学生幼年时开始获得这些技能,在小学阶段得到发展,并且在整个中学阶段得到持续发展。

在设计和技术学科中,学生需要阅读不同来源的材料,从教科书、学习单到网页、操作指南。同样,他们为了不同的目的阅读,例如为了概览而快速阅读,为了了解详情而细读,为了充分理解而深入阅读。这就意味着当你要求学生阅读时,你需要明确他们要阅读什么,为什么阅读,例如,"快速阅读本节中的xyz,并记下三个要点"。这种清晰的表达意味着学生们知道他们只需要快速阅读,而不是详细阅读,阅读时他们必须确定要点,而不是写一个总结。

写作也同样如此,学生为不同的目的、不同的读者而写作。他们的写作可能是笔记、要点、非正式交流、正式报告、信件或电子邮件、一篇博文等。在设计和技术学科中,你可能会要求他们注释设计思路、写进度日记、对研究内容进行总结、撰写工作指令。每个写作任务需要不同的技能,你可能需要教学生这些技能。

交流也属于读写能力的一个方面,它使得学生能够有效地表达和聆听。在设计和技术学科中,可以通过团队活动、角色扮演、报告陈述来发展这一技能。你还可以通过仔细聆听学生的观点,向他们重复他们说过的话以确认理解,采用明确和积极的表达方式,使用正确和适当的语言,为学生作出良好的交流示范。

设计和技术学科也使用技术语言,你需要确保学生能够理解并恰当使用,特别是这些词汇除了技术特定意义,在日常生活中也有自己的含义,例如力、饮食、材料、压力等,这些词汇在日常生活中和在设计和技术学科中的使用是不一样的。

任务15.4　设计和技术学科中的读写能力

针对你所教的或观察的两堂不同的课,考虑以下问题:
- 学生阅读或写作任务是什么？ 这些任务是如何呈现的?
- 学生们需要进行的听说任务是什么？ 效果如何?
- 是否使用了技术性语言？ 老师如何介绍和解释这些技术性语言?

该堂课中还有哪些读写能力可能得到进一步发展和提高？如果有,你有什么不同的做法,以确保学生的读写能力在设计和技术课程中得到发展?

数字素养也可能被认为是学生读写能力的一个方面,这在第10章中已经讨论。

2. 计算能力

计算能力被定义为"在课程和实际生活场景中发展和应用数学。计算技能应该帮助儿童在生活中做出可靠和负责任的选择和决定"((Northern Ireland Curriculum undated)。计算能力和数学原理,例如计算、使用数字以及解释数据,是许多设计和技术工作固有的特征。例如:

- 食品技术——理解营养价值,使用膳食参考摄入量,称重和测量成分,产品成本计算。

● 材料技术和电子与控制技术——利用网络合作,使用人体工程学数据,在机械原理中应用公式,以及传动比、齿轮比、电阻。

● 纺织技术——测量,创建不同尺寸图案,估计面料数量,产品成本核算。

然而,在规划和讲授使用计算能力的课程时,你可能需要考虑如何呈现数字。学生可能自己没有建立连接,你可能不得不提醒他们在设计和技术学科中与数学或其他科目建立联系。同样需要确认的是,如果你正在讲授或提示学生使用数算技能,例如比率、比例甚至简单的乘法,使用的方法需要与他们在学校别的科目中学到的方法相同,否则可能会造成学生混淆,使得他们学习和发展这些技能更加困难。

3. 思维技能

反思、批判性评价、问题解决和决策可以被认为是"思维技能",它们反映了认知技能或方法。虽然这些大多属于高级技能,但在许多学生的能力范围之内。

日常生活使用的反思通常指"回想"一些东西;恰当的反思意味着根据知识和证据进行合理、审慎地思考。进行这样的反思将导致学生的批判性评价。学生需要明白,批判性评价与平时对事物进行批评并不一样。批判性评价需要确认产品的优点以及需要改进的方面。引导学生把反思和批判性评价建立在可靠的证据之上,对自己的意见给出明确的理由和解释也是非常重要的。根据个人喜好进行评价是可以接受的,举例来说"我不喜欢这种设计,当我拥有它时感到不舒服"是基于合理的推理。你可能需要指导和鼓励学生用这种方式思考;这种教学有时候并不容易,并且会消耗大量的时间,它使得学生不仅仅只是思考"我只是不喜欢",而是要考虑为什么。在食品技术中这点很重要,学生通常要么"喜欢"或"不喜欢"一种特殊的食物,我们应该鼓励他们思考为什么喜欢或不喜欢——如果针对的是味道,那么是因为苦、酸或太甜。或者也许他们只是不喜欢质地:太黏糊、太硬、太脆弱。鼓励学生对他们的判断给出有效的理由。

当学生评估自己和同伴的工作时(自我评价和同侪评价,见第13章),这些反思和批判性评价的技能可以在设计和技术学科中得到发展。为了帮助学生学习这些技能,你需要为他们提供支持和实践的机会。这可以通过一系列的任务来完成,例如:

● 你要对于学生做什么做出示范,例如评估一个产品,应该提什么样的问题,考虑哪些事情,给出示例。请记住要明确说明:评估应该得到明确的理由支持。

- 要求学生通过回应你给他们的问题来评估产品。
- 要求学生对于何时评估产品给出意见。
- 要求学生完成评估,然后与他们讨论,建议他们可以考虑的其他问题或要点。

该框架不仅用于评估产品,也可以应用于评估过程。例如,要求学生评估他们的工作方式。

解决问题和决策的技能也存在于许多设计和技术的工作中。当我们问他们以下问题时,就有支持学生发展这些技能的机会:

- 识别设计工作的问题或机会。
- 做出关于潜在解决方案的决定,证明选择其中一种设计是合理的。
- 选择在实际工作中使用哪些材料、工具和过程。
- 解决实际工作中出现的问题。

但是,由于存在完成工作的压力,且在学校的时间有限,有时由老师作决定、给出问题的答案更方便些。你可以通过问题和评论鼓励学生,解决他们自己的问题,做出他们自己的决定。

4. 创造性思维

> 我把创意定义为拥有有价值的原创想法的过程……这是一个涉及建立新的联系、跨学科、使用隐喻和类比的动态过程。创造力是关于新的思想的。它不一定对所有人来说是新的——虽然这总是令人兴奋——但对于从事该工作人肯定是这样的。
>
> (Robinson 2013)

设计和技术过程——产生想法,借鉴不同学科进行研究,做出判断和决策——明显地有助于学生发展自己的创造力,就如同上面所讲的。

创造力通常被认为是与生俱来的,一个人有没有创造性是天生的,但事实不是这样,有些方法可以教给学生,让他们能够创造性地思考,鼓励他们发挥想象力。正如鲁宾逊(2013)所指出的那样,这些想法不一定是全新的,只有对于拥有他们的人而言是新的即可。发展创意也和年龄有关:由于他们知识和经验的差异,你不能指望8岁儿童的创意会和15岁少年一样。

好奇心是创造力的一个动机,所以你需要考虑采用以下促进创造力的教学方式以鼓励学生:

- 好问。
- 质疑。
- 连接想法并理解它们的关系。
- 猜测可能是什么。
- 考虑所有的可能性。
- 使用发散性思维。

然而,重要的是避免创造力教学过程中依葫芦画瓢做做样子。例如,要求学生在制作烤饼时用另一种成分代替葡萄干,或者要求他们设计一种木盒盖子或织物笔袋。项目呈现的方式可以确定创造力的程度。比较以下两个项目。

项目1

告诉学生,为孩子们制作有凸轮运动的玩具。他们可以选择玩具的卡通人物,但是所有的学生都制作同样的产品。

项目2

访问当地动物园后,要求学生制作一个动物园礼品店销售的小木制品。必须不大于25毫米×20毫米(便于包装和储存),售价不超过5.00英镑£。然后学生们设计和制作各自的产品。

两个项目的结果将大不相同。第一个体现的创造力很少,但由于教师知道需要哪些资源,学生将会学到哪些实际技能,所以很容易管理。在第二个项目中,有创造性的回旋空间,学生将拥有自己的产品,他们愿意被激励并参与整个活动,并在此过程中发展自己的创造力、研究和解决问题。但是,老师不能确保提供所有需要的资源、所有学生将学到哪些实际技能以及课程会如何继续。作为老师,你可能需要决定什么是重要的——不同的时间可能有不同的优先事项。例如,有时候是时机优先,当你想要所有学生学习使用特定的设备或学习一种特定的技术,这时严格界定他们做什么是适当的。但在其他时候,你也许希望发展他们的创造力,所以需要计划更开放的工作。重要的一点是,你知道你在计划什么、为什么,以及你的计划与什么相关,是否适合于学生的学习内容。

创造力可能不仅体现在学生设计的产品中,同样可以反映在材料的选择以及制作的过程中。当它呈现时,准备好支持和鼓励它。为了帮助你创造性地规划课堂,麦克莱伦和尼科尔(2008)讨论了与课堂的创造力有关的关键特征:

- 信任,开放和自由。
- 俏皮幽默。
- 思考时间和想法支持。
- 挑战和辩论。
- 冲突。
- 风险承担。

任务 15.5　设计和技术中的创意

回想一下你所教学或观察的课程,完成表 15.2。

表 15.2　创意课堂的特征

特征	在课堂上呈现了吗?如果没有,你将怎样做到这一点?	如何将这个特征融入这堂课的一个项目中?
信任,开放和自由		
俏皮幽默		
思考时间和想法支持		
挑战和辩论		
冲突		
风险承担		

在你教学的初级阶段,最好和你的实践导师讨论你的创新课程的计划。你需要确保你的计划从学生、资源角度是可行的,并且时间上能够得到保障,其目的是确保对于学生而言有好的结果。随着经验的增长,你将学会了解在不同课程中培养创造力的可行性,并在自己的教学中更有创意。

5. 创业精神

创业精神与创造力是密切相关的,尽管学校创业活动的需求会根据经济的潮起潮落而变化。研究、开发和产品设计是创业精神的重要组成部分,在设计和技术学科中实施的教学方法和工作可以帮助学生发展创业技能。设计和制作任务需要学生:

- 了解用户需求并研究市场。
- 得到有效组织。
- 既独立工作,又团队合作。
- 做出决定,解决问题。
- 承担责任。

这些都是有助于创业精神的技能和态度。其他方面,例如了解金融、市场竞争、风险和商业组织等,可以在其他课程领域得到发展。

你可以将创业方面内容引入你的教学,包括:

- 发展与当地社区组织、当地企业或慈善机构的联系,并将它们纳入到学生参与的项目中。
- 设定任务,要求学生间像"公司"一样运作。
- 让学生参与地方或全国的与设计和技术有关的比赛。

有些学校专门提供了几天或几周的时间让学生从事企业工作;如果你的学校这样做,你需要确保设计和技术部门参与这项工作。如果你的学校不这样做,可以考虑将创业精神融入在你的课程中。

任务15.6 思考企业技能

使用你最喜欢的搜索引擎,输入"创业教育"或"创业教学",浏览一些推荐的网站。想想如何将这些想法纳入自己的教学中。

6. 文化理解

随着社会越来越多样化,发展学生文化多样性的理解和全球公民身分的认识已经

成为许多国家的关注点。文化理解被描述为:

> ……学生对文化传统的理解,以及欣赏和回应各种美学体验的能力。他们尊重自己和别人的文化,对不同的做事方式充满兴趣,对于分歧充满好奇。他们发展知识、技能、悟性、素养和态度以有助于文化的理解、欣赏和促进。
>
> (The National Archives 2011)

一名全球公民被描述为"认同成为新兴国际社区的一部分,并为建立这个社区的价值观和实践做出贡献的人"(Israel 2013)。这些定义表明文化理解问题和全球公民意识涉及发展学生关于不同场所和人群的知识,开发合作和沟通的技能,形成同理心和尊重的价值观。

所有领域的设计和技术课程都能提升文化理解和全球公民的信念。这可以通过许多方式进行,包括:

- 探索利用技术分享思想和信息,让个体以新的方式一起工作。
- 调查如何以及为何不同的国家和文化使用不同的技术和材料。
- 欣赏不同国家和文化的工艺品。
- 向学生展示图像和工艺品,以显示不同文化当中以及之间的多样性。
- 通过产品分析——调查社会文化对产品设计和开发的影响。

如果你班级的学生来自不同的国家,有着不同的文化背景,鼓励他们分享他们的知识和经验,但做到这一点要小心。另外,尽量避免呈现刻板印象,例如将西欧或美国文化奉为"标准",而其他则属另类。有很多来自其他国家的合适且创新的技术的例子,例如使用当地的废料制造纺织品,使用当地来自动物粪便的沼气或来自农业废料的木炭作为能源,使用当地的粘土和石头作为造房子的材料,把水井作为水源,开发了一种用于非洲村庄的低科技水上运输船,建造生物厕所(见实用行动网站(www.practicalaction.org)获取更多的想法)。

基于不同文化背景的设计和技术的交流也可能导致敏感问题的讨论,例如,使用童工、不安全或不卫生的工作条件或发展中国家的低工资。你应该确保这些讨论不具煽动性,不导致偏见,但学生能够尽可能地了解事实,并作出认真的应对。如何做到这一点在很大程度上取决于学生的年龄和特点以及学校对待这些问题的整体方法,所以务必和你的指导教师或实践导师讨论如何做到这点。

可持续发展是全球公民的特别关注点,越来越多地出现在学校课程中。作为公民,我们如何生活,对地球有重大的影响,发展学生对这一点的理解是很重要的。设计和技术在这里扮演着特殊的角色,因为这涉及拓展学生对于人工世界的理解。可持续发展或环境问题是一个大的话题,除了提高学生的意识以外,你也许不太可能做得太多,但这并不意味着它应该被忽视。在设计和技术学科中,可以通过以下方法关注可持续性发展:

- 确保学生有效地使用材料。这意味着使用任何材料都要尽可能避免浪费,可设置边角料"回收"利用的材料箱。
- 鼓励学生尽可能使用再生材料进行制作。
- 通过仔细选择配料和良好的存储,确保最低限度的食物浪费。
- 设立教室通常使用的纸张、塑料或其他材料的回收设施。

有一些更大的问题可能成为你教学的一部分,与学生讨论下列问题:

- 是否需要新产品?
- 如何设计能够鼓励可持续使用的产品或系统?
- 内置报废是好是坏①?
- 本地、季节性食品的价值?

任务15.7 设计和技术中的可持续发展

考虑以下学习主题,并与你的实践导师讨论如何将其中一个主题纳入课程。
- 有机产品
- 电池的功率
- 重复应用废物
- 公平贸易和社会可持续发展
- 产品使用周期
- 食物里程/季节性
- 材料对环境的影响

---

① 译者注:内置报废,又称为计划性淘汰,是现代企业常用的手段,其目的是通过有意缩短产品的寿命,促进用户的重复购买或升级产品的销售。

> 当你确认一个主题,计划课程——想想应该包括什么内容,需要什么资源,可以得到什么学习成果。
> 如果可能,讲授课程并评估学生的反响和学习结果。

与文化问题一样,其中一些内容可能有争议,需要小心地处理,所以将这些内容纳入你的课程之前,可能需要与你的指导教师或实践导师一起检查一下敏感内容。你还需要确保,在进行任何讨论之前,你有足够的信息回应任何学生的问题或纠正任何误解或迷思——但是你必须接受,一些问题没有标准的答案,这是一个平衡不同优先事项的问题。

第16章同样讨论了与文化多样、全球公民和可持续发展相关的学生价值观的发展。

三、规划以促进更丰富的学习

规划课程与其他学科的联系或开发跨课程技能与你将要做的其他课程计划工作没有什么不同,但你可能需要有意识地考虑包含其他学科的知识。正如萨维奇(Savage)所说,你可能会在课程中通过"资源的选择、评估的方法、教师可能会问的问题的类型,以及他们对隐喻的使用来鼓励创新过程的思考"(Savage 2011:87)。

如上所述,许多设计和技术课程已经融入科学和数学等方面内容以提高学生的读写能力和计算能力。为了向学生明确这些要求,所有这些内容可能需要在你的教学计划中标明,以确保向学生们突出他们在做什么。如果你有时间与科学、数学或英语学科的同事建立联系,那么你可能会跟学生提到在这些课程中已经学到的内容。

与任何课程计划一样,请记住要聚焦学生学习的内容,并规划适当的活动来支持这种学习。对于跨课程的学习一直存在着一些担忧,包括缺少学科特征,缺少严格的学科教学(阻碍学生知识和技能的发展),强制或胡乱编造学科间的非实质性联系等,这是需要特别注意的。

如果你的学校支持跨课程的规划和教学,与其他同事合作会丰富你自己的计划。共同规划有助于确保工作对于学生而言是语境化和有意义的,并与他们的学习经历产生联系。因此,学生可能会更积极主动参与。如果你的学校不推行这样的跨课程的工作,在设计和技术课程方面,仍然值得向学生阐明他们的工作是如何借鉴并且有助于其他领域的学习的。

任务15.8　规划跨课程工作

审视一下你计划的或已经观察过的二三节系列课程。注明跨课程学习是否被整合。这种学习是否向学生明确说明?如果要说明,应该怎样说明?

再次审视计划,确定还有没有其他进一步将跨课程学习融入的途径,在哪方面较困难?

四、注意事项

虽然承认设计和技术与其他科目之间的联系是重要的,但明确学科的特征以及它对学生学习的贡献也同样重要。几年前举行了一次会议,讨论"设计和技术学科对课程的贡献",报告指出,"在学生教育中,设计和技术是重要组成部分,这已成为广泛的共识",当时总结了会议上提出的关键点,即设计和技术:

- 是发展价值观和文化教育的宝贵工具。
- 是为学生成为合格公民而准备的重要方面。
- 为发展学生可迁移技能提供实际和亲身参与的环境。
- 培养诸如决策和资源管理等技能,以及适应性等素养。
- 提供成为工商业伙伴的机会。
- 培养学生对劳动界的了解。
- 提供学生凝聚在一起的空间,利用从其他课程获得的知识和技能。

(School Curriculum and Assessment Authority 1997:3)

这些都是本章指出的学生学习的重要方面的要点。但是,需要有注意事项,来确保设计和技术学科不被视作其他学科需求的"服务者"。需要重点强调的是,设计和技术学科的基本要素,以及对学生的学习所做的独特贡献。

总结

本章强调了设计和技术与其他学科的联系,以及它是如何帮助学生开发其他有用的技能的。同时也表明,作为设计和技术学科的老师,需要意识到课程开发不应仅限于自己的学科,而是要有更广泛的视野。21世纪的设计和技术是一个不断变化的全球性的学科,我们有责任跟上这些变化,以激发明天的设计师和技术专家。

第16章 形成价值观

苏珊·V·麦克拉伦(Susan V.McLaren)

介绍

我们所处的学校系统的理念和精神是通过明确其办学宗旨和价值观来塑造的。审视英国和其他几个国家的办学宗旨和价值观倾向,具有明显的相似之处:工作的重点是为了可持续发展的未来、社会正义和公平社会,以及为了造就成功的学习者、有效的贡献者、负责任的公民和自信的个体。存在着这样一些共识,支撑学校制度和课程的价值观应该与以下内容有关:

- 社会,个人的精神,道德,群体,智力和身体的生长和发展,考虑到社区、文化和传统,并且尊重他人
- 经济需要和发展
- 环境

学校的价值观表达的是国家的教育观念和目的,这可能会受到政治和意识形态的影响。

本章的重点是通过设计和技术进行价值观教育的作用和职责。这里,我们开始考虑设计和技术教育中的价值观,以及由真实情境或热门话题的讨论引发的价值观问题、设计和技术项目以及定位的学习内容所遇到的价值观问题。无论是在当地还是在全球,设计和技术的教育有助于加强年轻人对本地和全球的人类和环境问题的关注度。无论是作为专业技术人员,还是作为消费者、用户和公民,它都能促进学生的道德观念和社会责任,本章探讨了设计与制作如何满足环境、社会、制度和伦理上的需求和愿望。设计活动不仅仅反映了所在社区的价值观和信念,也承载了更广泛的文化背景。

本章将促进与设计和技术的价值观相关的个人思考和专业讨论。这是一个重要而广泛的话题,肯定不会有定论,它只能作为设计决策中的价值观,以及审查设计和技术活动对经济、环境、社会和道德的影响的介绍性说明。通过设计和技术,提供了这样一些机会——鼓励学生确认自己的价值判断,体会其他人的价值观,并鼓励你在这方面了解作为老师的角色。

学习目标

学完本章的内容,你应该:

- ★ 体会在设计和技术界中,价值观和价值判断无处不在
- ★ 理解价值观在设计和技术活动中的重要性
- ★ 认识到设计和技术教育方面存在的问题、后果和争议
- ★ 考虑如何将价值观教育纳入自己的教学

任务16.1　设计和技术教育的价值观和目标

用一个简短的段落,概述在正规学校中,你所认为的设计和技术教育的价值观和目标。对于为什么将设计和技术纳入学校课程体系,提供你的个人想法和核心价值观。

一、设计和技术方面的价值观意味着什么

价值观可以被认为是指导行为、影响行动、塑造态度,以及支撑有意识或无意识决策的原则。价值观影响着我们的所作所为。基于价值观的教育是以学习者为中心的方法,通过规划、教学和评估,将价值纳入学校的实践。发言、公民参与、表达思想的原则以及反思、合作和尊重的素养被认为是价值观教育的几个方面。进一步的阅读将

有助于你梳理与教师教学和专业精神有关的个人和职业价值观之间的差异。

学校与许多机构一样,你可能在学校中会遇到一些规定的价值观,例如尊重、容忍、幸福、诚实或特定宗教或政治信仰的价值观。价值观教育的文献也许会讨论使学生明确并拥有一套有意义的个人价值观。但是,本章只是探索通过设计和技术学科,发展认知,明确价值观。因此,它聚焦于伦理和道德的价值观以及可持续发展(即与社会、环境和经济相关的价值观)。

当原则和价值观在设计和技术的背景下产生时,它们就开始为发展部署提供一个框架,用于评估和鉴定现有系统、产品和环境,审查和评判新的想法。探索技术的设计、决策和发展的后果,是基于价值的设计和技术的核心,因为技术发展的后果往往是意想不到的,并且经常会产生全球性的影响。

设计和技术的学习应旨在鼓励学生批判性、建设性地反思当前和过去,本地、国家和全球以及各种文化环境下技术、社会、经济与环境之间的相互作用。举例来说,有人认为,数字通信的引入及其持续发展和不断改进,对社会交往的质量产生了不利的影响,面对面的对话和会议被虚拟和异步的信息交换所取代。然而,也有人认为,这些技术有许多好处:使老人能更多地与生活在远方的亲人联系,减少了潜在的隔离和孤独。移动技术和信息通信技术(ICT)也影响了许多国家的贸易、交易系统和协定。例如,许多非洲国家的小农户、咖啡种植社区和工匠通过与采购者和消费者直接洽谈,获得更大的自主权和控制权,商业交易可以直接通过 Tigo 或 M-pesa[①]等移动货币转移系统进行,没有银行、交易商和其他人员的参与,提高了利润率。同样,教育资源和学习技术的进步,如太阳能互联网,可以提供给没有固定电话或电力的学校。

"成功"的设计、干预或技术进步的标志可以公开讨论,并且可以将这些标志根据不同的愿景和标准进行判断,得出不同的结论,使用的标准将依据支撑它的价值观而变化。某些设计方案可能被某些人接受,而不被另一些人认可。设计结果可能存在"赢家"和"输家",因为一个群体的利益可能是以牺牲别人的利益来实现的。技术的发展可能导致社群之内和社群之间的技术和社会的不平等和不公正。例如,几个世纪前水管为家庭带来了新鲜的清洁用水,然而在21世纪,世界上有数百万人仍然无法获得新鲜和安全的饮用水。一方面肥胖症盛行,另一方面数百万人饿死或营养不良。

---

① 译者注:Tigo 是坦桑尼亚支持手机支付的移动运营商,而 M-Pesa 是肯尼亚的手机支付系统。

经过考察可以发现,大多数技术产品旨在生活质量的舒适、便利和提高,但这些产品也可能对人体健康、周围环境和社会系统产生负面影响。直接使用该产品的领域和用户可能不会觉察到,但制造业的工人,原材料提取、生长或加工的环境可能会感受到负面影响。每一个论点都可能是根据自己的视角,以价值观为基础的,都可能有一定的合理性。

任务 16.2　了解价值观

"实际行动"是一个国际性发展组织,他们相信技术正义,认为"每个人都有权获得他们所需要的技术来过他们所珍视的生活,而不限制其他人现在和将来做同样的事情"。

你认为这个声明意味着什么?你同意这个观点吗?

它对设计和技术的教学有什么影响?

二、价值观的内在联系

设计思维和技术能力要求学生了解应有的概念和过程,通过自信、富有想象力、富有创造力、善解人意的思考和行动,具有应用知识和技能的能力,以及批判性和建构性地评估技术活动、人工制品和系统的能力。为了能够融合所有这些因素,需要在学生的学习中,把评估作为一种技能和态度,包括看待和思考世界(过去、现在和将来)的方式,对于人类与环境的相互作用结果的思考,以及想象更好的做事方式。这需要有好奇心,承认复杂系统的挑战,采用因果关系的思维方式,并考虑到意想不到的连锁效应或者其他关联的环路和子系统。这也需要确定问题和议题,并且承认人造和自然世界关系的复杂性。

技术敏感性(Scottish CCC 1996)被描述为具有爱心和负责任的态度或思维的习惯,涉及关心和思考社会、道德、审美和环境,以及技术和经济的价值观问题。通过学生的设计和技术经验,逐渐介绍价值观如何影响自己和别人的设计决策,可以帮助学生发展技术敏感性,并且质疑行动和思想。设计和技术具有这样的潜力,帮助学生了

解价值判断渗透到技术活动中的多种不同的方式。通过发展技术敏感性,学生应该能够:

- 意识到技术发展对人和世界造成的影响。
- 在评价技术时使用道德和伦理判断。
- 在考虑所提出的解决方案可能对个人、社会以及地方或全球环境有福祉时,应用道德和伦理判断。

对具体技术任务所涉及问题的思考,必需与设计方案开发成产品原型、产品、系统和环境所采取的实际步骤相联系,应将技术考量与社会和伦理相结合。同样,学生需要深入了解,人们作为生产者、服务提供者、消费者和公民的角色如何带着责任感参与技术活动。可以通过各种方式来支持学生,批判性地考虑技术的未来发展和技术的影响,尤其是与地方和国家经济、有关发展的伦理以及人们的生活质量的关系。简单的因果关系决策模型,可以在早期阶段向学生介绍。通过对基于价值观的设计和技术采用连贯一致的渐进方法,学生应该有机会发展技能,以应对日益复杂的、需要妥协的和多元视角的问题。下一节将介绍潜在的教学策略。

三、让学生关注价值观

这里讨论的所有策略的共同之处在于明确承认:价值的判断、语境背后的内在价值、被评估的产品、能够激发设计热情的设计纲要;检验的材料和过程;需要反复讨论的问题;分析过的研究案例等。本文其他地方已经提及过真实性的作用,以及真实性是任何设计和技术学习经验的重要基础和原则。有效设计和技术教育的特点包括真实性和有意义的场景,引入这些场景的目的是让学生更好地完成设计纲要,更积极地参与辩论,或寻求任何与设计相关活动的机会,让他们在真实的场景下对意义和行为做出选择。有效的设计和技术教育还取决于决策判定,从决策判定中看出价值判断的重要性,这种价值判断包括个人价值判断和由当前社会背景产生的社会价值观判断。学生需要知道什么在影响自己和他人的价值判断,才能更好地做出决定,提出新的问题。

设计和技术教育的价值观包括对被认为是技术进步的审查和对这种进步所带来的好处的审查。这可以通过"社会中的技术发展"的案例研究或创新和工程时间表来实现,向学生说明技术如何减轻体力劳动的负担、改善生活水平、提供教育机会、改善疾病和残疾的应对、创造财富,为许多人带来成功。同样的时间表和个案研究也可以用来引导学生认识社会和经济不平等以及技术不公正,社区和资源的开发,污染和恶劣工作环境导致的健康问题,以及滥用本土文化和传统的问题;对于同一事物来自不同方面的观点,需要把不同的视角和重点介绍给学生,使学生了解技术不是中立的。

为了在设计和技术中进行价值观的探索,你需要更广泛的策略。有些可能是特定的设计和制造活动,有些可能是产品评估或探索性的案例研究方法,以说明在设计思维中考虑的视角范围,旨在使学生从广泛的角度意识到设计和技术中价值观的重要性,并探索它们具有的影响。有人可能会寻求更多地了解本土以及与学生文化背景不同的技术,可能会设计一些项目,旨在通过设计和技术活动,通过"身体风暴"[①]和用户访问技巧,"通过其他人的镜头"来提供洞察力,以检查设计和技术的后果、意图和其他方面。

教与学的策略包括:

- 重构"问题"和"问题设置",系统思维
- 跟踪新闻热点
- 全球史册,两难问题和场景
- 不同的视角
- 协商
- 把产品和环境当成文本阅读
- 站队
- 关注未来

1. 重构问题和系统思维

你的教学框架以及呈现给学生的方法可以帮助学生了解在设计和技术中存在的价值观。学生在你的帮助下,开始重视行动、决策、价值观和成果之间相互联系的本质。你采用的语言和术语可以传达隐含的消息和价值观,例如"问题解决"这个术语意

---

① 译者注:身体风暴是一种将头脑风暴运用在身体上,并同时利用简单原型进行角色扮演的研究方法。通过身体风暴在简单配置的或模拟的环境中亲身体验用户行为,随着空间和场景的变化密切关注参与者做出的决定、交互式体验和情绪反应。

味着适合处理和解决问题的一个技术方案,情况可能未必如此。反过来,技术方案意味着,用于判断解决方案成功的标准是基于技术价值。如果解决方案适合目标,但仅在技术术语上是有价值和成功的,可能会遗漏基于不同价值观的其他标准。也许在开始的时候,应该更多地考虑是否存在问题,问题是什么以及为什么是问题。

康韦(Conway 1994:113)建议与其用"问题解决",还不如用"以问题为中心"可能更适合。这样就将问题视为"需要敏感、广泛的同情心和需要在价值冲突中进行判断的复杂情境"以达成一个适当的决议。为了便于说明,表16.1进行了比较,前6个例子使用"问题解决"和"方案发现"方案,后3个例子则使用"以问题为中心"的方法。以问题为中心的方法需要通过进一步的质疑,深入探索以重构问题。

表16.1 对于"问题"的不同方法

问题陈述	简单的解决方案	
你患了感染	服用抗生素	
该地区犯罪增加	让更多的警察来巡逻	
交通比以前更堵塞	建设更多的道路	
农业产量低	使用更多农药和化肥	
越来越多的废物被收集起来	挖更大的洞把它们放进去	
有证据表明全球变暖	种更多的树	
问题框架	提更多的问题	重构"问题"
在房子里感觉冷吗?	为什么感觉冷?	可能是绝缘问题,而不是供暖问题。也许你的整体健康和血液循环是根本问题?
是太多的车造成了路上拥塞吗?	为什么有这么多车上路?	公共交通工具有问题吗?或者由于我们设计的不合理使人们绕更多的路?
有更多未到法定年龄的年轻人饮酒吗?	为什么这些年轻人感觉需要喝酒?	是否与青年人的文化有关系?是否缺乏替代设施或可做的事情?这是否与广告或名人生活方式有关?

2005年,斯特林(Sterling)的"链接思维(Linkingthinking)"工作,以及斯库恩(Schön 1988)的研究进一步讨论了"重构"的重要性。斯库恩强调"问题设定"的重要性,这是指在问题的情境混乱和不确定的条件下,做出决策和选择的过程,即重构问题及其情境。他担心"问题解决"一词忽略了影响决策、选择以及设计师思维的价值观的重要性。斯特林(2005)的"链接思维"认为简单的问题解决及解决方案会导致4个问题:

- 解决方案倾向于解决症状,而不是根本原因。
- 解决方案有时会引起更多的问题。
- 问题本身的性质不是在更大的背景下被审视或领会。
- 引起问题的复杂因素的相互作用往往被忽略;互相的联系往往被遗漏。

斯特林倡导一个更全面的以问题为中心的方法,这就要求通过关系思维来考虑系统,并提出采取因果分析方法促进更深层次的基于价值的设计。通过反思、质询和重构初始的"问题"、场景或环境,从多重视角发挥作用,价值观成为这个过程的核心。

任务16.3 关系思维

对于下列任意一种产品采用系统化思维和关系化方式,确定每种产品的优缺点。不仅想到直接的应用及其用户,同时也要考虑其他一些后果,包括社会、行为、健康幸福、周边企业和行业、综合子系统、土地利用、就业、经济、环境、与使用产品的个体和企业相关的道德和伦理的决策、商业、本地或全球影响。

- 微波炉
- 汽车
- 手机
- 互联网

如何在你的教学中使用这种技术?

2. 跟踪新闻热点

报纸、新闻、杂志和各类媒体报道的地方和国家事件可以为活动提供可靠的起点。可以要求学生从不同的角度提取信息和观点,例如地方媒体从抗议者和支持者的角度对风电或水电进行报道,研究这个主题,以确定观点的广泛性和有效性。

学生也可以根据新闻或新产品或技术的广告以及他们所提供的承诺写一个批判性的评论,例如,压电技术已经在夜总会的可持续舞池中得到广泛应用①。它们如何工作?谁得益于这种技术,这种技术为什么会发展?是什么影响它们的存在?这样一个创新的设计、安装和使用的价值观是什么?根据学生的年龄和能力,你可能需要提出问题,给出提示或写作框架,以帮助他们进行规范评论。

你还可以探索可用的资源来应对自然灾害、紧急事件和突发应变。学生可以探讨设计与这些情境相关的系统、环境和产品所产生影响和后果的前景。教学重点放在灾前防治和/或灾后工程、土地利用、建筑、庇护所、运输、食品、水和基本生存、交通等方面。每个决策和行动都会产生反馈或进一步的结果;可以在人、场所和干预、创新或强制之间寻求联系。这需要适合的评价标准的开发,不仅需要移情推理,而且涉及与技术、环境、社会、文化、经济和伦理相关的价值判断和选择。

3. 全球史册,两难问题和场景

全球史册(www.globalstorylines.org.uk/about)将传统的"故事情节"与价值观研究、过程戏剧性和深刻反思相结合。全球史册需要一种事先计划的方法,将学习融入到表现艺术、科学、技术和社会科学之中。故事情节通过跨学科的学习方式发展,学生沉浸其中,成为受特定全球性问题影响、针对专题进行争论的社群内的角色。当学生们研究和解决各种假定角色的问题,参与决策和辩论时,价值观问题将会直接进行探讨。

全球史册可能链接到诸如供水系统和水供应,提取和处理矿物、矿石和材料、企业、贸易和商业。其结果是,从全球到地方,社会的技术发展可以通过一系列视角和连带的价值观进行审视,通过这个过程,这些价值观被考虑、了解和明确。

4. 替代镜头

替代镜头、角色扮演和辩论与全球史册的方法有一些相似之处。角色扮演可以是正式的辩论、法庭、公众讨论或电视讨论。在辩论或讨论中,学生的角色是分配或选择

---

① 译者注:世界各地很多年轻或环保的团体提倡一些绿化的派对,例如可持续性舞池可以在跳舞的同时产生电能,而墙壁没有使用任何能源却能根据热量而做出颜色变化,这种娱乐环境结合了可持续的新设计与技术。

的,不同角色对所讨论的话题有不同的看法。这个话题也可能对不同的人有不同的后果。然后,学生研究与其角色/观点相关的信息,并将它们带到讨论中。

研究和发展关于主题理解和议题相关知识的技能很重要,这有助于避免完全的情感和情绪反应。没有准备,学生可能只能作出主观和高度个人化的情感层面的反应,这可能反映了他们自己的价值观或者仅仅是对他人的模仿,例如媒体、同龄人或父母的影响。虽然个人和情感价值的判断是有效的,但对于学生来说,认识到他们为什么拥有这些价值观以及什么影响了他们的价值观是很重要的。当他们有更深刻的理解,有足够时间来反思、批评和了解他人的价值观时,他们会形成明智的态度,价值观也可能会改变。

有关核能厂、电讯天线选址、水力压裂①、新的道路或铁路线的选址都需要对功能、规模、流程、系统、材料、基础设施以及提案的影响和后果有技术和工艺上的理解。在角色扮演或替代镜头中使用的讨论允许为不同的利益攸关方和公民发出声音,以听取和考虑各种好处和弊端。

这样的活动需要仔细和全面的准备和规划,你需要考虑:
- 如何让学生准备,提供什么样适当和相关的初始材料?
- 让学生有时间研究、调查和准备。
- 仔细分配角色。
- 确保讨论的规则和协议得到确立、商定一致和了解。

活动之后,需要有时间让学生进一步讨论不同角色的感受,他们从这一经历中学到了什么,他们该怎么使用这种学习方法?

5. 协商

设计规范或说明书是设计的一个重要的方面,它影响分析、研究、设计工作和其后的评估。与学生一起探讨以下问题:
- 谁来做选择,什么时机开始启动设计活动?
- 谁决定设计思维初始框架的标准?
- 谁的价值观决定这样的产品是否应该存在?

---

① 译者注:目前开采天然气的主要形式,用大量掺入化学物质的水灌入页岩层进行液压碎裂以释放天然气。许多人担忧这项技术将污染水源,从而威胁当地生态环境和居民身体健康。

- 把这种产品变成现实会有什么结果?

基于价值的设计和技术方法鼓励学生提出这样的问题。

"实际行动",一个支持可持续发展,为学校提供资源的组织,开发了一个名为"让我们谈判"的资源。要求学生通过冲突、辩论和妥协,在一个小组中进行谈判以达成设计活动的规范。该活动包含了与技术、审美、伦理、环境和经济标准相关的隐含和明确的价值观的声明,并由参与者拟定声明,声明包括:

- 将生产中的能源使用降到最低。
- 工人公平的工资和平等的权利。
- 不得产生任何有害废物。
- 促进幸福、健康的生活。
- 由当地材料制成。
- 可修复。

学生在制定规范时可以采用高、中、低三个优先级,并且在每个优先级中设定标准的限制。如果一个组的成员打算将其中一个声明移到或添加到其他优先级,和/或替代另一个声明,必须与其他成员进行辩论或协商。

这种方法借鉴了价值观教育研究,通过道德两难困境,审视在澄清价值观的过程中对抗和争论的角色。探索道德推理[①]或反对道德解决的对话和辩论有助于理解和辨识参与者的价值观。类似个案中的冲突行为,可以作为道德成长的手段。

6. 像阅读文本一样对待产品和环境

通过评估活动,可以鼓励学生通过"阅读"产品来揭示其内嵌的价值。产品或环境就像文字一样,通过分析可以揭示其内在意义。获得设计师的真实想法通常是不可能的,设计师或制造商不会将设计决策明白地与用户共享,而通过对功能、目标用户/消费者、风格、形状、形式、比例、材料、工艺流程和生产的评估,可以揭示一些嵌入在产品中的价值判断以及形成最终产品的决策和选择。这可能是由客户和/或设计者的价值观所决定的,事实上也包括参与整个过程的许多利益相关者。尽管评估者(这里指的是学生)可能并不了解价值观如何嵌入至产品中,这些价值观可能设计师自己也并未

---

① 译者注:简单地说,道德推理是关于正确的和错误的,好的和坏的,公平的和不公平的推理。

明确地意识到。学生可以假设并梳理一些产品中包含的社会含义和影响。

麦克拉伦(McLaren 1997)等人讨论了教师促进评估过程的提示,使学生能够探索和思考其他设计师和他们自己行为的后果。例如:

- 这个产品有必要吗?谁决定它被需要?
- 有什么需要解决?过去如何处理?
- 谁会想要拥有或购买此产品?你认为这是用于哪些人的?
- 产品的设计有多普遍?例如,年轻或年长用户,以及有能力限制的人等。
- 产品如何被使用?它有什么其他用途?
- 产品会对人们的生活和人际关系产生什么影响?
- 产品对人工和自然环境会有什么影响?
- 产品使用后会发生什么?
- 什么因素延长/限制了产品的使用期限?
- 有没有其他的方法来实现相同的功能?

可以让学生定义"物有所值"这个经常使用的词,作为购物的决策或者建议。例如,通过考虑原材料、加工、制造、运输、碳排放和使用周期分析成本以及与环境和社会影响相关的效益,鼓励他们思考产品的真实成本。

评估预期目标用户群与参与到设计和制造的每个阶段(包括市场营销)的人之间的关系,可以理解哪些人间接地受到设计决策或制造过程产生的副产品的影响。

当花时间和精力考虑产品超出预期的潜在用途时,仍然可以探索价值观问题。这可以揭示意想不到的用途、潜在的责任或意外的风险,例如单用户电锯的革新使得小农户能够保持良好的林地管理,并为当地提供可持续的木材来源。然而,这种电锯可能会导致木材的非法采伐。

7. 站队

与价值观相关的学习可以与日常生活的方方面面直接相关,例如食品,需要对季节性、生产、就业、食物里程、经济与贸易、健康与食品安全等问题进行审查。"站队"活动探讨了学生的态度和价值观。向学生提供一份声明,要求他们根据自己对于声明的立场站队,从强烈同意的一方到强烈反对另一方。学生首先与同伴讨论,对自己进行定位;然后进一步讨论他们为什么相信自己所做的事情,以及影响个人价值观的因素。示范的声明可以包括：

- 我们应该只吃我们自己国家的食物。
- 应该禁止反季节食物。
- 我不会吃违反公平交易的香蕉/巧克力。
- 棕榈油来自于可持续性的作物，应该用于更多的食物原料。

初步活动结束后，学生利用各种渠道对这个话题进行调查研究，对各类报道和利益相关者的观点再次进行整理。任何立场的转变都被考察并说明理由。

还有很多其他领域可以使用站队，例如使用回收的纺织品或再生木材或塑料，砍伐森林以提供硬木家具，电子玩具对幼儿的价值等。

8. 关注未来

设计和技术对可持续发展教育（ESD）议程的贡献在于可以在可持续性、环境、社会和经济等关键方面有力促进设计思维和活动。如联合国教科文组织（UNESCO 2005）所述，可持续发展教育的特点包括赋予当地社区发展的地方相关性、文化适宜性以及基于当地需求、观念和条件的社区权利，同时也承认实现当地需求常常具有全球影响和后果。参与可持续设计为学生提供了参与基于价值观的学习的机会。考虑可持续性的设计可能涉及审查技术的发展，以及随着时间的推移，我们的生活方式、行为、饮食、沟通、旅行的变化。例如，就英国而言，从二战后物资匮乏，物品修修补补使用多年，到现今大众消费物欲横流，也许应该意识到为了保护整个地球及全球居民的健康，需要做些改变。关键问题往往与我们所谓的发达国家有关，同时，越来越多地使用不可持续的材料，使用有限资源生产这类材料，过度消耗我们所依赖的星球，这种情况在发展中国家正在蔓延。

你的教学可以采纳包括循环经济原则在内的设计、工程，以及技术决策的替代模型（参见 Ellen McArthur Foundation 网站）。循环经济重新思考传统的、工业化的"获取—生产—倾销"线性模型，并开发了一个替代性的闭环系统模型，强调材料级联，零废物，废物是食物（就像自然界的任何生物系统一样），能量来自可再生能源，产品的设计关注拆卸后的再利用（生物和技术部件和不同周期的材料）以及对许多其他元素的重新思考、重新设计,是一种从摇篮到摇篮的方法①,包括对个人所有权观念的挑战。

这些都是我们应该让学生意识到的关注未来的原则:关于是什么,可能是什么——这是设计和技术的全部内容。

任务16.4 关于价值观的教学

想一想你所教课程的工作计划或观察到的内容,考虑如何引入基于价值观的活动。例如纺织技术中的时尚物品,这些物品很容易以非常低的零售价格在街道商店里买到,并且有时被称为是一次性物品。

选择上面讨论的活动,考虑如何在课堂上实施。你需要什么信息?可以使用什么资源?你需要做什么准备?你将如何组织活动?

如果可能,开展活动并评估学生的反应和学习。

"实际行动"网站包含了其他价值观教学的主意,第17章探讨了一些颠覆性技术,可以进行有趣的案例研究。

四、以问题为中心的环境

以价值观为基础进行设计和技术教学,确保学习不仅围绕设计和构建范式,而且开始考察设计和技术在社会、系统和基础设施以及工商业实践中的作用,如卫生保健、垃圾处理、水净化和供应、农业、食品生产和加工、旅游、生物多样性和环境管理、能源和发电。设计和技术中的价值观和道德教学可以借鉴过去和现在的例子,并为将来提供借鉴,使用已知的颠覆性技术(参见第17章)作为项目的激励,示范不同的未来。这促进了一种超越技术和美学价值的思维方式,虽然它们可能是隐含的,鼓励学生提出"为什么"以及"结果如何"。设计师、工程师、生产者、营销人员、决策者、政府和消费者对设计和制造行为所产生的创新、干预和进化负有一定的责任,因此也要承受相应后果。

---

① 译者注:指向大自然学习,从产品设计之初就构想产品结局,让物质得以不断循环。以无毒原料以及洁净能源、节水的流程取代对环境有害、耗能、耗水的原料及流程,并妥善规划回收渠道,使产品供应链、产品本身及回收再利用方式皆对环境友善。

工业和商业实践的变化,新的和/或不同的技术和系统的变化,供应商的变化,原材料库存的调整以及根据产地、生态保证等作为采购依据将对劳动力、技能、生活质量、利润、碳税、垃圾处理税等产生影响。明确地拓展学生对生产系统中支持决策的价值观意识——例如三维(3D)印刷和通用的计算机辅助设计/计算机辅助制造(CAD/CAM),诸如硬木、针叶木、中等密度纤维板(MDF)、丙烯酸、当地时令食品、公平贸易棉花等材料的选择——学校工作坊可以用来模拟许多社会运行环境的复杂性。

任务16.5　设计和技术课程中的价值观

无论是从学校还是从政府的教育网站,获得适用于你所在地区的设计和技术课程指导准则或框架的副本。通读文件并确定参考其对社会、环境、经济、可持续发展、道德和伦理,文化和遗产等的价值观。

想想如何将这些价值观融入到你的教学中。什么策略适合让学生接受这些价值观?

五、管理活动

规划、教学和管理基于价值观的学习活动需要关心和敏感性。"规则约定"必须清楚地传达,必须帮助学生理解相互宽容、包容和尊重的环境是非常重要的,可以让每个人讨论、表达他们不断变化的想法,发表意见,提出问题来探索他们自己和别人的价值观。需要有一个鼓励道德推理的支持性的环境。这可以通过公开的质疑,非判断性的审查和提示来支撑。不可避免的是,学生们将会提出有争议的问题和矛盾的观点,当家庭价值观与课堂上探索和表达的价值观相冲突时,可能会出现冲突。然而,本章阐述的活动采取的策略是专门为澄清和推理价值观而设计的。这些活动提供了一种发展认知的方法,针对每个学生个人,通过独立、敏捷的思考让学生获得对价值观的理解。

总结

当你在设计和技术中深化自己对价值观的理解时,也会开发出一套教学策略,使得学生能够检查和发展对价值观的认识,既不会感到不适,也不是在布道自己的价值观。你会开始更容易识别潜在的背景、资源和刺激——虽然你必须广泛阅读并掌握最新的技术和工艺的发展,并将其纳入你的教学中,这一点很重要。与非政府组织(NGO)、慈善机构和其他机构的教育官员和专家发展合作伙伴关系也很有好处,可以在国际和地方问题以及基于价值观的学习上得到支持。

设计和技术的过程和产品对人们的生活质量和环境有着深远的影响,包括有利或不利的方面。这似乎为在所有年轻人的普通教育中纳入技术学习提供了充分的理由。但是,光技术学习本身是不够的,如果学生能够具备应用广泛的技术能力,包括技术敏感性以及涉及的关键技能,将能够更好地有目的、富有成效、自信与明智地生活,无论是现在还是未来。如果帮助学生认识到我们所说的和所做的支撑决策和选择的价值观,这种能力就可以得到发展。事实上,许多价值观都是隐含的,没有被广泛的讨论。因此,设计的模糊性鼓励我们从多个角度,基于广泛的标准进行评估,这其中就包括价值判断。价值观教学鼓励学生透过事物表面,剥离外表,考察事物产生的方式,不仅关心怎么做,而且要关心为什么以及现象背后的内因,关注尊重和公平是否贯穿于所有阶段,从开始到实现,使用中以及使用后。重视始终存在的后果和影响,隐含的或显性的价值观,可以帮助学生作为具备技术素养的公民做出明智的决策。

第17章 针对颠覆性技术的教学工作

戴维·巴莱克斯、尼克·吉文斯和托本·施特格
(David Barlex, Nick Givens and Torben Steeg)

介绍

我们认为中学的设计和技术类课程,技术视角的培养是一项重要而常被忽视的工作。技术视角为年轻人提供了一些智能工具,帮助他们决定如何将各种各样的技术应用于社会。我们认为,让年轻人触及颠覆性技术的特征,帮助他们思考未来这些技术可以发挥什么作用,是培养技术视角的重要且有效的途径。这种方法的另一个好处是,使我们的课程紧跟校外世界的技术前沿和创新步伐。不过,到目前为止,将颠覆性技术用于学校的设计和技术课程还处于初始阶段。希望通过这一章节的介绍,可以鼓励你将这种想法引入自己的教学。

学习目标

学完本章的内容,你应该:

★ 理解颠覆性技术的概念
★ 能够描述过去和现在的颠覆性技术的案例
★ 能够使用一个框架来分析这些技术的颠覆性
★ 能够阐明中学设计和技术课程中颠覆性技术的内涵
★ 意识到运用颠覆性技术的教学方式
★ 能够思考此类教学的未来发展

一、颠覆性技术是什么

在本节中,我们提供了一系列定义,发展颠覆性技术的教学思想。我们定义了技术、颠覆性和颠覆性技术,并且确定了一系列适合用于中学教育的颠覆性技术。技术不好界定,不同的哲学立场会有不同的定义。我们这里采用的是约翰·诺顿(John Naughton 1994)观点,他反对把技术只是作为简单的应用科学,强调技术总是包含"一些实践……是一种人和社会结构之间,同时也是人和机器之间的复杂的交互"(出处同上)。我们认为诺顿对技术直接而正确的描述将技术课程的内涵变得更加丰富,这得益于他对机器的看法,使得我们重新考虑机器是技术课程的基础这一传统观点。以下是一系列对于技术有用且恰当的描述:

- 通过技术性活动,人们开发技术和产品,以介入自然和人工的世界。
- 技术利用了广泛来源的知识、技能和理解,尤其是(但不仅限于)科学和数学。
- 技术和产品开发中的挑战,总是有很多可能和有效的方案,其中有一些方案会优于其他方案。
- 人们开发的技术和产品的价值取决于人们如何评价。
- 技术和产品总会有一些意想不到的后果,这是开发人员无法完全预测的。

任务17.1　你的颠覆性技术教学经历

思考以下问题:
- 在你个人的教学经历中,是否有意识地向学生讲授如上所述关于技术的本质的内容?
- 在你个人的教学经历中,是否见过其他教师有意识地向学生讲授如上所述关于技术的本质的内容?

我们估计你的答案应是"从来没有"或是"很少见",那么你认为为什么学校课程中关于技术本质的教学如此之少呢?

我们在讨论颠覆性时常常引用克莱顿·M·克里斯滕森(Clayton M. Christensen 2012)的著作,但是他是从商业活动的角度来看待颠覆性创新的,这不适合于我们的目标。对于颠覆性技术,我们特别感兴趣的是:某些技术从问世起,就对个人、团队和社会的生活方式产生了重要的影响。这些技术往往在商业中出现,但是我们真正关心的是它们的社会影响。我们认为在教学中,关注技术的社会影响是很重要的。我们的目的是使学生能够形成一种技术视角,以使他们能够充分考虑技术对于生活的影响,并且让他们在充分掌握信息的基础上,辩论是否以及如何将技术应用于他们所处的社会。社会影响和经济影响不可避免会交织在一起。以下观点是由麦金西(McKinsey)全球研究学会提出的(2013:13):

新技术正在很多领域蔓延并且大放异彩。技术的每一次进展都宣称是颠覆性的,并且备选成为"下一次热门的新技术"越来越多。并不是每一种新兴技术都会改变商业或社会现状,但是有些技术确实有可能打破现状,改变人们的生活和工作方式,重新调整商业价值结构,并带来全新的产品和服务。

我们可以将颠覆性技术的特征分解如下:颠覆性技术将会——

• 打破现状。即颠覆性技术会颠覆现有的等级制度,可能(也可能不)导致不同的、更为民主的社会结构。

• 改变人们的生活和工作方式,即颠覆性技术会增加或减少就业机会,改变就业所需的知识和技能,对教育产生影响,改变社会关系。

• 调整商业价值,即对于那些使用颠覆性技术的商业部门,技术会影响他们商业活动中的财务收入。

• 带来全新的产品和服务,即颠覆性技术可以带来现在没有的各种各样的产品和服务。

任务17.2　颠覆性技术的特征

如果学生要使用颠覆性技术的这四个特征来评判一个新兴技术,那么理解每个特征的含义对学生来说很重要。以上四个特征是写给教师看的;请再为每个特征写一个简化版本,要求既能包含各特征的本质内容,又能使学生容易读懂。

一个新兴技术可能只符合标准中的一部分。在这种情况下,该技术可能没有那些符合全部标准的技术更具颠覆性。出于校园课程的考虑,我们试图辨别那些符合全部标准的新兴技术。

麦金西全球研究学会(2013)提出了12项最有潜力改变商业和社会现状的颠覆性技术。
- 移动互联网
- 知识工作的自动化
- 物联网
- 云技术
- 高级机器人
- 无人驾驶车辆
- 下一代基因组学
- 能源存储
- 3D打印
- 先进材料
- 先进的油气勘探和开采
- 再生能源

戴维·威利茨(2013)在"八个伟大技术"中也列举了类似的技术：
- 大数据革命及节能计算
- 卫星和太空的商业应用
- 机器人和自动系统
- 生命科学,基因组学和合成生物学
- 再生医学
- 农业科学
- 先进材料和纳米技术
- 能源及其存储

除上述报告提到的以外,以下我们列举了一些潜在的颠覆性技术,我们认为它们和学生密切相关,且学生更有可能参与其中。
- 增材制造①
- 人工智能

---

① 译者注:3D打印的学术名称,通过软件与数控系统将专用的金属材料、非金属材料以及医用生物材料,按照挤压、烧结、熔融、光固化、喷射等方式逐层堆积,制造出实体物品的制造技术。

- 增强现实
- 大数据
- 智能物质①
- 物联网
- 神经科学
- 机器人
- 合成生物学

虽然我们列举的有关颠覆性技术并没有与麦金西（McKinsey）或威利茨（Willets）所提的一一对应，但是它们之间有很强的相似性，这让我们坚信，我们列举的这些新兴技术，也有很大的可能对社会以及经济产生重大影响。

任务17.3　你接触颠覆性技术的经历

简要说明：对于我们建议学生接触的这些技术，有多少是你在校外接触过的？

在下一节，我们将考虑颠覆性技术在正式课程中的地位，并讨论为什么将其纳入教学内容。

二、设计和技术课程中的颠覆性技术

描述课程内容的正式课程大纲为学校如何教学提供了指导意见，但与所有的类似文件一样，它需要一些必要的解释。虽然大多数国家的课程大纲没有特别提到颠覆性技术，但是一些国家（包括英国）却将新兴技术及其影响的内容纳入到大纲中。其中一些案例如表17.1所示。

---

① 译者注：智能物质（Intelligent matter），又称可编程物质，是指根据用户的输入或自主感知，能够以编程方式改变其物理性质（形状、密度、电导率、光学特性等）的物质。因此，这种材料本身具有执行信息处理的能力。

表17.1 国家课程中提及的新兴技术的例子

英格兰	国家课程设计和技术课程的学习：第3个关键阶段，"评估"部分（Department for Education 2013） • 探讨新兴技术 • 理解设计和技术的发展，以及设计和技术对个人、社会和环境的影响，并了解设计者、工程师和技术专家的责任
苏格兰	卓越课程：技术经验及成果 社会中的技术发展：第四个阶段（Education Scotland undated） • 我可以讨论新兴技术可能会对未来经济繁荣和环境的影响
新西兰	技术的特征 技术课程的成果目标：第七级和第八级（Ministry of Education 2010） • 理解当前的争论和竞争对技术发展中复杂和创新决策的影响。 • 理解技术作为设计中的干预的意义，及这些干预如何产生已知、未知的或有意、无意的影响。
美国	下一代科学标准的高中工程设计，科学、工程和技术对社会和自然界的影响（Next Generation Science Standard 2013） • 新技术可能对社会和环境产生深远的影响，有些可能无法预料到。成本和效益分析是技术决策的关键要素。

考虑到人们对教授技术影响的关注，我们也在思考，正视技术的影响意味着什么？前一节给出的颠覆性技术的特征提供了一个判断技术的影响的框架。这个框架给学生提供了衡量技术影响的标准。最初，这些技术只是被我们教育工作者认为可能具有颠覆性，但最终我们希望孩子可以借用这个框架来考虑任何一个新兴技术带来的影响。刚刚所说的只是用来解释在设计和技术课程中教授颠覆性技术的一个理由，更进一步的建议列举如下：

对于教师：
• 提供一种使教师所教课程保持前沿性和恰当性的方式。
• 理解设计和技术教育中关于颠覆性技术的一些批判性的观点。

对于学生：
• 发展学生对未来的设计和技术的思辨能力。
• 理解技术改变世界的方式。
• 为一个技术变得越来越大众化的世界做好准备。
• 开始分析新的条件下如何重新分配社会、道德、环境和财务的责任。

任务17.4　教授颠覆性技术对学生有好处

在你的教学经历中,是否有机会教授学生可以实现上述目标的课程?

估计你的答案是"从没有"或"几乎不"。你认为为什么学校课程中关于这些方面技术的教学这么少呢?

如果学生真的开始对颠覆性技术进行批判性思考,这会对他们的设计和技术课程学习带来怎样的影响?

三、颠覆性技术——过去的一些案例

在这一节中,我们以两项以前的技术为例,从颠覆性标准的角度讨论为什么这些技术是颠覆性的。

1. 柯达的故事

19世纪末,摄影是那些具有专业知识、高端设备、丰厚财力和时间的人的专属。而伊士曼公司的创始人乔治·伊斯门(George Eastman)改变了这一切。他的公司开发了一种操作非常简单的相机,该相机用一卷胶片,并使用曝光的胶片制作出一套底片和黑白照片——这些带来了"摄影"这一颠覆性的服务。后来,摄影在普通民众中得到迅速而广泛的应用(Snyder 2013)。我们可以通过颠覆性的特征来思考这一技术:

该公司以其商标——柯达闻名,它使得摄影大众化,因此改变了当时的社会现状。它提供了处理胶片的暗室技术人员的岗位,因此改变了人们的工作方式;同时也带来了一种流行的业余爱好,改变了人们的生活方式。另外,该技术的出现,调整了商业价值结构,使得伊士曼公司在市场中取得了前所未有的财务收益。讽刺的是,该公司后来开发了数码相机,而数码产业的盛行最终导致了柯达影像产业的灭亡。在这个故事中,我们还看到了另一种颠覆,包含人们生活和工作方式的转变——数码相机促进了摄影的广泛应用,造成了暗室技术人员的失业,市场商业价值结构的重新调整——告别了基于胶卷的摄影产业时代,进入了数码摄影的产业时代。在颠覆社会现状方面,数码摄影与通信技术的结合,在全球范围产生了重要影响。

2. 亨利·福特的故事

用内燃机代替马车，实现了运输的机械化，这是一项革命性的技术创新。但是这个技术一开始并不算颠覆性技术，因为早期的汽车是很昂贵的奢侈品，它并没有打破以马拉车为主的市场。直到1908年，更低价的福特T型车的出现，原先的交通市场状态才被打破。亨利·福特（1922:73）表示，他意欲实现的突破为：

> 我将为大众制造这样一辆车：它对于一个家庭而言空间足够大，但是又要足够小巧，方便个人去驾驶和管理。它要由最好的技术工人，用最好的材料，按照现代工程中最精简的设计来建造。但是它的价格也要足够低，使得一个拥有不错薪水的人就可以负担得起，并且可以和家人一起在这个绝佳的开放空间内共享天伦之乐。

汽车本身并没有颠覆性。具有颠覆性的是大规模的生产系统的发展，它使得生产大量的汽车变得有利可图，这些汽车在购买价格和运行成本上都是可以负担得起的。我们可以使用以下颠覆性的标准，来展示福特的大规模生产系统的颠覆性：

- 大规模生产系统是否打破了当时的社会现状？

在很多国家，无论男女，学习驾驶和买车已经成为很多年轻人的一种成长仪式。汽车提供了从家乡出发去往不同城市的条件，也提供了更多求职、结识新朋友、建立友谊和关系的机会。这种地理和心理上的远行机会，对于地方小社区来说具有决定性的影响。很明显，当时的社会现状因大众经济上可以承担汽车的使用而发生了改变。

- 大规模生产系统是否改变了人们的生活和工作方式？

汽车和其他机动车辆的使用，为大量制造、使用和维修汽车的工人提供了新的就业机会。这类就业所需的技能体系成为以就业为目的的教育的培养目标。公共交通和个人交通的出现改变了人们的工作和休闲方式。

- 大规模生产系统是否重新调整了商业价值结构？

随着汽车的普及，相当一部分数量的商业活动应运而生：销售、租赁及机动车辆的维护，提供车辆运行所需要的各种新的设施，以及为这些车主提供的财务交易服务等。

- 大规模生产系统是否带来了全新的产品和服务？

尽管汽车可被看作是马车的替代品，但是汽车的问世发展出了各式各样的适用于个人、家庭、群体的各种交通工具,这表明它带来了新的产品和相关的服务。同时,汽车的出现也带动了大型公路和高速公路网络的发展以及相关服务,再次表明它带来了新的产品和相关服务。

任务17.5　关于颠覆性技术的教学计划

使用以上介绍的其中一个案例,制定一个针对初中学生的颠覆性技术的介绍类课程,以帮助他们学习颠覆性的特征。

如果可以的话,实施该课程,并对学生的反应和学习效果进行评估。

四、颠覆性技术——最近的三个案例

在这里,我们只考虑之前所提的九种颠覆性技术中的三种。我们认为它们是和学生关系最密切、学生最有可能参与的技术。它们分别是:

- 增材制造
- 增强现实
- 机器人

在每个案例中,我们都提到了一些相关的科幻小说,因为我们认为科幻小说中的描写和画面可以让我们更好地了解这些技术未来可能的应用及其对社会的影响。

1. 增材制造

增材制造(AM)指根据计算机辅助设计(CAD)、3D扫描文件或电子游戏中的数字模型(Lipson and Kurman 2013),逐层堆积以制造物理实体模型。一些正在使用的增材制造技术:

- 熔融堆积,热塑性长丝经熔化,在逐渐堆积的过程中冷却硬化。
- 3D喷墨打印,即用液体粘合剂粘连起一层层薄的粉状物(沙子、石膏、陶瓷或聚合物)(熔融堆积和3D喷墨的过程也可用于一些食品的加工)。
- 激光金属堆积:使用激光束制造一个融化池,融化池有一个金属的基底,基底由金属粉末不断供给形成。
- 立体光刻技术:使用激光束来选择性地硬化液态光敏聚合物。
- 粉末层法:使用激光束来选择性地熔化或"烧结"连续的热塑性塑料层或金属粉末层。

增材制造(AM)最初是为了实现快速原型制造而开发的。但其在产品或部件加工上的用途预计将远远超过原型制造。当前和新兴的应用主要包括:
- 消费者自己在家打印产品,或是由提供3D打印的公司来打印消费者自己的设计、一些开源的设计或是商业用途的在线设计。
- 按患者的医学扫描数据获知具体的尺寸,为患者个人定制牙科或医疗上的植入物或其他的如假眼、假肢等。
- 航空航天和赛车等需要轻量化的部件,重量的优化可由AM和拓扑优化①等结合来实现(Hague 2013)。

目前的研究仍在寻求这样几个突破:结构和功能均完整的打印,比如电子或光学材料的打印;原料的"零浪费";合并零件,使其装配成一个独立的部件;使用多种材料的AM(Hague 2013; Hague and Reeves 2013; Wohlers Associates 2012; Wohlers and Caffrey 2013)。

■ 这项技术如何打破社会现状?

随着设计工具越来越容易获取,设计和生产的大众化和普及成为可能。越来越多的人们在家就可以体验3D打印,打印一些相对简单的模型设计;一小部分但很重要的AM爱好者则设计和制作了一些复杂的模型。这种模式可以在一些小型商业部门内复制,例如建立广泛存在且高度本地化的零售部,按客户需求、依据一些现有的模型提供3D打印的简单产品;还有一小部分AM专家,可以将客户自己的家用设计打印制作出来,并且被授权提供国内及国际公司的工业设计产品和替换零件的及时生产服务。

科里·多克托罗(Cory Doctorow 2009)在他的科幻小说《创客》(Makers)中描述道:在不远的将来,成千上万的车库发明者将联合大型公司的投资和基础通信设施,使用3D打印技术,参与美国经济的振兴。

随着3D扫描功能日趋复杂多样,越来越多的人可以使用这个技术,可能会有人使

---
① 译者注:拓扑优化(topology optimization)是一种根据给定的负载情况、约束条件和性能指标,在给定的区域内对材料分布进行优化的数学方法,是结构优化的一种。

用3D扫描技术盗版制造一些有专利的家用及工业用品。那么知识产权所有者在拥有权利的同时,还需要承担责任吗?当基于开源设计的组件在提供服务时,发生了严重问题,谁来为此负责?拥有3D工程文件的行为要被看作是意图违法制造产品吗?

■ 这项技术如何改变人们的生活和工作方式?

某些设计和制造产品的职业可能会被削减或取消,少量新职业可能会出现。例如,由于劳动力的减少和频繁的迁移,现有的流程中的某个序列,例如铸件——碾磨——钻孔,可能被某种单独的AM操作所取代。

AM的特性(Norman 1988:9)要求专业设计师"忘记"一些设计的技巧(Wohlers Associates 2012),并且可能改变新设计师的某些素养。一些职业将不再被要求具有专业技能,其他的一些职业可能被替换、取消或重新安置(见下文)。

■ 这项技术如何重新调整商业价值结构?

当AM降低了成本,提高了质量,促进了柔性制造,推动了个性化定制(比如医疗或牙科植入物中),或者提供"即时"的便利时,一些制造业将从工业生产级别转变为后工业化的生产级别①,有时会导致生产制造业从"东方制造"向"西方制造"转变。与AM原料和AM设备相关的物流增长不会完全抵消成品运输和储存的需求减少。然而,对传统制造材料的需求下降可能会被对现有材料和专为AM开发的新材料的需求增长所平衡。

■ 这项技术会带来新的产品和服务吗?

尽管AM将为新产品的出现提供更多机会,然而它最基本的影响表现为促使那些新的设计和更优的设计转变为实物产品——其中有一些设计可能以现有的工艺还无法被制造(Hague and Reeves 2013)。"更优"或许意味着更加个性化、重量更轻、更坚固、更节省原材料、或是更美观的创新。

2. 增强现实

增强现实(AR)通过对真实世界自然环境实时、直接或间接的感知,利用计算机生

---

① 译者注:后工业化时代的说法来自丹尼尔·贝尔对历史时代的划分。他把人的历史划分为三个阶段:前工业社会、工业社会和后工业社会。不同的社会是依据不同的中轴建立起来的:前工业社会以传统主义为轴,意图是同自然界竞争,土地是资源,地主和军人拥有统治权;工业社会以经济增长为轴心,同经过加工的自然界竞争,机器是资源,企业主是社会的统治人物;后工业社会以理论知识为中轴,意图是人与人之间知识的竞争,科技精英成为社会的统治人物。

成感官数据输入,如声音、影像、图像或全球定位系统(GPS)数据等,进而增强或补充真实世界的一些元素。该技术最近的一个应用为"谷歌眼镜"(Google Glass)——一个以眼镜形态呈现的可穿戴的计算机设备。它可以显示信息,并可以通过自然语言指令与互联网实现交互(Future Apps 2013)。谷歌眼镜的一个应用案例是 Irvine 医学院(2014)将其应用于医生和外科医生的培训。

■ 这项技术如何打破社会现状?

如果人们在醒着的大部分时间内一直佩戴着这样的 AR 设备,他们和那些拒用或无法使用这种设备的人将有着完全不同的世界体验。并且他们的这种体验将由那些将感官数据输入 AR 设备的人操控。那么,谁可以控制这种数据的输入?是像谷歌、亚马逊、Facebook 这样的商业公司或是政府?戴维·布林(David Brin 2013)在他的短篇小说《坚守视野》(*Insistence of Vision*)中描述了这样一种错位景象:所有人都戴着眼镜,国家控制着你所能看到的全部东西,因此,可确信被定罪的犯罪分子将会被排斥——因为他们的眼镜可以通过模糊其他公民来"增强"这些犯罪分子感知到的现实世界,这些犯罪的人将无法辨认其他人或与其互动。当只有一部分人可以使用 AR,并且增强现实的程度也因地位或 AR 供应方式的不同而变化时,我们几乎可以肯定——随之而来的就是社会现状的变化。不同群体的权力大小取决于他们使用 AR 的程度及用途。

■ 这项技术如何改变人们的生活和工作方式?

我们很容易设想这样的场景:在工作场所内,比如工厂、配送中心和办公室内,工作人员每天佩戴提供信息的 AR 设备执行日常工作。科幻小说 *Rule 34*(Stross 2011)描述了一种警察使用的 AR 眼镜,它安装有面部识别软件,在警察调查过程中,该眼镜可以在警察遇到每个人时就提供那个人的犯罪记录信息。而在休闲活动中,我们很容易想到 AR 的用途。观赏性体育运动可以很容易被"增强",电影院和电视也是。在社交聚会中,人们也可以选择让自己的 AR 信息只对那些佩戴有对应解读器的人可见。关于 AR,我们也很容易想到 AR 旅行。

■ 这项技术如何调整商业价值结构?

那些提供 AR 设备的公司会将其作为一种商业项目。所挣的大部分钱都来自于广告业。试想,如果你正在看商店橱窗内展示的商品,你可以看到那些已被标记为可识别的商品。当你看那些商品时,你的眼镜就可以很容易获取到与其相关的产品和服务,并与你认识的购买该商品或服务的人联系……当然,在人们对于自己的AR体验所做出的回应中,将产生大量的作为潜在消费者的数据。许多公司将会购买这些信息,因为它们提供了非常重要的市场情报。

■ 这项技术会带来新的产品和服务吗?

通过可穿戴技术提供AR体验本身就是一种新产品或服务,但是显然AR的提供商也很有可能为那些使用基本功能的老用户开发出更多种类的新服务。不过具体这些新服务是什么,可能还有待探索,但是可能有这样一个有趣的应用:利用使用者对于AR的反应,增加一层体验共享的新服务。

3. 机器人

伊拉·诺巴克什(Illah Nourbakhsh 2013)指出,机器人可以在真实世界中运行,同时也可以和数字世界完全对接。目前,已经有人担心机器人对于社会的影响:例如,欧盟拿出了150万欧元(130万英镑)支持了RoboLaw项目(参见www.robolaw.eu/)。该项目汇聚了一批机器人专家、律师和哲学家,他们为了更好地管理迅速崛起的机器人技术,商议了相关法律法规。诺埃尔·夏基(Noel Sharkey)对该项目提出了一个广泛的观点(Piesing 2013:2):

> 这是一个非常重要的项目,可以帮助我们对新兴的机器人技术产生的问题未雨绸缪。最大的问题莫过于这个项目的推迟:出于军事目的和更广泛的国家安全目的导致机器人技术的迅速发展。其他涉及的一些重要民事问题,主要在于护理幼儿及老人方面的机器人的使用。现有法律对这方面用途的控制尚有不足。

机器人已经在较多领域内投入使用,其中包括:

• 军事操作——越来越多的机器人在军事或执法行动中投入使用,最近两部科幻电影也反映了该主题:2014年翻拍电影——《机械战警》(RoboCop)和《极乐世界》(Elysium)。在两部电影中,机器人都有了自主意识,当他判定对方有表现出敌对或违法行为时,将自主做出决策、采取行动。目前,军方使用的机器人仍为人为操控的机器人,包括拆弹小组(参见MOD网站)和无人机(参见ga-asi网站)。随着机器人技术的发展,在战争中,机器人自主执行任务不无可能。

- 手术——当今机器人手术已经成形,并且自2007年后拥有了专门的期刊(参见Springer网站)。这类手术的主要优势为:在外科医生指导下,机器人操作可以实现微创和精巧的机动控制。
- 制造业——在过去的20年内,机器人在制造业中的使用一直稳步增长,从1994年的每年5.5万台到2012年的16万台(International Federation of Robotics 2013)。不过直到最近,在大规模生产中,这些机器人都是极度的昂贵品。但是麻省理工学院开发的Baxter机器人(Rethink Robotics 2013)可能会改变这一点。这个机器人体积小、价格低廉,能在人类指导下来完成一些简单的操作。
- 社会护理——日本正在大力投资开发可以照顾老人的机器人(BBC 2013),这成为了人类与机器人关系的一个著名的案例。经调查,卫生保健提供者表明,在某些健康护理工作中,他们十分愿意接受这类来自机器人的援助(Rogers et al. 2013)。
- 交通运输——2004年制定的"车辆技术发展前瞻性指导方针"准确地预测了这十年来大部分的技术发展事件,包括无人驾驶车辆的出现(Foresight 2004)。英国政府正在大力支持无人驾驶车辆的引进,并且这些车辆正在米尔顿凯恩斯进行测试(BBC 2014)。无人驾驶火车在那些从零开始建造的地方越来越普遍,尽管当要求它们在旧的基础设施中运营时,有人表示了保留意见(Evening Standard 2014)。由美国联邦航空管理局(2013)制定的"无人驾驶飞机系统(UAS)指导方针"则印证了无人机系统的重要性。
- 家政服务——2013年,一种普通的清洁机器人Roomba,其税前销售利润就达到了6220万美元,相比上一年的5250万美元有了明显的增长(irobot 2013)。最近,James Dyson宣布为帝国理工学院的家用清洁机器人的开发研究提供支持。因此,我们可以明显看到,家庭清洁机器人的市场正在蓬勃发展。

关于我们对颠覆性技术提出的标准:

■ **这项技术如何打破社会现状?**

2014年翻拍的电影《机械战警》(*RoboCop*)中提出了这样一个问题:面对现实问题,机器人有多大程度可以做出人类在面对该问题时所做的决定?也就是说,面对一个问题场景,机器人能够基于人类面对该场景时采用的同一套价值体系来做出决定吗?毫无疑问的是,机器人已经可以根据他们的编程做出各种各样的决策了。在一个非常基本的水平上,Roomba就可以做出在各家具中间环游的决定。但是随着机器人变得越来越复杂,并且进入一个人们需要机器人做出人类化或人性化决定的时代,极有可能会出现让机器人来做那些以前曾是由人来做的决策,这几乎可以肯定会打破社会现状了。

■ 这项技术如何改变人们的生活和工作方式?

有人认为,机器人将会取代人类的工作者(Rotman 2013),然而另一部分人认为,机器人会成为人类的同事(Knight 2012),把人们从机械的知识、技能类工作中解放出来,让人们只需从事那些更适合人类的工作。Dyson开发的家政机器人会增加或是减少人类清洁工的就业机会吗?清洁工的工作还包括控制这些机器清理工,并且对它们进行维护、修理和重新编程吗?这会导致清理工成为一个高技术工作,由那些具有科学、技术、工程和数学(STEM)背景的人担任吗?如果是这样,那么今天那些清洁工将何去何从?

■ 这项技术如何调整商业价值结构?

麦金西全球研究学会(McKinsey Global Institute)的报告(2013)提出,到2025年,机器人技术的应用将带来1.7—4.5万亿美元的直接经济影响。但是这份报告提出警示,公众对于失业的抵制,以及数学、科学、技术背景人才的缺失可能是未来机器人技术发展的阻碍。那些能成功进入这个新兴市场的公司也许可以获取不菲的利润,但是在一开始它们需要有一笔巨大的投资。亚马逊(Rotman 2013)和谷歌(IEEE Spectrum 2013)等拥有强大财力的公司正在获取机器人领域的技术和能力。

■ 这项技术会带来新的产品和服务吗?

伊拉·诺巴克什(2013)写了一系列非常吸引人的关于未来机器人使用的的短篇小说。这些小说都在渲染机器人将给社会带来意料之外的利益。因此,努尔巴赫什(Nourbakhsh 2013:119)提出了另一种机器人的使用态度,即机器人的使用不应只为目前精英们所追求的经济利益和权力所驱使。

机器人技术正在成为一股强大的力量,但是,如其他大部分技术一样,它没有先天的道德指南。它注定要影响社会——我相信其早期的使用者:公司、军队、政府以及一群拥有精湛技术的个人,已经表明了这一点。但是这个使用者列表中缺少的是公民和地方社区的利益——他们既不受权力也不受经济价值的驱使,只是希望可以为可持续的生活质量做贡献。我们的机遇和挑战就在于要守卫一个将越来越好的机器人未来,这意味着我们必须矫正机器人将带来的影响。

任务17.6　初级中学中的颠覆性技术

基于以上提到的三种颠覆性技术,请归纳出你希望中学生对于每一种颠覆性技术需要理解的三个要点:
- 增材制造
- 增强现实
- 机器人

在下一节,我们将会思考,如何在设计和技术教学中教授有关颠覆性技术的内容。

五、颠覆性技术的教学方法

在这里,我们考虑三种教学方式:提供评价的案例研究,设计学生展望的未来技术应用(设计,但无需做出来),以及设计和制作——让学生可以利用颠覆性技术和当地支持教学的研发中心。

1. 案例研究

案例研究是关于校园之外的有关设计和技术的真实故事。通过案例研究,学生可以了解到一项颠覆性技术是怎么运行的,它被用于什么方面,以及如何对社会、环境和人们的生活产生影响。弄明白这些案例对于学生来说很重要,为了达到该目的,我们可以将这三种类型的任务嵌入到学习中:

- 停下来思考——这可以帮助学生思考他们刚刚阅读到的内容,以使接下来的内容更容易理解。在这过程中,学生没必要作书面汇报。
- 提问——让学生停止阅读,并思考解决问题。问题的可能答案范围可以很广。学生可能需要写下一个答案、画一幅图,或者制作模型、与其他学生一起讨论,或是在班里做一个简要的展示介绍。
- 调研——要求学生找出更多的信息,并汇报他们的成果。这可能包括使用其他信息资源,或和专家进行交谈等。这个过程可能需要相当长的时间,所以很可能作为学生的家庭作业。最后的汇报可以以书面的形式,也可以是其他可能的方式,比如一个简短的PPT展示、一段音频或视频录像,或是Pinterest①的展示。

设计颠覆性技术的案例研究并不一定是件耗时的工作。例如,BBC新闻网站中就有很多关于科学/环境和技术板块的文章,这些都可以作为关于颠覆性技术的研究案例的基础。其中一位作者David经常发表类似的文章。教师可以直接将学生引到某一篇具体的文章,暗示他们什么时候可以暂停下来思考、回答某些问题或是接着做一些调查研究。在某些情况下,你可能希望可以打印出具体的网页,并且让学生使用DART技术——即和文本有关的定向活动。可能包括画出重点单词、在页面空白处做笔记、剪裁图片,并将它们粘贴到一张大纸上并加上笔记、标记彩色的单词和短语以探讨某一话题。通过安排学生在案例研究中的参与,可以使他们批判性地看待某一颠覆性技术。随着学生在所设计的案例研究中逐渐积攒经验,他们就可以开始自己的案例研究了。

2. 无需制作的设计

这个方法要求学生在他们的设计方案中,设计一种应用颠覆性技术的未来产品或服务,而不需要实际制作。他们要写下他们自己的设计摘要,分组合作,最后向老师和同学们展示他们的设计方案。不要求他们把设计的东西做出来,是想让他们摆脱制造技能、工具、学校可提供的材料以及设备的限制来构思产品。同时也可以使他们思考那些学校中不能获得的颠覆性技术的应用。但是,我们要求学生从四个方面来证明他们的设计方案的合理性:技术可行性,在社会中的应用可被接受程度,满足明确的需求,面向市场销售的特征(Barlex 2012)。如果其中任何一个考虑因素被忽略,那么这个最终的设计概念很有可能有缺陷。学生对设计方案的描述和论证,应表明他们的产品有价值的并且可以被生产,尽管不是由学生自己来生产。虽然设计师很少会制造自己设计的产品,但是他们必须要保证这个设计可以被制造出来,这个创意机会展现了他们在学校之外的创造力。另外,在进行这项教学活动前或进行过程中,让学生进行案例研究,这为学生提供必要的有关颠覆性技术的背景知识,使他们有自信可以解决设计中的一些任务。

---

① 译者注:Pinterest是美国的一个以兴趣为基础的社交网站,2010年正式上线,在该网站内用户通过图片墙Pinboard发布图片,以图片瀑布流展示图片。

3. 设计并制作

尽管大多数颠覆性技术无法在学校中获得,但学校中还是会有一部分颠覆性技术。我们立刻能想到的三种是——增材制造、机器人(和相关的人工智能)以及物联网。越来越多的学校正在获得3D打印机。因此,小学生将能够在计算机屏幕上设计复杂的部件和手工品,并且几乎没有用传统手工工具或机床进行制造。这一类制作,按照现有的评估要求很难评价,并且可以被看作是颠覆了传统的学校内的设计和技术经验。增材制造使地方制造成为可能,由此可能改变全球供应链(Birtchell et al. 2013)。因此,当学生正在使用一项颠覆他们的校内设计和技术经验的技术时,这个技术也正在颠覆着校外的世界。当然,学生能够多大程度意识到这种广泛的颠覆性,取决于和增材制造有关的案例研究。英格兰2014年国家的设计和技术课程要求中学生用嵌入式智能来开发产品(Department for Education 2013)。初中生可以使用PICAXE单片机完成这一任务,高中生使用该单片机则能够开发更复杂的产品。利用其他的单片机系统,包括Arduino[①]和mbed[②]等也是可以实现的。在学生的该类产品开发过程中,提供有关机器人、人工智能及物联网的影响的案例支持,可以促使学生将他们开发的简单应用投入到更大的社会背景中,让他们思考这些技术对校园之外世界的影响。

4. 地方研发中心的角色

大多数大学都有研发中心,其中一些正在研究颠覆性技术。我们都能够找到本章每一位作者所在的类似的研发中心:埃克塞特大学的增层制造中心,曼彻斯特大学曼彻斯特生物技术研究所,以及伦敦国王学院的机器人研究中心。这些研发中心如果利用得当,可以对学生理解颠覆性技术提供有力支持。作为负责介绍该课题的教师,需要和新技术领域中比较活跃的研究人员联系,这些研究人员并不一定是很高地位的学者。你应该和他有一个初步的面谈,来确定该技术可以吸引学生使用的一些关键特点,并记录一系列阅读链接。让你能联系到的研究人员对课程资料草稿进行技术上的

[①] 译者注:Arduino是一款便捷灵活、方便上手的开源电子原型平台。包含硬件(各种型号的Arduino板)和软件(Arduino IDE)。它构建于开放原始码simple I/O介面版,并且具有使用类似Java,C语言的Processing/Wiring开发环境。

[②] 译者注:mbed是一个面向ARM处理器的原型开发平台,它具体包括免费的软件库(SDK),硬件参考设计(HDK)和在线工具(Web)三部分内容。

准确性,以及能反映该领域的特点。如果可以的话,可以组织研究人员向学生们简要介绍他们在颠覆性技术上的工作。对大学来说,提升它们在中的形象大有益处——可以在高等教育中的项目吸引更多的(中学生)参与。

任务17.7　探索当地的研发中心

利用离学校或住处最近的一所大学的学校网站,了解探索是否有和前面提到的九个领域的颠覆性技术相关的研究机构。

如果可以的话,在里面找一个愿意和你一起支持该领域的课程开发的联系人。

(你可以只寻找"广泛参与"栏目中的联系人。)

总结

本章阐明了颠覆性技术在中学设计和技术课程中的内涵,并且聚焦于技术性视角,将其作为教育基本理念。我们已经思考了这些技术的特征,并且给出了过去和现在的相应例子,并且分析了教授这类颠覆性技术的方法。

未来的发展某种程度上掌握在各位手中。如果你认为颠覆性技术应该成为设计和技术课程的一部分,那么有几种方法可以将其作为你的教学特色加以发展。你可以将颠覆性技术作为设计和技术课程的课外活动的一部分。这提供了一种相对无风险的方式来发现如何吸引学生。如果这个方法成功了,那么下一步就是在初中课程中,当学生调查研究新兴技术时,将颠覆性技术作为课程的一部分。假如设计和技术的考试规范是建立在国家课程要求的基础上,那么我们应该有机会可以将这项工作扩展到高中。

接下来仍然要开展的工作的一个重要特征是:制定一些适用于大多数学生的、理解颠覆性技术特征的教学方法。作为设计和技术教育本身的一个方面,尽可能培养学生的批判能力是很重要的。当然,要培养学生这方面的能力,最好是与其他教师合作,不管是本校的教师还是外校的教师。成立一个由不同学校教师组成的发展小组,可以使这项工作更容易完成。这也反映了教师应当有机会去发展新的专业知识的观点

（Hargeaves 2001）。如果你或者你的发展小组成员在支持教师培训的项目中，那么你们将有机会迎来新的小组成员。不过，随着你们在这项工作中不断进展，使各利益相关方相信你们这项活动是有意义的，这也非常重要。首先，最重要的是，你必须让你的学生相信，同时获得你的高层领导团队的支持也是很重要。如果你希望获得当地研发中心的工作支持，领导团队的支持更是必要的。当然，让学生家长及监护人了解有关设计和技术课程中这方面的内容也是很重要的，这样他们可以理解该学科中的一些更广泛的教育目标。

我们很高兴能够通过颠覆性技术来引导学生思考未来的技术前景。我们希望你也是这么想的，并且期待听到关于你同学生一起工作中的好消息。